O CÓDIGO DO APREN-
-DIZADO

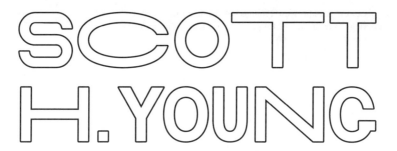

SCOTT H. YOUNG

O CÓDIGO DO APREN--DIZADO

12 MÁXIMAS PARA DESBLOQUEAR
SUAS HABILIDADES E ATINGIR
SEU MELHOR EM QUALQUER CAMPO

Tradução
Carolina Simmer

Harper
Collins

RIO DE JANEIRO, 2024

COPIDESQUE	Elisabete Franczak Branco
REVISÃO	Angélica Andrade e Juliana da Costa
DESIGN DE CAPA	Luiz Guilherme Perez
DIAGRAMAÇÃO	Abreu's System

Dados Internacionais de Catalogação na Publicação (CIP)
(Câmara Brasileira do Livro, SP, Brasil)

Young, Scott H.
   O código do aprendizado: 12 máximas para desbloquear suas
habilidades e atingir seu melhor em qualquer campo / Scott H.
Young; tradução Carolina Simmer. – Rio de Janeiro: HarperCollins
Brasil, 2024.

   Título original: Get better at anything
   ISBN 978-65-5511-584-0

   1. Carreira profissional – Desenvolvimento 2. Habilidades
I. Título.

24-210141   CDD-650.14

Índices para catálogo sistemático:

1. Carreira profissional: Desenvolvimento: Administração   650.14

Cibele Maria Dias – Bibliotecária – CRB-8/9427

HarperCollins Brasil é uma marca licenciada à Casa dos Livros Editora LTDA.
Todos os direitos reservados à Casa dos Livros Editora LTDA.

Rua da Quitanda, 86, sala 601A – Centro,
Rio de Janeiro/RJ – CEP 20091-005
Tel.: (21) 3175-1030
www.harpercollins.com.br

Para Thomas e Julia

SUMÁRIO

INTRODUÇÃO | COMO FUNCIONA O APRENDIZADO   9

PARTE I | OBSERVAR:
COMO APRENDER COM OS OUTROS

CAPÍTULO 1 | Solucionar problemas é uma questão de pesquisa   33

CAPÍTULO 2 | A criatividade começa pela cópia   54

CAPÍTULO 3 | O sucesso é a melhor escola   75

CAPÍTULO 4 | A experiência torna o conhecimento invisível   96

PARTE II | FAZER:
COMO APRENDER COM A PRÁTICA

CAPÍTULO 5 | A dificuldade tem um ponto ideal   117

CAPÍTULO 6 | A mente não é um músculo   134

CAPÍTULO 7 | Prefira variações a repetições   154

CAPÍTULO 8 | Qualidade vem de quantidade   175

PARTE III | RECEBER FEEDBACK:
COMO APRENDER COM A EXPERIÊNCIA

CAPÍTULO 9 | Experiência não necessariamente gera especialização   201

CAPÍTULO 10 | A prática deve condizer com a realidade   224

CAPÍTULO 11 | Melhorar não é um processo uniforme   244

CAPÍTULO 12 | Os medos desaparecem com a exposição   262

CONCLUSÃO | A prática que leva à perfeição   281

AGRADECIMENTOS   297

NOTAS   299

BIBLIOGRAFIA   315

INTRODUÇÃO

Como funciona
o aprendizado

A vida depende do aprendizado. Nós passamos décadas na escola recebendo educação. Queremos ser bons em nosso trabalho, não apenas pelas vantagens de ser um dos melhores, mas pelo orgulho que a maestria em um ofício gera. Mesmo das coisas que fazemos por diversão, passamos a gostar mais à medida em que vamos nos aprimorando nelas.

Ainda assim, aprender costuma ser um processo misterioso. Às vezes, ocorre com facilidade, como ao descobrirmos novos caminhos pela vizinhança depois de nos mudarmos ou quando nos adaptamos à rotina de um novo emprego. Em outros casos, é um trabalho árduo. Podemos passar horas na biblioteca e tirar uma nota ruim na prova final. Podemos desejar trocar de empresa, área ou até de profissão, mas não nos sentirmos qualificados para fazer a mudança. Podemos passar décadas dirigindo um carro, digitando em um computador ou jogando tênis sem nos tornarmos melhores em nenhuma dessas coisas. O aprimoramento é inconsistente, quando existe.

Independentemente de seu objetivo ser alcançar uma eventual maestria ou apenas melhorar um pouquinho, entender como o aprendizado funciona vai ajudar. Princípios simples podem explicar por que o progresso vem com facilidade em algumas situações, mas pode ser ausente em outras. Para começar, vamos dar uma olhada em uma história improvável de incrível desenvolvimento de habilidade: como jogadores de Tetris subitamente se tornaram muito melhores no jogo três décadas após ele se tornar popular.

O ENIGMA DO TETRIS

No dia 15 de fevereiro de 2020, seguindo sua rotina da maioria dos dias, Joseph Saelee começou uma partida de Tetris. No mesmo instante, os icônicos tijolos multicoloridos feitos de quadrados começaram a cair no ritmo de aproximadamente um por segundo. Apesar de ser uma velocidade que faria a maioria dos entusiastas de jogos suar, Saelee mal prestava atenção. Em vez disso, ele batia papo com os seguidores que se conectaram para assisti-lo jogar ao vivo na plataforma virtual de streaming Twitch. A conversa diminuiu quando ele chegou ao nível 19. Saelee agora precisava encontrar e manobrar cada tijolo no melhor lugar possível durante os dois terços de segundo que eles levavam para chegar ao fundo. Antes de o tijolo aterrissar, ele já estava olhando para a parte da tela que indicava a próxima peça — a única ajuda em uma sequência de formas que, fora isso, era completamente imprevisível. Após nove níveis nesse ritmo aceleradíssimo, a velocidade dobrou de novo. Os tijolos mal surgiam e já estavam na parte inferior da tela. Quando ele encerrou esse nível, o contador das fases apresentou um erro, indo de "29" para "00" — um sinal óbvio de que os desenvolvedores do jogo acharam que ninguém chegaria tão longe. Parecendo em transe, Saelee agitava os dedos para bater nos botões do controlador mais de dez vezes por segundo. Ele encaixava perfeitamente cada tijolo, liberando o espaço com rapidez suficiente para impedir que os novos preenchessem a tela. O primeiro erro só foi cometido após alguns minutos — um único tijolo mal posicionado ficou acima das fileiras organizadas. Em um piscar de olhos, a partida acabou, com um dilúvio de quadrados preenchendo a tela. Apesar disso, Saelee sorriu. A derrota podia até ser inevitável, mas Saelee tinha alcançado o nível 34, uma conquista inédita nos trinta anos de história de um dos jogos mais populares de todos os tempos. Saelee tinha apenas 18 anos.

Joseph Saelee obviamente é muito talentoso no Tetris. Porém, o mais impressionante é quanto ele é melhor do que a primeira geração de jogadores obcecados pelo jogo. Acreditava-se que chegar ao nível 29 era impossível. Os tijolos caíam tão rápido que os jogadores não conseguiam movê-los para a esquerda ou para a direita antes de se fixarem no fundo. Como é necessário ter uma fileira completa e horizontal para que eles desapareçam com o satisfatório clique do Tetris, os fãs julgavam que o nível fosse impossível, apelidando-o de o "matador de telas". Havia outra conquista muito cobiçada pelos primeiros jogadores: alcançar uma pontuação máxima de 999.999 pontos em uma única sessão. Porém a primeira "quebra de limite" documentada só ocorreu duas décadas após o lançamento do jogo, quando Harry Hong chegou à pontuação máxima. Em contraste, durante um único torneio em 2020, Saelee alcançou esse total doze vezes. E Saelee não é único em seu talento para o Tetris. Durante o mesmo torneio, quarenta jogadores diferentes alcançaram a pontuação máxima. Como um jogo é capaz de produzir jogadores muito melhores anos após o auge de sua popularidade?

O TETRIS ONTEM E HOJE

Nos dias atuais, o Tetris parece um jogo datado, então é fácil esquecer o frenesi que ele causou em sua estreia. Inventado em 1984 pelo cientista da computação russo Alexey Pajitnov, o jogo se espalhou por meio de disquetes durante os últimos anos da União Soviética. Pajitnov, como muitos trabalhadores de escritório depois dele, ficou viciado na própria criação, jogando Tetris em vez de trabalhar. Vladimir Pokhilko, psicólogo e amigo de Pajitnov, achou o jogo tão interessante que o utilizou para estudar vícios. Com o tempo, quando ficou claro que sua equipe de pesquisa também tinha parado de trabalhar, ele precisou destruir todas as cópias do jogo. Depois de o Tetris ter sido descoberto pelo empresário Robert Stein durante uma viagem à Hungria, foi iniciada uma batalha feroz pelos direitos de distribuição do jogo no Ocidente. A Nintendo acabou saindo vitoriosa, criando a edição definitiva para seu Nintendinho (NES), vendendo milhões de cópias e criando gerações de fãs devotados.

Enquanto a maioria dos jogadores encarava o Tetris apenas como um passatempo divertido, outros ficaram obcecados. Ben Mullen, um dos primeiros recordistas, mantinha registros detalhados de estatísticas de seu jogo para tentar encontrar padrões ocultos e otimizar seu desempenho. "Descobri que temos o melhor desempenho no Tetris exatamente uma hora e meia depois de tomarmos café", relata ele. Harry Hong jogou tanto que precisava colocar uma camisa entre o dedão e o controle para não ficar com bolhas. Outros jogavam até alucinar com blocos caindo, no que mais tarde seria chamado de "efeito Tetris". Porém, por mais dedicados que fossem, nenhum deles chegou perto da performance executada sem esforço por jogadores modernos como Saelee.

A SOLUÇÃO DO ENIGMA

Uma pista para compreender a mudança radical na proficiência surge ao observarmos como os jogadores divulgam suas conquistas. No começo, registros oficiais eram mantidos pelo Twin Galaxies, um banco de dados de recordes de videogame. Os jogadores enviavam suas maiores pontuações, junto com alguma forma de verificação. Se fossem consideradas válidas, elas eram publicadas pelos juízes no placar do site. Mas o processo era trabalhoso. Os jogadores corriam o risco de não documentar a partida de forma adequada, fazendo com que seu recorde não fosse aceito no registro. Esse foi o destino de Jonas Neubauer e Thor Aackerlund, que alegaram ter alcançado a pontuação máxima antes de Harry Hong, mas não conseguiram oferecer provas. Só que, por anos, não havia alternativa. Se você quisesse ser considerado o melhor, precisava lidar com o Twin Galaxies.

A situação começou a mudar com o surgimento do YouTube. Com a possibilidade de publicar os vídeos que quisessem, os jogadores podiam compartilhar seus recordes diretamente, em vez de apresentá-los por meio de um intermediário. Ao mesmo tempo que isso facilitava o compartilhamento de novas pontuações, havia um efeito colateral importante: se você publicasse um vídeo quebrando um recorde mundial, todo mundo poderia ver como tinha alcançado a façanha. Antes, o Twin Galaxies publicava apenas a pontuação, e não as evidências usadas para validá-la. Agora, os jogadores podiam não só se maravilhar com a habilidade da elite do Tetris, como também ver os métodos utilizados para bater recordes.

Apesar de os primeiros anos de YouTube oferecerem uma transparência maior, a natureza informal dos registros também criava tentações para falsificações. Jogos mais antigos como o Tetris podiam ser rodados em um emulador, um software que permite que jogos de console sejam executados em computadores pessoais. Esse programa especializado permite que os jogadores desacelerem a velocidade da partida ou voltem para corrigir erros. Apesar de análises cuidadosas frequentemente encontrarem sinais que revelam recordes fraudulentos, os jogadores honestos começaram a investir em maneiras de autenticar a própria performance. Passou a ser comum registrar não apenas a tela, mas também filmar as mãos dos jogadores. As transmissões ao vivo também aumentaram a legitimidade, já que os melhores jogadores podiam ser vistos atuando em tempo real, tornando quase impossível trapacear.

A partir da observação dos movimentos das mãos, as inovações na maneira de apertar botões podiam ser amplamente replicadas. Um método conhecido como *hypertapping*, em que jogadores vibram o dedão para bater nos botões de direção mais de dez vezes por segundo, era essencial para ultrapassar a barreira do nível 29. Thor Aackerlund, o melhor jogador dos anos iniciais, inventou a técnica. Porém, como poucas pessoas conseguiam testemunhar e imitar a abordagem, ela permaneceu em desuso por quase duas décadas. As transmissões ao vivo também favoreciam os comentários. Grandes jogadores, incentivados a falar com a audiência, compartilhavam em tempo real o raciocínio por trás das jogadas. As conversas fluíam entre os dois lados, já que não apenas os jogadores explicavam suas estratégias como os espectadores podiam imediatamente analisar potenciais erros. Enquanto os jogadores da geração anterior conseguiam manter em segredo estratégias secretas que pudessem lhes render vantagens, os competidores modernos eram obrigados a ser radicalmente transparentes, com todos os movimentos no teclado expostos para o mundo.

Fóruns de discussão virtuais aumentaram muito a rede de potenciais jogadores com os quais aprender. Nos anos 1990, os recursos para se aprimorar eram limitados a círculos de amigos. Se você, por um acaso, conhecesse um ótimo jogador de Tetris, talvez conseguisse aprender alguns truques. Caso contrário, os aspectos mais sutis do jogo poderiam permanecer invisíveis, mesmo com anos de experiência. Em um documentário de 2010, Harry Hong revelou que sua estratégia preferida era empilhar blocos na direita, deixando um espaço do lado esquerdo da tela. Hoje, essa estratégia é considerada ultrapassada. Uma peculiaridade no algoritmo de rotação do jogo faz com que o importantíssimo bloco em forma de barra seja mais fácil de girar e mover no lado oposto da tela. Dana Wilcox, que também já foi uma das melhores jogadoras, nem sabia que as peças podiam ser giradas nas duas direções. Essa lacuna de conhecimento significava que ela não conseguia executar certas manobras mais complexas, como um "giro T", em que o bloco com formato de T é virado no último instante para se encaixar em uma posição que seria inalcançável de outra forma. Hoje, é fácil para um novo jogador descobrir as melhores estratégias, mesmo que elas exijam muita prática para serem dominadas.

Os jogadores de Tetris são melhores atualmente porque o ambiente permite que sejam. A publicação de vídeos faz com que demonstrações detalhadas de boas jogadas sejam amplamente divulgadas. Fóruns de discussão transformam conversas informais em reservatórios permanentes de conhecimento. Transmissões ao vivo incentivam a prática extensiva, oferecendo feedbacks quase instantâneos de uma audiência cada vez mais bem-informada sobre as melhores técnicas. No fim das contas, a história do Tetris não gira em torno de nenhum indivíduo específico, apesar de jogadores como Joseph Saelee certamente merecerem destaque. Em vez disso, é uma história sobre o jogo em si e como seu progresso foi acelerado pela maneira como ele é jogado.

OS TRÊS FATORES PARA NOS TORNARMOS MELHORES EM TUDO

Como a história do Tetris ilustra, melhorias não dependem apenas de talento ou insistência. Há três fatores que determinam quanto aprendemos:

1. **Observar.** A maior parte do nosso conhecimento vem de outras pessoas. A facilidade em aprender com os outros determina, em grande parte, a rapidez com que conseguimos nos aprimorar.
2. **Fazer.** Maestria exige prática. Mas não qualquer prática. O cérebro é uma máquina incrível que poupa esforços, algo que pode ser uma vantagem imensa, mas também um problema.
3. **Receber feedback.** Progresso exige repetidos ajustes. Não apenas os rabiscos da caneta vermelha do professor, mas contato com a realidade que desejamos influenciar.

Quando aprendemos com o exemplo de outras pessoas, praticamos extensivamente por conta própria e recebemos feedbacks confiáveis, progredimos rápido. Ainda assim, se um ou mais desses fatores for inibido, é comum que o aprimoramento se torne impossível.

Com frequência, nos encontramos no meio dos extremos que maximizam o aprendizado ou o bloqueiam por completo. Existem obstáculos e oportunidades, formas de acelerar o progresso ao encontrarmos os ambientes, mentores, regimes de treinamento e projetos certos. A dificuldade costuma ser entender pelo que exatamente devemos procurar.

Observar: o poder dos exemplos

A melhor forma de aprendermos é com outras pessoas. Nossa capacidade de aprender uns com os outros é maior do que nossa habilidade de solucionar problemas por conta própria. O desempenho no Tetris foi melhorando mais rápido depois que métodos para alcançar pontuações elevadas se tornaram amplamente acessíveis. "O segredo do sucesso da nossa espécie não está na inteligência inata nem em quaisquer habilidades mentais especializadas", escreve Joseph Henrich, antropólogo de Harvard. Em vez disso, argumenta ele, o que nos torna especialmente capazes enquanto espécie é a habilidade de aprender com facilidade por meio das inovações dos outros.

Existem casos de animais inteligentes que exibem uma capacidade de solucionar problemas maior do que a nossa. Pesquisadores mostraram que corvos conseguem tirar comida presa em uma garrafa estreita fazendo um gancho com um fio de metal. Ainda assim, se uma versão modificada da mesma tarefa for apresentada a crianças de 5 anos, menos de 10% delas encontrará uma solução. Porém, se nossa capacidade de solucionar problemas é apenas modestamente superior à de alguns de nossos primos animais, nossas habilidades de imitação são imbatíveis. Em um experimento, pesquisadores compararam crianças de 2,5 anos com chimpanzés e orangotangos em uma série de testes cognitivos. Ao contrário da presumida superioridade de nossa espécie, os pesquisadores observaram que crianças e macacos apresentavam desempenhos semelhantes em questões que envolviam raciocínio espacial, quantitativo e causal, com os chimpanzés até se mostrando superiores às crianças em algumas tarefas. A exceção gritante estava no aprendizado social, em que os bebês conseguiram solucionar facilmente um problema após observarem uma demonstração, enquanto quase nenhum dos macacos foi capaz disso. Crianças pequenas podem não se mostrar melhores que corvos e chimpanzés quando se trata de solucionar problemas sozinhas, mas são capazes de aprender aos poucos a ler, escrever, falar, somar, multiplicar, desenhar, cantar e usar um controle remoto de televisão — algo que nenhum animal jamais tentaria fazer. O clichê do aprendizado impensado, o "macaco de imitação", errou feio. A imitação é a base da engenhosidade humana.

Ainda assim, a capacidade de aprender com os outros tem suas desvantagens. Quando não temos acesso a pessoas que possam nos ensinar, é difícil progredir. Os primeiros devotos do Tetris viviam basicamente isolados uns dos outros. Jogavam sozinhos ou com meia dúzia de amigos próximos. Era impossível trocar técnicas para jogar melhor, então cada pessoa precisava desenvolver os próprios métodos. Em casos raros, como o do prodígio Thor Aackerlund, eles eram capazes de chegar longe. Na maioria dos casos, por outro lado, o resultado era um jogo muito abaixo do potencial humano. Novas tecnologias, como a publicação de vídeos, transmissões ao vivo e fóruns de discussão na internet aceleraram muito a disseminação das melhores práticas. Mesmo que o Tetris tenha deixado de ser o jogo mais popular do mundo, a geração atual de jogadores é bem mais interconectada.

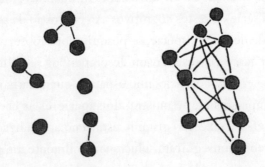

Figura 1
Mais conexões entre jogadores significam mais chances de disseminar inovações. Membros da rede à direita têm mais oportunidades de aprender com os colegas do que os da esquerda.

A qualidade dos exemplos com os quais aprendemos também faz muita diferença. Isso pode ser observado na forma como a química científica evoluiu a partir da prática da alquimia. Os primeiros alquimistas podem ter errado sobre a possibilidade de transformar metais básicos em ouro, mas tinham alguns conhecimentos químicos valiosos. Muitos se esforçaram para desenvolver uma teoria sobre a matéria, e outros até conduziram experimentos controlados. Ainda assim, eles propositalmente ocultavam suas descobertas para impedir que mãos menos experientes tivessem acesso a técnicas exotéricas. Como escreve o historiador e químico Lawrence Principe: "As principais fontes da alquimia apresentam um emaranhado intimidante de mistérios propositais, linguagem bizarra, ideias obscuras e imagens estranhas. Os alquimistas dificultavam a compreensão do que estavam fazendo". Eles usavam códigos, ou *Decknamen*, para esconder a identidade de certas substâncias. Receitas eram envolvidas em alegorias fantásticas que precisavam ser decifradas. Eles omitiam, invertiam ou acrescentavam passos desnecessários para confundir leitores leigos. Apesar de isso certamente alcançar o desejado efeito de limitar o conhecimento a alguns poucos privilegiados, também impediu o acúmulo de conhecimentos confiáveis. Aspirantes a alquimistas precisavam repetir dezenas de vezes os experimentos de predecessores. Uma tentativa fracassada não provava que a receita estava incorreta, uma vez que sempre era possível que ela não tivesse sido interpretada da forma correta. Até um pensador brilhante como Isaac Newton passou boa parte da vida refletindo sobre doutrinas da alquimia sem perceber que aquilo não levaria a lugar nenhum. Em contraste, o experimento de Robert Boyle com sua bomba de ar — que levou à formulação da lei de Boyle, ainda ensinada em aulas de química hoje em dia — foi meticulosamente documentado, com dezenas de ilustrações de sua estrutura experimental e as medidas encontradas.

Explicações confusas e a omissão de etapas de um processo não são exclusividade de textos da alquimia. Nós, com frequência, temos dificuldade para aprender quando os materiais são malfeitos e nos obrigam a dedicar mais esforço do que o necessário para compreender um conceito ou dominar um procedimento.

O conhecimento não é distribuído de maneira uniforme. Apesar da promessa da era digital, a maioria do conhecimento do mundo não está escrita nem amplamente disponível. Em vez disso, está trancafiada na mente de especialistas, muitos dos quais teriam dificuldade para explicar o que sabem. O conhecimento geralmente não se encontra na cabeça de um indivíduo, mas incorporado em práticas espalhadas por grupos. Em um documentário de 1980, o economista Milton Friedman, baseando-se em um ensaio anterior feito por Leonard Read, usou o exemplo de um lápis de madeira: "Não existe uma única pessoa no mundo capaz de fazer este lápis. É uma declaração absurda? De forma alguma". Friedman continua explicando que a madeira cortada exige serras, que exige aço, que exige minério de ferro. Individualmente, a borracha, a tinta, a cola e o grafite exigem cadeias de fornecimento complicadíssimas para serem fabricados. O conhecimento para criar algo tão simples quanto um lápis não é retido por um indivíduo, mas por grupos que trabalham juntos em prol de um objetivo comum. Conforme a ciência e a tecnologia avançam, conquistas individuais podem se tornar cada vez mais raras enquanto grupos variados se tornam necessários para reunir toda a expertise requerida para solucionar problemas difíceis. Novos avanços na inteligência artificial podem acelerar essa tendência conforme o mundo do conhecimento dos livros se torna cada vez mais acessível, porém a compreensão tácita de práticas implícitas permanece limitada a comunidades fechadas de especialistas. O acesso aos ambientes que abrigam o conhecimento costuma ser um empecilho maior para a maestria do que o aprendizado em si.

Fazer: a necessidade da prática

A capacidade de aprender com os outros é apenas o primeiro passo. Habilidade exige prática, e não apenas observação. A prática tem vários papéis importantes no aprendizado. O primeiro é que a prática contínua reduz o esforço mental de executar tarefas. Usando imagens de ressonância magnética funcional, pesquisadores observaram a atividade cerebral dos jogadores de Tetris conforme ganhavam experiência no jogo. Ao contrário da expectativa de que usar mais do cérebro equivale a um desempenho melhor, a atividade neural dos jogadores diminuía conforme jogavam. Essa descoberta sustenta a ideia de que o hábito contínuo de jogar tornou mais eficiente o uso do sistema nervoso dos jogadores. Se você dirige carros há anos, é provável que tenha notado algo semelhante. Antes, uma tarefa difícil que exigia muito esforço, agora, é executada no automático. A mente vaga enquanto as mãos e os pés fazem os movimentos necessários. A capacidade de automatizar habilidades componentes é um fator essencial no desempenho de muitas tarefas complexas e um dos motivos pelos quais não conseguimos ter um desempenho magistral se aprendermos apenas por observação.

Outro motivo que justifica a prática é a importância da recuperação de memórias. Observar alguém executando uma tarefa costuma ser necessário para entender como fazer a mesma coisa. Porém, se a resposta estiver sempre à disposição quando praticamos por conta própria, lembrar-se dela pode se tornar mais difícil. Se você tiver idade suficiente para se recordar de uma época em que celulares não existiam, é provável que tenha decorado algumas dezenas de números de telefone para os quais ligava com regularidade. Hoje, apesar de ver o número sempre que apertamos o botão para ligar, é difícil nos lembrarmos de qualquer telefone além do nosso. A diferença é que, antes de os contatos serem gravados diretamente no celular, toda ligação exigia que buscássemos os números em nossa mente. A recuperação é melhor do que a revisão para fortalecer a memória.

Por fim, apesar de sermos ótimos imitadores, muitas partes de uma habilidade não podem ser emuladas. De fato, podemos observar a maneira como o braço se move em um saque de tênis ou como o pulso gira com uma pincelada. Só que todo mundo tem uma musculatura única, de forma que essas observações se tornam apenas aproximações de como devemos executar o ato. Habilidades perceptivas, como encontrar padrões em um raio X ou prever o caminho prescrito por uma bola de golfe rolando pelo gramado, têm importantes componentes tácitos impossíveis de serem transmitidos com facilidade, mesmo por um professor paciente. A prática é essencial para o domínio de detalhes que não podem ser aprendidos com livros.

A necessidade da ação no aprendizado tem obstáculos. É mais trabalhoso praticar algo de forma ativa do que assistir a um vídeo passivamente, então se torna fácil desenvolver uma tendência pelo consumo e não pela ação. O acesso ao ambiente real em que a habilidade é executada pode ser limitado. É difícil se tornar um bom piloto sem um avião ou um bom cineasta sem uma câmera. Por fim, quando se trata de habilidades complexas, talvez seja difícil encontrar o equilíbrio entre aprender com os outros e fazer por conta própria. Com pouco apoio, o aprendizado se transforma em tentativas e erros frustrantes. Mas apoio em excesso também pode ser prejudicial, uma vez que a visualização de um padrão prejudica a capacidade de recuperá-lo na memória. Nem sempre fazemos essas escolhas de forma correta. Pesquisadores observaram que estudantes pouco hábeis se beneficiam de ambientes mais estruturados para aprender padrões de resolução de problemas que ainda não têm na memória, enquanto estudantes mais hábeis se dão melhor em ambientes menos estruturados, nos quais possam praticar de forma mais realista e sejam obrigados a recuperar o conhecimento que já possuem. Ainda assim, os estudantes preferem o método de aprendizado menos eficiente para eles! Uma explicação para essa tendência perversa é que aprender exige esforço, algo que tentamos conservar. Estudantes pouco hábeis ficam cansados com as demandas exigidas pela abordagem estruturada, então se voltam para a flexibilidade, para evitar um padrão rigoroso. Em contraste, estudantes mais hábeis têm facilidade com a estrutura, então preferem seguir a receita em vez de encontrar a resposta certa por conta própria. Dosar a dificuldade é muito importante para o aprendizado, mas nem sempre acertamos nesse quesito.

Receber feedback: a adaptação com a experiência

A prática contínua não é suficiente. Sem feedback, melhorar talvez seja impossível. Em 1931, o psicólogo Edward Thorndike pediu a voluntários que desenhassem linhas de um tamanho específico. Apesar de três mil repetições da atividade (o que deve ter sido um experimento muito divertido), os voluntários não conseguiram progredir. O psicólogo Anders Ericsson, autoridade em especialização, desenvolveu o conceito da prática deliberada para explicar como a elite do xadrez, da música, do atletismo e da medicina conseguia atingir o melhor desempenho. A presença do feedback imediato era essencial para isso. Assim como o feedback imediato de boa qualidade é a base para o aprofundamento progressivo da habilidade de atletas e músicos de destaque, sua ausência também pode explicar o deterioramento do desempenho. Em uma revisão sistemática, pesquisadores observaram que a qualidade do atendimento tendia a diminuir conforme os médicos passavam mais tempo no trabalho. O resultado do tratamento depende apenas em parte das intervenções do médico, e a diferença entre as melhores práticas e técnicas ultrapassadas costuma ser visualizada apenas em testes cuidadosamente controlados. Esse feedback confuso gera dificuldade de envolvimento no tipo de prática deliberada que Ericsson acreditava ser essencial para o domínio contínuo.

Podemos acelerar nosso progresso ao criar sistemas melhores para feedback. Durante a Guerra do Vietnã, tanto a Aeronáutica quanto a Marinha dos Estados Unidos perdiam um caça para cada dois que abatiam do inimigo. Para melhorar essa estatística, a Marinha criou a Escola de Armas de Caças de Combate (Navy Fighter Weapons School), também conhecida como programa Top Gun. O treinamento envolvia combates simulados em que os alunos enfrentavam os melhores pilotos. Após cada sessão, o desempenho era extensamente avaliado, com cada decisão sendo discutida em um relatório posterior. O resultado foi que, enquanto o sucesso da Aeronáutica contra caças inimigos permaneceu sendo de dois para um, a Marinha evoluiu para doze para um, uma proporção seis vezes maior do que a anterior. Ericsson relatou um experimento conduzido com operadores da bolsa de valores em um banco europeu que tiveram melhorias semelhantes no desempenho após participarem de simulados competitivos com feedback posterior. A capacidade de receber feedbacks mais informativos e válidos sobre seus esforços de aprimoramento pode ser a diferença entre o progresso e a estagnação.

POR QUE APRENDER AINDA É IMPORTANTE

Além de nos questionarmos se é possível melhorar, agora também nos questionamos se o aprendizado poderá se tornar obsoleto em um futuro próximo. Enquanto escrevo isto, softwares sofisticados conseguem escrever poemas, explicar mecânica quântica e ilustrar imagens em qualquer estilo artístico, sob demanda. Partindo do princípio que o progresso tecnológico continuará avançando, de que adianta dominar técnicas que podem ser executadas sem esforço por meio de chips de silício? Porém, o aumento das mudanças tecnológicas tem tantas chances de criar uma demanda por novos aprendizados quanto de minar velhas habilidades. A invenção do papel foi criticada por Sócrates por degradar a capacidade da memória, porém o resultado foi uma explosão de conhecimentos que nenhum indivíduo seria capaz de memorizar durante a vida inteira. A tecnologia da informação fez com que alguns trabalhos se tornassem praticamente obsoletos, ao mesmo tempo que inventou alguns que não existiam antes. Em um trabalho escrito pelo economista do Instituto de Tecnologia de Massachusetts (MIT), David Autor e colegas, os pesquisadores determinaram que cerca de 60% dos empregos que as pessoas tinham em 2018 não existiam em 1940. Apesar de a tecnologia ter reduzido a necessidade de datilógrafos e telefonistas, ela também criou uma explosão de desenvolvedores de software e analistas de negócios. Uma extrapolação razoável de tendências tecnológicas passadas sugeriria que os avanços na inteligência artificial resultarão em uma demanda maior por aprendizado, e não menor. É difícil fazer previsões, especialmente sobre o futuro.* Sendo assim, evitarei especulações sobre quais habilidades e conhecimentos específicos serão essenciais para gerações futuras. No entanto, é provável que a compreensão sobre o processo de aprendizado, e sobre como podemos torná-lo mais eficiente, torne-se mais relevante, e não menos.

---

* Paráfrase de uma citação famosa, atribuída (dependendo de para quem você perguntar) ao físico Niels Bohr, vencedor do Prêmio Nobel, ou ao jogador de beisebol Yogi Berra.

UMA JORNADA CURIOSA

Faz muito tempo que sou fascinado pelo aprendizado. Em 2019, publiquei meu livro *Ultra-aprendizado*, mergulhando no estranho mundo dos autodidatas obsessivos e elaborando algumas das minhas experiências ao aprender idiomas, programação e arte. Porém, a curiosidade é uma motivação estranha. Ao contrário da fome ou da sede, a curiosidade é alimentada e não saciada, conforme aprendemos. Sendo assim, apesar de dedicar anos a aprender novas competências e a tentar compreender as pesquisas acadêmicas sobre aprendizado, acabei embarcando em uma nova jornada para tentar solucionar dúvidas que meus esforços anteriores não sanaram. Duzentos livros e centenas de trabalhos acadêmicos depois, encontrei explicações satisfatórias para alguns dos meus questionamentos. Mas, seguindo a lógica de todas as empreitadas da curiosidade, novas questões surgiram para ocupar o lugar das anteriores. Este livro é, em muitos sentidos, uma tentativa de compreender tudo que encontrei.

Escrevi este livro pensando em dois públicos. Primeiro, eu queria escrever sob a perspectiva do aprendiz. Se você quiser se tornar melhor em qualquer coisa, o que deve fazer? Que tipos de exemplo deve buscar? Como praticar o novo conhecimento de forma mais eficiente? O que afeta suas chances de alcançar o domínio ou estagnar no começo? Em segundo lugar, eu queria analisar como professores, treinadores, pais e responsáveis pelo aprendizado dentro de empresas cultivam o aprimoramento. Desde o nascimento dos meus dois curiosos aprendizes, eu me tornei extremamente interessado no que posso fazer como pai para orientá-los a se tornarem as melhores pessoas possíveis. Bons professores são preciosidades, e a ciência que sustenta o incentivo bem-sucedido do desenvolvimento de habilidades é pouco conhecida. Acima de tudo, escrevi este livro para pessoas como eu — que desejam melhorar, mas nem sempre sabem como fazer isso.

O QUE ESPERAR DESTE LIVRO

Ao longo dos próximos doze capítulos, vamos mergulhar fundo nos três temas: observar, fazer e receber feedback. Melhorar nem sempre é fácil, mas todos nós podemos ser mais inteligentes sobre as maneiras como aprendemos. Cada capítulo é apresentado como uma máxima simples. Espero que, muito depois de os detalhes sobre as pesquisas explicadas aqui tenham sido esquecidos, essas regras práticas sirvam tanto como um lembrete quanto como um resumo útil — ainda que imperfeito — dos princípios-chave.

Da primeira à quarta máxima, falaremos sobre o poder do exemplo:

1. **Solucionar problemas é uma questão de pesquisa.** Começaremos com um mistério matemático que perdurou por mais de três séculos e a revolucionária teoria da solução de problemas que pode nos ajudar a compreender sua solução. Vamos explorar a diferença entre pensamento rotineiro e criativo, e como aquilo que aprendemos com os outros oferece um grande impacto na complexidade dos problemas que somos capazes de solucionar.

2. **A criatividade começa pela cópia.** A seguir, mergulharemos no treinamento artístico durante a Renascença. A imitação — longe de ser o oposto da criatividade — é a semente para trabalhos originais. Exploraremos o gargalo da mente e como as melhores estratégias para adquirir conhecimento com frequência são diferentes dos processos usados para gerar novas ideias.

3. **O sucesso é a melhor escola.** Habilidades sofisticadas dependem de uma base correta. Quando não há estrutura, aprender é um processo lento e frustrante. Encontrar sucessos verdadeiros no começo do processo de aprendizado pode nos levar a autorreforçar a motivação.

4. A experiência torna o conhecimento invisível . Por fim, falaremos sobre a maldição do conhecimento, ou como a especialização leva a uma consciência cada vez menor da base de nossa própria proficiência. A intuição de especialistas, apesar de poderosa, com frequência torna o desenvolvimento de habilidades complexas mais difícil, já que os executores mais competentes perdem a capacidade de explicar como o fazem. Para solucionar essa dificuldade, falaremos sobre uma família de ferramentas que podem ser usadas para extrair o conhecimento que especialistas tomam como certo.

Da quinta à oitava máxima, falaremos sobre como melhorar a prática:

5. A dificuldade tem um ponto ideal. O progresso depende de encontrarmos o delicado equilíbrio entre tornar a prática difícil ou fácil demais. Vamos explorar pesquisas que mostram quando as dificuldades podem ser desejáveis... assim como quando não são. Falaremos sobre o paradoxo do escritor — ou por que os melhores escritores são os que mais parecem sofrer de bloqueios criativos. Examinaremos várias ferramentas para ajustar o nível de dificuldade dos seus esforços de aprimoramento, desde a solução progressiva de problemas até a construção de um ciclo de treino.

6. A mente não é um músculo. O que melhora quando praticamos uma habilidade? Apesar de ser uma analogia que se perpetua há muito tempo, a metáfora de que a mente é como um músculo é extremamente falha, como demonstrado ao longo de mais de um século de pesquisa. Estudos sobre a transferência do aprendizado nos ajudarão a entender quando o fortalecimento de uma habilidade levará à melhora do desempenho em outra.

7. **Prefira variações a repetições.** A seguir, vamos nos aprofundar no desenvolvimento das habilidades de improviso de músicos de jazz. Como os artistas criam performances complexas sem se repetirem? Ao responder a essa pergunta, vamos explorar a ciência que mostra como a variação da prática pode gerar habilidades mais flexíveis.

8. **Qualidade vem de quantidade.** A genialidade é fértil. Nesse capítulo, falaremos sobre como pesquisas mostram que, em uma proporção surpreendente, criatividade *é* apenas produtividade. Aqueles que produzem os melhores trabalhos são quase invariavelmente os que produzem mais trabalhos. Veremos quais são as consequências disso para os esforços de aprimoramento.

Entre a nona e a décima segunda máxima, falaremos sobre o papel do feedback:

9. **Experiência não necessariamente gera especialização.** A prática não leva à perfeição. Na verdade, sem o tipo correto de feedback, a prática não nos torna nem muito bons. Nesse capítulo, veremos como funciona o aprendizado em ambientes incertos. Vamos comparar jogadores de pôquer, que conseguem dominar um jogo complexo apesar de variações extremas de sorte, com o caso mais típico em que décadas de experiência profissional levam a previsões medíocres. Com base nessas experiências, oferecerei sugestões de como domar ambientes de aprendizado.

10. **A prática deve condizer com a realidade.** Nesse capítulo, falaremos sobre as consequências do pior desastre da aviação na história. Aquilo que aprendemos em sala de aula tem uma relação complexa com aquilo que é colocado em prática.

A proficiência verdadeira exige contato com os ambientes físicos e sociais em que uma habilidade será usada.

11. **Melhorar não é um processo uniforme.** Para melhorar, é comum que primeiro seja necessário piorar. Em muitas questões, chegamos carregados de intuições que pouco condizem com teorias científicas comprovadas. Conforme vamos progredindo, o aprimoramento passa a depender de deixar de lado nossas percepções falhas, inaptidões e erros.

12. **Os medos desaparecem com a exposição.** Por fim, sairei do tema do aprendizado e passarei para as ansiedades que costumam cercá-lo. Falaremos sobre a surpreendente eficácia da terapia de exposição para superarmos o medo, e por que muitas das estratégias intuitivas que desenvolvemos para lidar com a ansiedade saem pela culatra. A coragem, e não apenas a esperteza, é essencial para alcançarmos a maestria.

Por fim, na conclusão, vamos nos afastar das pesquisas e debater como podemos integrar essas ideias nas nossas práticas pessoais. Não importa se você estiver estudando para uma prova, precisando aprender uma nova habilidade no trabalho ou apenas querendo melhorar em algo que lhe interessa, espero que essas sugestões ofereçam um ponto de partida para você pensar no que pode fazer melhor.

Para começar, vamos dar uma olhada na ciência por trás da solução de problemas, analisando a história de um desafio que demorou mais de 350 anos para ser solucionado.

PARTE I

OBSERVAR

COMO APRENDER COM OS OUTROS

CAPÍTULO 1

Solucionar problemas é uma questão de pesquisa

"Quando não for possível sair de uma situação específica para a situação desejada apenas por meio de atitudes, é preciso recorrer ao raciocínio."

Karl Duncker, psicólogo

- Como as pessoas solucionam problemas difíceis?
- Existem métodos genéricos que funcionam para *todo* tipo de problema?
- Como podemos solucionar problemas cuja resposta nunca foi encontrada por ninguém?

"Descobri uma prova verdadeiramente maravilhosa disso para cujo desenvolvimento, entretanto, esta margem é muito pequena." Com essa frase, Pierre de Fermat criou um mistério que deixaria matemáticos perplexos por mais de três séculos. Ele fez o grande Leonhard Euler empacar. Quase um século após a morte do enigmático matemático, Euler implorou para um amigo revirar a antiga casa dele, torcendo para que restasse algum resquício da solução. Ele fez de bobos os matemáticos Augustin Cauchy e Gabriel Lamé, que brevemente alegaram ter encontrado a demonstração antes de uma falha fatal na lógica deles ser descoberta. O industrial alemão Paul Wolfskehl anunciou um prêmio de 100 mil marcos para qualquer um que conseguisse solucionar a charada. Ainda assim, apesar de tantos esforços, a demonstração do Último Teorema de Fermat permaneceu um mistério.

A alegação de Fermat é fácil de compreender, mesmo que não seja fácil de provar. Pitágoras nos diz que, em um triângulo reto, o quadrado da hipotenusa é igual à soma dos quadrados dos outros dois lados: $a^2 + b^2 = c^2$. Se você brincar com ela, pode encontrar números inteiros que se encaixam na equação. Os números 3, 4 e 5

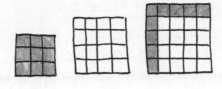

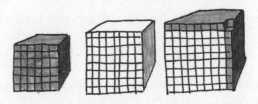

Figura 2
Dois quadrados podem ser somados para formar um terceiro quadrado: $3^2 + 4^2 = 5^2$. Mas dois cubos nunca formarão um cubo perfeito. Por exemplo, $6^3 + 8^3 = 9^3{-}1$.

funcionam $(9 + 16 = 25)$; assim como 5, 12 e 13 $(25 + 144 = 169)$. Na verdade, há uma quantidade infinita desses trios pitagóricos, assim chamados porque o antigo grego em pessoa demonstrou que eles eram ilimitados. Mas e se mudássemos a equação, acrescentando cubos em vez de quadrados? Será que ainda conseguiríamos encontrar três números inteiros que se encaixassem no padrão? Fermat disse que não. Na verdade, ele argumentou que, se o exponente fosse aumentado para acima de 2, o resultado sempre daria errado. Em termos matemáticos, Fermat propôs que a equação $a^n + b^n = c^n$ não tem soluções com números inteiros quando n é maior do que 2.

Andrew Wiles ouviu falar sobre o enigma do Último Teorema de Fermat quando tinha 10 anos. "Parecia algo tão simples, mas nenhum dos grandes matemáticos da história conseguia prová-lo", refletiu ele diante da descoberta. "A partir daquele momento, eu soube que jamais desistiria." Wiles estudou, formou-se na Universidade de Cambridge e se especializou em uma área da matemática denominada curvas elípticas. O último enigma de Fermat nunca saiu da memória de Wiles conforme ele construía sua carreira. Ainda assim, depois de séculos de matemáticos sendo derrotados por ele, Wiles não conseguia encontrar um caminho para a demonstração.

Isso mudou em 1984. O matemático Gerhard Frey sugeriu uma conexão inesperada entre o Último Teorema de Fermat e uma famosa conjectura apresentada por uma dupla no Japão. Yutaka Taniyama e Goro Shimura argumentaram que dois ramos aparentemente distantes da árvore matemática na verdade estavam entrelaçados. Segundo eles, toda forma modular tinha uma curva elíptica equivalente. A conjectura se tornou um burro de carga para os matemáticos, com muitos artigos assumindo-a provisoriamente para sua conclusão. Ainda assim, ela não passava de uma suspeita. A contribuição de Frey foi uma conexão ainda mais surpreendente: se a conjectura de Taniyama-Shimura fosse verdade, o Último Teorema de Fermat também seria. Wiles, já especialista em curvas elípticas, havia finalmente encontrado um caminho para realizar seu sonho de infância. Ele só precisava provar que o palpite de Taniyama e Shimura estava correto.

Wiles decidiu trabalhar em total segredo. Após acumular conclusões que pudessem ser publicadas, ele resolveu separá-las em uma série de trabalhos, dando a impressão de que ainda estava ativamente envolvido em projetos antigos. Ele parou de ir a conferências e limitou ao máximo suas obrigações como professor. Todo momento em que não estava no trabalho ou com a família era dedicado à demonstração. Ao adotar uma estratégia arriscada, ele se isolou da ajuda dos colegas. Segundo ele, a solidão aumentava o foco. Mesmo assim, é provável que não tenha passado despercebido o fato de que, se ele resolvesse o problema sozinho, não teria que competir com ninguém pela glória de ter desvendado a demonstração.

Os primeiros dezoito meses do projeto foram passados na biblioteca, aprendendo todos os detalhes matemáticos associados a formas modulares e curvas elípticas. Como um explorador se aventurando pela mata fechada, Wiles precisava preparar sua caixa de ferramentas para todas as possibilidades. Após dominar o básico, ele explorou a matemática por conta própria, buscando por padrões que pudessem sugerir um caminho para a demonstração. Após dois anos de trabalho solitário, ele finalmente fez seu primeiro avanço. Encontrou uma maneira de demonstrar que o primeiro elemento de cada forma modular estava associado ao primeiro elemento de cada curva elíptica. Agora, só restava lidar com uma infinidade de elementos.

Chegando a um impasse, ele sondou colegas em busca de ajuda, tomando cuidado para não revelar a natureza de seu projeto. Talvez eles soubessem de alguma teoria ainda não publicada que tivesse passado batida por Wiles? Seu velho orientador, John Coates, mencionou um trabalho feito por um de seus alunos, Matheus Flach, que tratava da técnica de outro matemático, Victor Kolyvagin. "Parecia ser exatamente o que eu precisava", recordou-se Wiles, "apesar de eu saber que ainda teria que desenvolver o método Kolyvagin-Flach". Wiles estava chegando perto, mas "teria que usar um maquinário muito sofisticado, que não conhecia bem. Havia muita álgebra difícil, que exigiu que eu aprendesse muitos processos matemáticos novos". Wiles finalmente decidiu quebrar o silêncio. Depois de se confidenciar com o amigo e colega matemático Nick Katz, ele recebeu dicas para terminar sua demonstração. Após sete anos de esforço, Wiles teve o sucesso que nenhum matemático encontrara em mais de três séculos de tentativas. "Foi o momento mais importante da minha carreira", refletiu Wiles em um documentário da BBC sobre seu triunfo. "Nada nunca chegará aos pés disso."

COMO PESSOAS SOLUCIONAM PROBLEMAS DIFÍCEIS

Poucos desafios são tão complexos quanto o Último Teorema de Fermat. Ainda assim, a história de Wiles revela muito sobre o raciocínio por trás da solução de problemas difíceis. Em 1972, os cientistas cognitivos Herbert Simon e Allen Newell publicaram um proeminente livro, *Human Problem Solving*, investigando esses processos mentais. Na pesquisa, eles pediram que voluntários compartilhassem seus pensamentos enquanto solucionavam problemas. Ao comparar o desempenho deles com um modelo, a dupla fez observações rigorosas sobre como as pessoas lidam com desafios difíceis. Suas descobertas deram início a décadas de pesquisa e foram aplicadas em campos tão diversos quanto xadrez, escrita, ciência, matemática e medicina.

Essencial para a teoria de Simon e Newell era a ideia de que a resolução de problemas é uma busca pelo espaço do problema.

O espaço do problema é como um labirinto: você sabe onde está agora e se chegou ou não ao destino. Ao longo do caminho, no entanto, seus movimentos são limitados por paredes. A grande dificuldade do labirinto é não poder andar em linha reta até o final, sendo necessário fazer uma busca para encontrar a rota emaranhada que leva até a saída.

Em um labirinto real, o espaço do problema é físico. Porém, os espaços do problema costumam ser abstratos. Pense em como é solucionar um cubo mágico. A posição inicial é o cubo embolado. A posição final tem apenas uma cor em cada face. Os movimentos possíveis são girar e virar o cubo. O espaço do problema aqui não é literal, mas de configurações. Cada rodada transforma o estado do problema em outro adjacente. O objetivo, assim como no labirinto, é navegar por esse espaço abstrato e partir do começo para chegar ao fim.

Provar o Último Teorema de Fermat também era uma busca pelo espaço do problema. No caso de Wiles, ele precisou escolher um ponto de partida em teoremas matemáticos já comprovados. Seu objetivo final era escrever a afirmação de que $a^n + b^n = c^n$ não tinha soluções quando n fosse maior do que dois. O que dificultava a tarefa era a necessidade de que cada movimentação no espaço do problema fosse uma dedução válida feita a partir de resultados anteriores. As limitações da lógica funcionavam como as paredes do labirinto, impedindo Wiles de escrever o que ele gostaria. Wiles precisou planejar um caminho pelos corredores serpenteantes da matemática até chegar à confirmação de que Fermat estava correto.

Quando você se acostuma a enxergá-los, é fácil encontrar espaços de problema por todo canto. Cientistas os analisam para descobrir novas leis. O ponto de partida é um conjunto confuso de dados. O ponto final é uma teoria que explica os dados. Solucionar um problema envolve pesquisar tanto o espaço de uma hipótese que possa explicar os dados quanto um espaço de experimentos possíveis que possam testar essa teoria. Um arquiteto que projeta um prédio faz uma busca pelo espaço do problema de possíveis designs, procurando um adequado às limitações de custos, espaço e códigos de construção, ao mesmo tempo que tenta otimizar o valor funcional e estético. Escrever este capítulo foi um processo de resolução de problemas. Meu ponto de partida foi um documento em branco. O objetivo final era um capítulo concluído, explicando as ideias que eu desejava apresentar.

A PARTE COMPLICADA DE PROBLEMAS DIFÍCEIS

A fórmula de Simon e Newell para solucionar problemas tem uma conclusão imediata: a maioria dos problemas não tem solução. O espaço de possibilidades é grande demais para encontrar uma resposta. Sem um método inteligente, adivinhações aleatórias jamais dão certo. Um cubo mágico tem mais de 43 quintilhões de configurações. Explorar uma a uma, mesmo que por apenas um segundo, exigiria cinco mil vezes a idade do universo. Ainda assim, a tarefa de Wiles era navegar em águas incomparavelmente mais vastas. Apesar de ser possível escrever um programa de computador para solucionar um cubo mágico de forma mecânica, é impraticável, mesmo na teoria, construir algo semelhante que seja capaz de provar qualquer processo da matemática. O matemático, dotado de conhecimento finito, deve percorrer um mar infinito, sem garantias de que chegará em segurança à outra costa. O próprio Wiles estava ciente da probabilidade de fracasso: "Talvez os modelos de que eu precisasse para completar a demonstração só fossem inventados dali a centenas de anos. Então, mesmo se eu estivesse no caminho certo, poderia estar vivendo no século errado".

Se a maioria dos espaços de problema são grandes demais para que uma busca seja realizada, o que podemos fazer? A resposta de Simon era que nos "contentássemos": em vez de encontrar a melhor solução possível, seguiríamos com a que fosse boa o suficiente. Uma gerente não analisa todas as possibilidades e informações existentes antes de tomar uma decisão comercial urgente. Em vez disso, ela faz uma busca até encontrar uma solução adequada, levando em consideração sua limitação de tempo e atenção. Mas o contentamento apresenta duas desvantagens importantes. A primeira é que, ao escolher a opção boa o suficiente, podemos nunca descobrir qual seria a opção melhor. Para problemas que acontecem raramente, talvez isso não seja um problema. Mas, se houver a possibilidade de nos depararmos com a mesma questão várias vezes, a tendência a seguir aquilo que funciona no momento atual pode limitar um eventual progresso. A pessoa que soluciona um problema de digitação "catando milho" no teclado com um dedo conseguirá realizar a tarefa, porém fazer isso também pode dificultar o aprendizado da técnica de datilografia. A segunda desvantagem é que até encontrar uma solução aceitável pode ser bastante complicado. Na busca de Wiles, ele poderia estar disposto a sacrificar a elegância ou o tamanho da demonstração, mas nunca o rigor matemático. Uma demonstração um tanto truncada ou prolixa poderia ser boa o suficiente, mas uma que violasse as regras da lógica, não.

Além de sermos menos exigentes, outra forma de reduzirmos a dificuldade para solucionar problemas é usando o conhecimento para restringir a busca com parâmetros mais úteis. Em um extremo, isso elimina completamente a necessidade de solucionar o problema. Não preciso buscar uma forma para solucionar a conta 5 + 7. Eu simplesmente me lembro de que a resposta é 12. De forma mais simples, boa parte de nossa rotina é livre de problemas porque memorizamos as soluções. Dirigir um carro, marcar uma consulta no médico ou lavar roupa não são tarefas complicadas para a maioria dos adultos, porque eles se recordam do caminho até a solução. No entanto, talvez você ainda se lembre de quando usar a máquina de lavar era um verdadeiro mistério. Onde colocar o sabão? Quais roupas vão juntas e quais precisam ser separadas? A experiência transforma problemas em rotinas.

Em alguns casos, a memória pode oferecer um método, mesmo que não uma solução. Não consigo me recordar diretamente da resposta para 128 + 47. No entanto, ao seguir o algoritmo de adição de números com vários dígitos que aprendi no fundamental, é fácil encontrar 175. Nem todos os problemas têm algoritmos tão convenientes. Esse fato surpreendeu especialistas. Em 1900, o matemático David Hilbert propôs uma lista de 23 questões que esperava serem resolvidas no século que se iniciaria. Uma delas era um algoritmo para entender se equações como a do Último Teorema de Fermat tinham soluções de número inteiro. Setenta anos depois, matemáticos provaram que a existência de um algoritmo como esse seria impossível! Para outros problemas, há métodos que obrigatoriamente encontram uma solução, porém não são muito melhores do que a estratégia de simplesmente tentar todas as possibilidades. Sudoku, xadrez e até Tetris pertencem a esse grupo. Portanto, nossa experiência com problemas em sala de aula pode ser ilusória, já que a grande maioria das questões da vida real não tem um método que garanta a resposta certa.

Mesmo que um método não prometa uma solução, ele ainda pode reduzir o escopo da busca. Heurísticas são métodos que não oferecem garantias, mas ainda podem ajudar em muitos casos. Diante de problemas tecnológicos, uma heurística é simplesmente desligar e religar o aparelho. Nem sempre isso dá certo, mas resolve o problema em uma proporção surpreendente de casos. Wiles não tinha um algoritmo básico que pudesse aplicar —

a refutação do décimo problema de Hilbert mostrava que nenhum existia. Ainda assim, ele tinha muitas heurísticas que aprendera ao longo de anos de estudo e da prática da matemática. Usar provas por indução, por exemplo, é uma estratégia relativamente geral sempre que alguém deseja provar que uma propriedade é válida para uma quantidade infinita de coisas. Só é preciso mostrar que ela é verdadeira para a primeira coisa, e então que a propriedade não muda conforme passamos para a segunda coisa. Assim como derrubar uma fileira de dominós, esse truque nos permite provar que algo é verdadeiro para uma quantidade infinita de itens sem que seja necessário fazer uma quantidade infinita de verificações. Essa heurística foi essencial para associar cada elemento da curva elíptica na demonstração de Wiles a cada elemento de uma forma modular.

Outra heurística matemática comum é buscar por uma invariante. Se encontrarmos algo que não muda em um problema, não importa quanto seja modificado, poderemos evitar uma demorada busca pela solução. Vejamos o problema de um tabuleiro de xadrez quebrado. Nesse problema, você precisa cobrir perfeitamente com dominós um tabuleiro cujos quadrados do canto esquerdo superior e canto direito inferior foram removidos.

Considerando os 62 quadrados restantes, com cada dominó cobrindo dois quadrados, o problema parece exigir um grande número de tentativas à primeira vista. Muitas combinações diferentes de 31 dominós poderiam ser testadas antes de decidir como eles melhor se encaixam. No entanto, seria inteligente buscar por uma invariante. Uma delas seria que cada dominó cobre um quadrado branco e outro preto, independentemente de como for posicionado. Depois que reconhecemos que os dois quadrados removidos eram brancos, fica claro por que seria impossível cobrir o tabuleiro inteiro — para isso, um dominó teria que cobrir dois quadrados pretos, o que acabamos de concluir ser impraticável. Aplicar a heurística certa nos poupou uma busca demorada.

A prova por indução e a busca por uma invariante são usadas pela matemática e pela lógica. Ainda assim, funcionam apenas em uma quantidade bem limitada de problemas quando comparados a todos que podemos encontrar pela vida. Compreender a indução não é de grande ajuda quando temos que pintar um quadro ou criar um plano de marketing. Psicólogos chamam esses métodos de específicos de área, porque são aplicáveis a um tipo determinado de problema. Isso nos leva a uma pergunta interessante: existem heurísticas ou estratégias que funcionam para *vários* tipos diferentes de problema?

Figura 3
É possível cobrir completamente com dominós um tabuleiro de xadrez quebrado?

EXISTEM ESTRATÉGIAS PARA SOLUCIONAR TODOS OS TIPOS DE PROBLEMA?

No seu estudo sobre resolução de problemas, Simon e Newell observaram uma série de estratégias genéricas que voluntários aplicaram para um conjunto diverso de questões. Eles defenderam a ideia de que as pessoas usam essas estratégias como um último recurso quando métodos específicos não estão disponíveis. Simon e Newell as chamaram de métodos fracos, em contraste com os métodos fortes de algoritmos garantidos ou heurísticas específicas de área que drasticamente reduzem a busca por uma solução. Os métodos fracos incluem criar e testar, análise de meios e resultados, planejamento e escalonamento.

Método fraco nº 1: Criar e testar

A estratégia mais básica que Simon e Newell observaram nos participantes do estudo era simplesmente tentar algo e ver se dava certo. Se eu me esqueci do login de uma conta antiga do computador, posso testar meia dúzia de senhas que sei que usei antes. Com sorte, uma delas estará certa e não precisarei optar por uma alternativa mais extensa de resolver o problema, que é trocar a senha. Da mesma maneira, se eu não conseguir encontrar minhas chaves, posso procurar em alguns lugares prováveis antes de refazer meus passos. Ao escrever um texto, uma opção para superar meu bloqueio criativo é escrever do jeito que conseguir e revisar depois. É provável que uma tentativa aleatória não produza um bom resultado, mas talvez o primeiro pensamento gerado pela memória não seja tão ruim assim, contanto que eu já tenha muita experiência com o assunto. A desvantagem óbvia do criar e testar é que esse é um método desastroso em um espaço do problema amplo. Criar e testar só dá certo quando o problema já está limitado ou é familiar o suficiente para que seja possível encontrar respostas razoáveis por meio de palpites.

Método fraco nº 2: Análise de meios e resultados

Outra estratégia quase universal para solucionar problemas é a análise de meios e resultados. Esse é um raciocínio que se alterna entre o início e o fim, começando com a identificação de lacunas e, então, encontrando movimentos que reduzam esses vazios no espaço do problema. Vejamos um exemplo apresentado por Simon e Newell:

> Quero levar meu filho para a creche. Qual é a diferença entre o que eu tenho e o que quero? A distância. O que muda a distância? Meu carro. Meu carro não funciona. O que é preciso para que ele funcione? Uma bateria nova. Onde há baterias novas? Em uma oficina. Quero ir à oficina para trocar a bateria; mas a oficina não sabe que preciso fazer isso. Qual é a dificuldade? Comunicação. O que permite a comunicação? Um telefone... e assim por diante.

A análise de meios e resultados funciona ao alternar objetivos, observando a diferença entre o estado atual e o estado almejado, encontrando assim um método adequado para diminuir a distância entre os dois. Isso pode se repetir em círculos, como ilustra a história de Simon e Newell.

Método fraco nº 3: Planejamento

Outra ferramenta comum que as pessoas usam para solucionar problemas é o planejamento. Ele envolve reformular o desafio em um espaço do problema mais simples. Uma vez sendo resolvido nesse espaço mais simples, generaliza-se a abordagem para o espaço de problema real. Por exemplo, ao escrever um texto, posso começar com um esboço, uma versão menos complexa, incluindo apenas os temas principais que desejo destacar e ignorando os detalhes. Quando fico satisfeito com a solução que encontrei no espaço de planejamento, posso guiar minha busca no espaço mais amplo, usando essa base para escrever o texto inteiro.

Método fraco nº 4: Escalonamento

Imagine que você está em uma paisagem ampla, cercado por névoa, e deseja encontrar o ponto mais alto possível. Uma estratégia seria seguir na direção do caminho mais inclinado. O escalonamento aplica essa lógica à resolução de problemas. Comece com uma solução experimental, por pior que seja, e então faça pequenos ajustes na direção que mais aprimora seu ponto de partida. Com certos tipos de problema, seguir os melhores aprimoramentos pode ser suficiente para que o ponto mais favorável eventualmente seja alcançado. Revisar um texto costuma ser um processo de escalonamento, já que você faz ajustes sucessivos para melhorar a qualidade da escrita como um todo. De forma semelhante, aplicar o escalonamento à solução de um cubo mágico pode envolver tentativas de aumentar a quantidade de cores no mesmo lado com cada movimento. Não é uma abordagem que funcione neste último caso, mas o fato de as pessoas a utilizarem mostra nossa heurística de escalonamento na prática.

POR QUE MÉTODOS FRACOS COSTUMAM DAR ERRADO

Métodos fracos são usados de forma difusa, mas com frequência nos frustram. Criar e testar não dá certo em espaços de problema grandes. A análise de meios e resultados multiplica objetivos, tornando mais difícil manter o problema sob controle. O planejamento pode simplificar demais a questão e levar a uma solução que funciona na teoria, mas dá errado na prática. O escalonamento fracassa exatamente nas situações em que as coisas precisam primeiro piorar para depois melhorar. Aquilo que consideramos um enigma talvez seja a categoria de problemas em que um dos nossos métodos fracos sempre falha, de forma que a única maneira de solucionar a questão é ignorando uma heurística tentadora. O desafio da Torre de Hanói envolve mover discos entre colunas. O espaço geral do problema tem apenas 27 estados, então ele não deveria ser um desafio nem mesmo para o método criar e testar. Ainda assim, encontrar a solução costuma exigir certa prática, porque é necessário mover os discos para longe do destino final (violando o escalonamento) e gerar muitos objetivos menores (complicando a análise de meios e resultados).

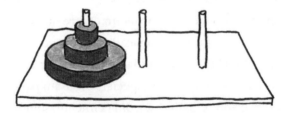

Figura 4
Torre de Hanói: O objetivo é passar todos os discos da coluna esquerda para a direita. Apenas um disco pode ser movido de cada vez. Discos maiores não podem ser colocados no topo de discos menores.

Uma questão mais profunda sobre métodos fracos é se eles são inatos ou aprendidos. Os psicólogos André Tricot e John Sweller argumentam que há poucas evidências sobre o aprendizado de métodos fracos, mostrando que as pessoas tendem a usar a análise de meios e resultados ou o escalonamento por instinto. Nessa visão, a habilidade geral de solucionar problemas é algo que não pode ser ensinada nem treinada. Sendo assim, não podemos aprender métodos melhores para lidar com problemas, e sim apenas desenvolver uma variedade maior de habilidades e métodos específicos que possam ser aplicados a situações diferentes. Wiles conseguiu provar o Último Teorema de Fermat não porque tinha extensiva prática em métodos fracos, mas porque possuía uma vasta amplitude de métodos fortes que reduziram drasticamente o espaço do problema. Ainda assim, é muito possível que esse mesmo conhecimento pouco o ajudasse na hora de consertar um carro ou declarar seu imposto de renda.

AS FRONTEIRAS DO CONHECIMENTO: OS DOIS TIPOS DE PROBLEMA

Esse cenário sugere que encaramos dois tipos distintos de dificuldades ao solucionar problemas. O primeiro ocorre quando encaramos uma situação que nos deixa empacados, mas que seria rotineira para outra pessoa. Essa é a dificuldade de aprender com os outros. Quais são os métodos fortes que especialistas usam para solucionar problemas sem esforço? Sem esse conhecimento, somos forçados a lidar com uma busca potencialmente demorada e propensa ao fracasso. Se o problema não estiver longe demais da nossa capacidade de solucioná-lo, podemos descobrir a resposta com algum esforço. Porém, se o espaço for amplo demais, é possível que a melhor abordagem sempre permaneça fora de alcance.

O segundo tipo de dificuldade ocorre quando atravessamos as fronteiras de qualquer habilidade individual para solucionar problemas e nos aventuramos pelo desconhecido. Esse foi o desafio de Wiles enquanto buscava a demonstração do Último Teorema de Fermat. Ele precisava resolver uma questão que nenhum matemático conseguira solucionar ao longo de mais de três séculos. Levando em consideração seu eventual caminho por amplos espaços de problema que eram completamente desconhecidos por Fermat, parece bem provável que o próprio finado francês não tivesse a demonstração correta. Talvez Fermat tenha encontrado uma solução errada, como Cauchy ou Lamé. Ou talvez tenha achado uma rota alternativa, tão surpreendente e criativa que permaneceu desconhecida para as maiores mentes matemáticas do mundo por centenas de anos. De toda forma, o conhecimento morreu com Fermat, e Wiles precisou desbravar o desconhecido enquanto traçava sua rota matemática.

A maioria de nós jamais embarcará em um problema tão difícil quanto o de Wiles. Ainda assim, nunca eliminaremos a necessidade de solucionar problemas, porque boa parte das situações é única. Basta digitar uma ou duas frases para você escrever algo que nunca foi dito na história humana. A criação de todo texto, toda música ou todo prédio é um problema novo e, sendo assim, não pode ser meramente copiado de soluções do passado. Porém, mesmo que muitos problemas sejam novidade, o conhecimento mais útil para solucioná-los provavelmente não é. Aprofundar-se no espaço do problema depende do apoio dos métodos fortes usados pelos gigantes que nos precederam.

DICAS PRÁTICAS SOBRE A BUSCA PARA SOLUCIONAR PROBLEMAS

Muitos psicólogos duvidam que a resolução de problemas possa ser ensinada ou treinada como uma habilidade geral. Os métodos fracos parecem universais. Em vez disso, o caminho para o domínio pode exigir a captação de conhecimentos ou métodos particulares de especialistas. Mesmo que seja impossível melhorar nossa capacidade geral de resolver problemas, quero oferecer algumas dicas práticas sugeridas por essa teoria.

Dica nº 1: Comece com a representação correta

A busca é apenas metade da dificuldade na hora de solucionar problemas. A outra metade está em encontrar a maneira certa de representar a questão, de forma que você saiba qual é o espaço ideal do problema ao qual se dedicar. Antes do inovador trabalho de Newell e Simon, os psicólogos especializados em Gestalt também estudavam o processo de resolução de problemas, apesar de seu foco estar na maneira como participantes de estudos observavam a questão e como essas observações inibiam ou motivavam soluções criativas. Como exemplo, vejamos o famoso desafio dos nove pontos. O objetivo é desenhar quatro linhas retas sem retirar o lápis do papel.

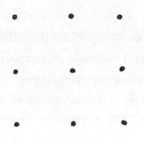

Figura 5
O desafio dos nove pontos: Faça quatro linhas retas passando por todos os nove pontos, sem retirar o lápis do papel.

Você consegue? Para aqueles que nunca viram a resposta, podem encontrá-la na página 300. A percepção fundamental não gira em torno de como fazemos a busca pelo espaço do problema, mas de como o representamos. Se a resposta certa for erroneamente excluída das possibilidades iniciais, não a encontraremos mesmo com uma busca exaustiva. Solucionar problemas em situações reais e complicadas, com frequência, exige-nos alternar entre a busca pelo espaço do problema e tentar encontrar novas formas mais manejáveis de representá-lo.

Comece qualquer novo projeto descobrindo como pessoas competentes o encarariam. O que elas considerariam ser o espaço do problema? Que grandes movimentos poderiam ser feitos para solucionar a questão? Saber como pensar sobre um problema não garante uma solução, mas é um primeiro passo essencial.

Dica nº 2: Procure problemas promissores

A percepção de que muitos problemas são impossíveis de solucionar sugere uma determinação imediata: não lide com problemas impossíveis. Infelizmente, a questão de entender quais problemas têm ou não solução também é impossível! Pode ser que a resposta certa esteja bem debaixo do nosso nariz, mas também pode acontecer de a busca por ela resultar em um século de esforços inúteis. Apesar da nossa incapacidade de saber exatamente quais problemas são impossíveis de verdade, a experiência nos permite fazer boas previsões. Wiles só começou a encarar o Último Teorema de Fermat quando Gerhard Frey fez a conexão com a conjectura de Taniyama-Shimura, sugerindo que o problema era oportuno. Empreendedores, cientistas e inventores fazem apostas calculadas sobre os avanços tecnológicos que preveem para o futuro próximo, mesmo sem ter como saber exatamente quanto precisarão se embrenhar pelas terras desconhecidas do espaço do problema.

A melhor maneira de descobrir problemas promissores é interagindo com pessoas que ativamente tentam expandir limites. A vantagem de trabalhar em empresas, laboratórios de pesquisa ou em grupos que fazem novas contribuições é conseguir captar sinais intensos de aspectos do espaço do problema que estão prontos para serem explorados e que provavelmente não renderão frutos imediatos.

**Dica nº 3: Explore o espaço do problema encarando
um cômodo por vez**

Para explicar como encara a matemática, Wiles faz uma analogia
educativa:

> A melhor forma de descrever minha experiência com cálculos
> seria compará-la a entrar em uma mansão escura. Primeiro, você
> entra em um cômodo que está escuro, completamente escuro.
> Você tropeça, esbarrando nos móveis, até que aos poucos co-
> meça a localizar a posição de tudo e, então, cerca de seis meses
> depois, encontra o interruptor. Você o liga e, de repente, tudo
> se ilumina. Você enxerga exatamente onde está.

Como discutiremos em mais detalhes no próximo capítulo, quando não temos ninguém com quem aprender e precisamos encontrar
nosso próprio caminho pelo espaço do problema desconhecido, é
interessante explorar o espaço antes de tentar solucionar o problema. Ao encarar uma área desconhecida da matemática, Wiles não
apenas se equipou com ferramentas descobertas por outros como
dedicou bastante tempo a aplicá-las até que se tornassem uma parte
familiar do seu repertório.

Explorar o espaço do problema pode significar fazer experimentos
e observar os resultados, sem tentar alcançar objetivos específicos.
A ideia não é conquistar nada específico, mas prestar atenção nos
padrões que possam resultar em novos métodos fortes. Um pintor
que experimenta novas técnicas para "ver o que acontece" e não para
produzir um trabalho rentável acabará com várias obras malfeitas.
Porém, depois de um tempo, ele pode se deparar com uma técnica
que ofereça um visual único a seu trabalho.

PASSANDO DE SOLUCIONAR PROBLEMAS
A APRENDER COMO SOLUCIONÁ-LOS

O trabalho inicial de Simon e Newell focava na maneira como as pessoas resolviam questões difíceis. Eles acreditavam que compreender como solucionamos problemas era um pré-requisito para entender como aprendemos a solucionar problemas. Segundo o raciocínio deles, é apenas depois de descobrirmos como uma pessoa executa uma tarefa que temos chance de entender como ela aprende a executá-la.* No próximo capítulo, passaremos de como as pessoas solucionam problemas para como elas aprendem a solucionar problemas. Pelo caminho, veremos como uma peculiaridade da nossa psicologia se torna um dos limites mais importantes desse processo.

---

* Essa ênfase no desempenho antes do aprendizado é desafiada por modelos conexionistas, que tendem a se concentrar em mecanismos de aprendizagem relativamente simples — mesmo que o algoritmo de desempenho seja complexo demais para ser facilmente explicado e compreendido.

CAPÍTULO 2

A criatividade começa pela cópia

"Regras não limitam a genialidade. Limitam aqueles que não têm genialidade."

Joshua Reynolds, pintor

- Você é capaz de solucionar um problema sem aprender a solucioná-lo?
- Quanto da criatividade vem de pegar emprestadas ideias dos outros?
- A imitação resulta em um aprendizado raso?

Em novembro de 2017, recordes foram destruídos quando a obra *Salvator Mundi*, de Leonardo da Vinci, foi vendida por mais de 450 milhões de dólares. Era mais do que o dobro do maior valor oferecido anteriormente por uma pintura, pago quando *Mulheres de Argel*, de Pablo Picasso, foi vendido por pouco menos de 180 milhões de dólares, em 2015. O fato de um Da Vinci ter sido arrematado por um valor astronômico não surpreende. O artista deixou poucos quadros completos ao morrer. Os que existem são universalmente reconhecidos como obras-primas, desde a *Mona Lisa*, que leva multidões diariamente ao Louvre, até sua enigmática versão de *A última ceia*. E Da Vinci também não é o único a ser venerado. Botticelli, Rafael, Ticiano, Caravaggio e Michelangelo são todos merecedores do status de mestres artistas. Apesar da tendência a focarmos na genialidade desses homens, eu gostaria de me voltar para a maneira como eles foram treinados.

O treinamento artístico na Renascença seguia o modelo do aprendizado. Com 12 ou 13 anos, os novatos se apresentavam na oficina de um mestre. O pintor italiano Cennino Cennini descreve o processo na virada do século XV:

> Saiba que o mínimo de tempo dedicado deve ser como segue: começar como ajudante por um ano, para praticar desenho no pequeno painel; a seguir, servir na oficina de algum mestre para aprender a trabalhar em todas as áreas que pertencem à nossa profissão [...] pela duração de bons seis anos. Então, para ganhar experiência na pintura, embelezar mordentes, tecer panos de ouro, praticar na parede por outros seis anos; sem jamais parar de desenhar por todo o tempo nem tirar folgas, seja em dias santos ou de trabalho. E é assim que o talento, por meio de muita prática, se tornará uma habilidade real.

Os aprendizes passavam por uma sequência estruturada de temas e meios para lentamente serem introduzidos às habilidades necessárias ao ofício. O primeiro passo era copiar obras-primas. Assim, um novato poderia analisar com atenção a maneira como um talento traduzia luz e formas na tela. Então, vinha o desenho de moldes de esculturas em gesso. Isso dificultava a transposição de um objeto tridimensional em uma representação bidimensional, mas evitava os desafios de um modelo vivo, que poderia se mover durante a sessão.

Quando os aprendizes começavam a se basear em figuras humanas, o domínio dos elementos básicos estava seguro o suficiente para que toda a atenção se voltasse para sutilezas, como postura e expressões. As técnicas passavam por uma progressão semelhante, de desenhos em carvão para pinturas utilizando a técnica *grisaille* – feitas em tons de preto e branco –, até finalmente chegar a tintas a óleo ou têmpera completamente coloridas.

A cópia das obras-primas era a base da instrução artística. O próprio Da Vinci defendia a sequência correta de estudo: "Sobre a ordem do aprendizado do desenho: primeiro, baseie-se nos desenhos de mestres em obras de arte", e apenas então, "após dominar essa prática, tendo escutado as críticas de seu mestre, deverá ser praticado o desenho de objetos em relevo com bom estilo". A ideia de dedicar tempo considerável a cópias parece antiética para as percepções modernas do treinamento artístico. Artistas deveriam ser fontes de originalidade, e exercícios supostamente matam o espírito criativo. Ainda assim, apesar da imitação embutida ao treinamento, os artistas das épocas em que esses eram os métodos predominantes, com frequência, produziam trabalhos de uma originalidade fenomenal. Apesar de serem aparentemente eficazes, as técnicas de treinamento da Renascença pouco são utilizadas hoje em dia. Para entender por que, precisamos fazer uma breve análise da evolução delas.

UMA BREVE HISTÓRIA DO TREINAMENTO DE ARTISTAS

A história da educação da arte no Ocidente começa na Grécia. Os gregos antigos valorizavam a arte, mas não o artista. Artes visuais formavam o baixo cléro de uma classe artesanal que mal estava acima dos escravizados que serviam à aristocracia. Poesia e filosofia eram os estudos apropriados para um membro da elite; pintura, não.

Essa postura persistiu ao longo da Idade Média, quando a produção artística era controlada por um sistema de guildas. Apenas na Renascença, com o surgimento de pintores como Da Vinci e Michelangelo, artistas individuais deixaram de ser vistos como meros artesãos. Essencial para essa mudança de percepção foi o pintor renascentista e historiador da arte Giorgio Vasari. Em seu grande livro, *Le vite de' più eccellenti pittori, scultori e architettori*, foi criada a imagem do artista como um intelectual, equivalente a acadêmicos e filósofos. Para isso, Vasari convenceu Cosme de Médici a estabelecer a primeira academia de arte em Florença, em 1561.

Ainda assim, a elevação do status do artista teve um efeito paradoxal no ofício. Como escreve o estudioso da educação da arte Arthur Efland, "Quando o artista foi elevado à posição de gênio, novas questões educacionais surgiram, pois como instruir um gênio? É apropriado treinar o gênio em potencial como um mero aprendiz?". A tensão aumentou durante o movimento romântico. O filósofo Jean-Jacques Rousseau escreveu sobre seu regime de treinamento artístico sugerido: "Portanto, tomarei providências para não oferecer um mestre de desenho que apenas incentivaria a cópia de cópias e desenhos de desenhos. A natureza deverá ser a única professora, e coisas, as únicas modelos". No século XIX, essa postura seria ainda mais exagerada por Franz Cižek, vienense educador de arte e defensor do movimento da autoexpressão criativa. "Cižek foi comparado a Rousseau em sua insistência por evitar toda influência madura, porém foi mais extremo em certos sentidos", escreve Efland. "Rousseau reconhecia certa necessidade da orientação de adultos, enquanto as aulas de Cižek não eram de forma alguma lecionadas no sentido tradicional." A tensão entre a perícia profissional e a criatividade, amplamente ausente nos tempos de Da Vinci, persiste até hoje. "No clima artístico atual", escreve a artista e educadora Juliette Aristides, "é comum que a educação sobre a história e o treinamento de arte sejam considerados antiéticos para a genialidade. Espera-se que artistas em ascensão absorvam seu conhecimento por osmose, desconectados da história e da dedicação. No entanto, quando os instintos dos indivíduos ganham mais importância do que a educação, o artista pode ficar preso em uma adolescência eterna, em que a paixão passa por cima da capacidade de desempenho."

Aprender pacientemente por meio de exemplos, antes de criar trabalhos originais, era essencial para uma educação artística clássica. Ainda assim, o poder dos exemplos não é limitado à arte. Psicólogos cognitivos, de forma um tanto surpreendente, descobriram que existem situações em que podemos desenvolver habilidades melhores ao observar exemplos sobre como resolver um problema do que solucionando-o por conta própria.

VOCÊ CONSEGUE SOLUCIONAR UM PROBLEMA SEM APRENDER COMO SOLUCIONÁ-LO?

"Um dos primeiros princípios não reconhecidos pelos metodologistas científicos", escreveu o grande psicólogo B. F. Skinner, é "quando você encontrar algo interessante, largue tudo para estudá-lo." Talvez essa máxima tenha passado pela cabeça do psicólogo John Sweller no começo dos anos 1980, ao encontrar resultados estranhos em seus experimentos. "[Nós estávamos] conduzindo um estudo sobre resolução de problemas, testando universitários", refletiu Sweller. "Os problemas exigiam que os estudantes transformassem certo número em um valor predeterminado, podendo apenas multiplicá-lo por 3 ou subtrair 29 dele." Um desafio poderia ser passar de 15 para 16, por exemplo, o que exigiria primeiro multiplicar por 3 para chegar a 45, e então subtrair 29 para chegar a 16. "Cada problema só tinha uma solução possível, e essa solução exigia que alternassem entre multiplicar por 3 ou subtrair 29 por uma quantidade específica de vezes", explicou Sweller. "Meus alunos da graduação tiveram relativa facilidade para solucionar essas questões, com pouquíssimos fracassos, mas havia algo estranho em suas respostas. Apesar de todos os problemas precisarem ser solucionados com essa sequência alternada... poucos descobriram a regra", escreveu Sweller. "Fosse lá como estivessem resolvendo a questão, aprender a sequência alternada não fez parte disso."

Como os estudantes poderiam solucionar o problema sem aprender o método que usaram para solucioná-lo? Isso aconteceu pouco após a publicação do tratado de Herbert Simon e Allan Newell sobre o processo de resolução de problemas, discutido no capítulo anterior. Baseando-se no trabalho deles, a investigação de Sweller encontrou um culpado em potencial: a análise de meios e resultados. Esse era um dos métodos fracos que Simon e Newell tinham observado em muitos dos seus estudos, em que uma pessoa identificava falhas na sua posição atual e, para saná-las, comparava-as aos resultados que gostaria de alcançar. A estratégia funciona, mas exige manter em mente, ao mesmo tempo, muitos aspectos do problema. A sobrecarga mental pode não deixar capacidade suficiente para generalizar os procedimentos necessários para solucionar problemas semelhantes no futuro. "Para mim, parecia plausível que os mesmos processos pudessem ser aplicados quando os alunos tivessem que resolver problemas em um contexto educacional", refletiu Sweller. "Seria melhor mostrarmos como solucionar os problemas em vez de pedir aos estudantes que fizessem isso por conta própria?"

Inspirado por essa ideia, Sweller propôs outra teoria: se fosse possível conter a análise de meios e resultados, os estudantes teriam mais capacidade cognitiva para aprender com seus atos. Sweller e seus colegas testaram esse palpite em uma série de experimentos, incluindo um que usava questões de trigonometria. Questões que envolvem ângulos e comprimentos de linhas costumam ter vários valores desconhecidos. Elas também são mentalmente difíceis para iniciantes. Encontrar o número desconhecido requer muita análise de meios e resultados. Sweller dividiu os universitários em dois grupos. O primeiro recebeu problemas-padrão para encontrar o ângulo desconhecido. O segundo tinha que resolver as mesmas questões, mas recebendo a orientação de achar o máximo possível de valores desconhecidos. Sem um objetivo distante, os estudantes não precisavam mais usar a análise de meios e resultados, podendo explorar livremente o espaço do problema. Após uma breve sessão de treino, Sweller propôs um novo problema. Em vez de os estudantes precisarem encontrar ângulos desconhecidos em um diagrama, teriam que desenhar um diagrama com valores de senos e cossenos específicos. O objetivo era testar o desempenho dos alunos que entendiam os padrões dentro das questões de trigonometria em vez de apenas memorizar uma resposta. Os resultados foram muito diferentes — oito entre os dez alunos na condição livre de objetivos conseguiram solucionar o novo problema de geometria, enquanto apenas três na condição tradicional o fizeram.

Problemas livres de objetivo amenizam o pesado fardo cognitivo imposto pela análise de meios e resultados, mas apresentam uma desvantagem óbvia. Quando o espaço do problema é grande demais, as pessoas se perdem com facilidade. Sweller descobriu uma alternativa na forma de exemplos trabalhados. Um exemplo trabalhado é um exemplo que apresenta a solução e todos os passos que levaram até ela. Sweller testou seu palpite de novo, agora com problemas de álgebra. Um grupo estudou exemplos trabalhados, juntando uma solução já encontrada com um problema imediato do mesmo tipo. Outro grupo solucionou as questões por conta própria, sem exemplos. Qualquer estudante desse último grupo que não encontrasse a resposta após cinco minutos era apresentado a um exemplo trabalhado, como acontecia no primeiro grupo. Isso garantiu que os membros do segundo grupo não tivessem um desempenho inferior apenas por não conseguirem chegar à mesma quantidade de respostas que o primeiro. Quando um teste com problemas semelhantes foi apresentado, ambos os grupos tiveram desempenhos parecidos. Ainda assim, diante de um novo formato de pergunta, 75% do primeiro grupo conseguiram resolvê-la, enquanto ninguém do segundo o fez. Isso aconteceu apesar de o segundo grupo ter passado o triplo de tempo estudando.

Os efeitos da falta de objetivo e do exemplo trabalhado foram observados repetidas vezes em experimentos, mas iam contra as crenças prevalentes da época. "Foi a pior época possível para publicar trabalhos que questionassem a eficácia de usar o processo de resolução de problemas como um instrumento de aprendizado", recorda Sweller. Após o trabalho de Simon e Newell, estudos sobre o assunto alcançaram novos patamares na psicologia e na inteligência artificial. "Boa parte da área entrou na onda da resolução de problemas. Pesquisas sobre exemplos trabalhados eram vistas com hostilidade, ou geralmente ignoradas, e isso perdurou por duas décadas."

Apesar de a pesquisa de Sweller ter sido controversa no começo, a propriedade da mente em que ele baseava seus estudos não era. Pesquisadores sabem há mais de um século que a mente é incrivelmente limitada na quantidade de informações que consegue reter ao mesmo tempo. O histórico da nossa compreensão sobre o gargalo mental começa com o número 7, mais ou menos 2.

O MÁGICO NÚMERO 7, MAIS OU MENOS 2

"Fui perseguido por um número inteiro", escreveu o psicólogo de Harvard George Miller no começo de seu agora famoso trabalho de 1956. "Esse número assume uma variedade de disfarces, às vezes sendo um pouco maior ou menor do que o normal, mas nunca mudando a ponto de se tornar irreconhecível." Miller apresentou uma série de experimentos aparentemente desconectados que revelavam seu mágico número 7, mais ou menos 2. Por exemplo, se você pedir a alguém que distinga tons com base na vibração, é provável que ela tenha um bom desempenho se houver apenas duas ou três variações. No entanto, as pessoas cometem cada vez mais erros quando existem mais de seis. O mesmo efeito ocorre com o barulho, mas com apenas cerca de cinco volumes diferentes sendo distinguíveis. Ainda assim, o número mágico não aparece apenas na classificação de sons. Ele ocorre quando participantes de um estudo precisam julgar a quantidade de sal na água em um teste de paladar, a área de quadrados percebidos visualmente, ou variações de tom de cor. E o número também não se limita a percepções. Experimentos de memória mostram o mesmo declínio no desempenho quando voluntários precisam se lembrar de mais de sete itens, sejam eles números ou palavras. Miller argumentava que o número mágico ia além de uma coincidência experimental, mas apontava para um limite básico na quantidade de coisas que conseguimos manter em mente ao mesmo tempo. O raciocínio tinha um gargalo, e Miller forneceu provas de seu tamanho.*

Observações como a de Miller levaram a uma série de teorias sobre como a mente processa informações. Isso incluiu uma proposta feita pelos psicólogos Richard Atkinson e Richard Shiffrin em 1968, que se tornou conhecida como o modelo modal da memória humana. Os autores sugeriram que processamos informações sensoriais — a visão, os sons e as sensações do corpo — ao mesmo tempo, mas que

---

* Apesar de Miller ter determinado o número 7, talvez ele tenha superestimado a capacidade do cérebro. Avaliações atentas feitas por psicólogos contemporâneos sugerem que 4 é um valor mais exato. COWAN, N. *The Magical Number 4.*

toda essa diversidade de informações precisa passar por um gargalo central para se tornar ativa em nossos pensamentos. Esse armazenamento de curto prazo também estava conectado com a memória de longo prazo, um depósito de conhecimento e experiências vitalícios que permanecem dormentes até ativamente nos recordarmos de seu conteúdo. Mais tarde, os psicólogos Alan Baddeley e Graham Hitch propuseram a teoria da memória de trabalho, juntando o armazenamento de curto prazo do modelo modal com a capacidade de manipular e transformar seu conteúdo. Todo pensamento ocorria nessa estreita janela de consciência, filtrando a maioria das sensações do mundo exterior, além das histórias profundas de nossas experiências passadas.

Se o pensamento é tão limitado, como ele funciona? No seu trabalho original, Miller apontava para a possibilidade de aliviar essas restrições. Seus experimentos observavam que o gargalo era limitado à quantidade de itens, e não à de informações que eles continham. Por exemplo, tente se lembrar das letras O U S M E T S A F. A maioria das pessoas teria dificuldade para manter todas em sua mente. Mas, se elas fossem reorganizadas como STF, EUA e OMS, seria fácil se lembrar do Supremo Tribunal Federal, dos Estados Unidos da América e da Organização Mundial da Saúde. Ambas as representações têm as mesmas letras, porém, a última foi organizada em blocos significativos. Esses blocos, associados com experiências anteriores, nos ajudam a manter em mente as nove letras, chegando ao maior limite do número mágico de Miller. Superamos nossa memória de trabalho limitada ao formar padrões cada vez mais complexos de informação. Como cada padrão exige apenas uma vaga, as demandas da memória de trabalho para um especialista são bem diferentes da pressão sobre um novato, mesmo quando se trata do mesmo problema e método de solução.

Em 1995, Anders Ericsson e Walter Kintsch propuseram outra forma de vencer o gargalo da mente. A experiência pode nos permitir usar a memória de longo prazo de forma mais eficiente quando lidamos com tarefas de curto prazo. No modelo de Atkinson e Shiffrin, a memória de longo prazo é um depósito quase infinito, armazenando todas as lembranças da vida. Ao contrário do gargalo da memória de trabalho, a memória de longo prazo é um vasto reservatório. Ainda assim, a maior parte de nossas memórias de longo prazo permanece inerte. Podemos ter a resposta para um problema em algum lugar lá dentro, mas, se não conseguirmos nos recordar dela no momento certo, sua existência não faz diferença. Kintsch e Ericsson argumentaram que tarefas rotineiras podem nos ajudar a criar sinais de recuperação que nos permitam usar mais informações do que o gargalo costuma permitir. Kintsch ofereceu evidências disso na compreensão de histórias. Participantes leram uma história sobre a criação do motor a vapor, com frases confusas inseridas em trechos alternados. Em experimentos de memória tradicionais que usam palavras ou números sem significado, esse tipo de distração apagaria bem rápido tudo que você tentasse manter em mente. É por isso que precisamos repetir constantemente um número de telefone para conseguirmos nos lembrar dele antes de o digitarmos — qualquer interrupção é capaz de apagar os padrões de informação que ainda não foram guardados em bloco na memória. Ainda assim, os participantes do experimento da história conseguiram seguir em frente com o mínimo de interrupções, sugerindo que converteram parte da história na memória mais permanente e criaram sinais de recuperação para voltar ao ponto em que pararam.

Tanto os blocos de Miller quanto a teoria de Kintsch e Ericsson tinham uma limitação importante: eles são possíveis apenas após uma prática extensiva. Os blocos precisam ser criados primeiro — não nascemos reconhecendo as siglas OMS ou EUA. Sem blocos eficientes, o iniciante acaba fazendo malabarismo com mais itens na sua memória de trabalho do que um especialista. De forma semelhante, leitores fluentes têm mecanismos para acompanhar histórias que não estão disponíveis para novatos. Os iniciantes, como os estudados por Sweller, têm memórias de trabalho mais limitadas do que as pessoas que já são proficientes.

COMO APRENDER DENTRO DO GARGALO DA MENTE

Nas quatro décadas desde os experimentos iniciais de Sweller, vários outros impactos da memória de trabalho sobre o aprendizado foram estudados por diferentes grupos de pesquisadores. Coletivamente, esses efeitos se reuniram na teoria da carga cognitiva, que argumenta que organizar o espaço de memória de trabalho é essencial tanto para educadores quanto para aprendizes.

Uma distinção central na teoria da carga cognitiva é feita entre a carga intrínseca e a externa. A primeira se refere ao esforço mental necessário que acompanha o aprendizado. Para se beneficiar de um exemplo trabalhado, estudantes precisam estudá-lo, e esse comprometimento mental exige uma boa parte da capacidade cerebral. A carga externa, em contraste, é todo o esforço mental que não está diretamente associado ao aprendizado. A análise de meios e resultados, que exige uma variação de objetivos e de métodos para alcançá-los, é uma heurística útil para solucionar problemas. Mas ela pode ser menos útil para o aprendizado, uma vez que o fardo extra que impõe sobre a memória de trabalho deixa menos espaço para a observação dos padrões básicos usados para solucionar problemas.

Nem toda carga externa é associada à solução de problemas. O efeito da divisão do foco se refere ao novo fardo imposto pelo aprendizado de materiais que exigem que estudantes mudem a informação de lugar para compreender o problema. Considere os dois diagramas a seguir. O da esquerda separa as informações dos locais associados no desenho, exigindo uma legenda para serem associadas às partes anatômicas corretas. Esse malabarismo mental, não essencial para aprender aquilo que o diagrama ensina, torna-se uma fonte adicional de carga extrínseca. Em contraste, a imagem da direita coloca as informações no local a que são diretamente associadas no diagrama, sem criar uma carga cognitiva adicional ao dividir o foco.

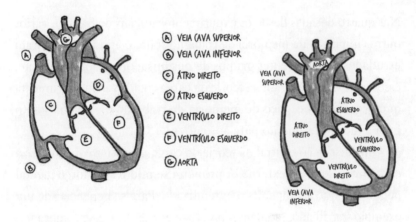

Figura 6
No diagrama da anatomia do coração à esquerda, as informações estão separadas dos locais aos quais estão associadas. Isso requer mais esforço cognitivo para interpretar o diagrama e, de acordo com o efeito da divisão do foco, supostamente dificultaria o aprendizado.

O efeito da redundância se refere à surpreendente interferência da informação duplicada. Um diagrama que apresenta a mesma informação visual e textual gera resultados de aprendizado piores do que aquele que só oferece um tipo. Parece que informações re-dundantes, como repetir em voz alta a mesma coisa que está escrita em slide, criam um fardo adicional para a memória de trabalho, uma vez que o espectador se distrai enquanto filtra reproduções irrelevantes. "A maioria das pessoas pressupõe que oferecer informações adicionais aos estudantes é, na pior das hipóteses, algo inofensivo e pode ajudar", argumenta Sweller. "A redundância está longe de ser inofensiva. A oferta de informações desnecessárias pode ser um grande motivo para o fracasso instrucional."

Apesar de a teoria de carga cognitiva ter se originado em áreas como álgebra e geometria, pesquisas recentes a expandiram para meios menos abstratos. Estudos com um software de rastreamento de olhar mostram que estudantes aprendem mais quando conseguem seguir os movimentos dos olhos dos especialistas. Esse acompanhamento do olhar dos outros parece ser uma habilidade inata que indica onde devemos prestar atenção, reduzindo a carga cognitiva diante de uma situação complexa, quando não conseguimos distinguir o que é importante. O efeito também pode explicar o sucesso das oficinas da Renascença para a produção artística: a capacidade de observar mestres em ação não apenas mostra os métodos que usam, mas a maneira como encaram um problema artístico.

DESCOBRIR A RESPOSTA POR CONTA PRÓPRIA LEVA A UMA COMPREENSÃO MAIS PROFUNDA?

Os críticos dos exemplos trabalhados costumam alegar que eles levam a uma compreensão mais superficial. O psicólogo suíço Jean Piaget notoriamente comentou: "Sempre que alguém ensina a uma criança alguma coisa que ela deveria ter aprendido sozinha, a criança perde a oportunidade de inventá-la e, portanto, de compreendê-la completamente". Segundo essa linha de raciocínio, a experiência de receber uma orientação sobre como solucionar um problema é inerentemente mais rasa do que resolver a questão por conta própria. Uma forma de testarmos essa crença é observando como estudantes aplicam um método que aprenderam em situações e problemas mais diferentes. Se aprender por meio de exemplos não passa de "ensinar a fazer a prova", então deveríamos observar exatamente isto: diante de uma prova diferente, os estudantes com um domínio superficial da habilidade seriam reprovados.

Os psicólogos David Klahr e Milena Nigam analisaram essa questão no contexto do aprendizado da execução de experimentos científicos. O principal motivo para realizar um experimento é descobrir se uma coisa afeta outra. Por exemplo, talvez você queira saber se a inclinação de uma rampa influencia a velocidade com a qual uma bola desceria por ela. A melhor maneira de fazer isso seria comparar duas rampas que diferem apenas em inclinação, certificando-se de que elas tenham a mesma composição de superfície, usando o mesmo tipo de bola, e assim por diante. Klahr e Nigam queriam descobrir se os estudantes que recebessem instruções e exemplos explícitos sobre a estratégia de variar apenas um elemento por vez em um experimento a aplicariam a novas situações com menos frequência do que os estudantes que conseguissem entender a estratégia por conta própria. Eles dividiram 112 alunos do terceiro e do quarto ano em dois grupos. Um recebeu instruções sobre a estratégia e assistiu a exemplos dela em funcionamento. O outro não recebeu qualquer orientação, mas recebeu a oportunidade de descobrir o princípio por conta própria. O grupo instruído teve um desempenho imediato muito melhor — 77% conseguiram conduzir pelo menos três de quatro experimentos explicados na fase de testes, em comparação com 23% dos alunos na condição de descoberta. Não é um resultado surpreendente; obviamente, é mais fácil aprender algo que lhe ensinam do que descobrir sozinho o que deve ser feito. A parte mais interessante foi que, independentemente de como aprenderam, os alunos que tiveram bons resultados no teste original também foram bem ao aplicar a estratégia em uma competição posterior em uma feira de ciências. Isso sugere que não apenas o aprendizado por exemplos foi útil para mais alunos como também não diminuiu a capacidade deles de usar o conhecimento em outras situações.

Exemplos por si só nem sempre bastam. Pesquisas mostram que a divisão de exemplos trabalhados em objetivos paralelos pode ajudar a ilustrar o raciocínio por trás do processo de solucionar um problema, e que incentivar os alunos a encontrar uma explicação para os exemplos pode aumentar a compreensão. Exemplos trabalhados também são mais difíceis de entender quando etapas são omitidas. Poucos artistas amadores conseguiriam pintar como os mestres renascentistas apenas olhando para cópias concluídas — também era importante observar o processo da pintura. E, como veremos no Capítulo 4, as explicações de especialistas frequentemente omitem as etapas mentais que levaram a uma solução. Em questões abstratas ou intelectuais, talvez seja necessário muito treino antes de conseguirmos entender os métodos de um especialista com a mera observação de seus atos físicos. No entanto, o experimento de Klahr e Nigam, junto com o trabalho de teóricos da carga cognitiva, desafiam a hipótese de que o conhecimento adquirido pela observação de exemplos seja inerentemente mais raso do que aquele conquistado por experiência direta.

QUANDO COPIAR É MAIS EFICIENTE DO QUE CRIAR?

O gargalo da mente sugere um motivo para o fracasso do aprendizado: habilidades e assuntos complexos não são divididos em partes simples o suficiente. Diante de uma situação confusa, os iniciantes precisam contar com a análise de meios e resultados, além de outros processos cansativos de busca, para solucionar seus problemas. Esse investimento costuma ser necessário para encontrar respostas, mas ocupa a capacidade cognitiva que poderia ser usada para o aprendizado e generaliza padrões que poderiam ser aplicados a desafios futuros. Exemplos trabalhados, a exploração livre de objetivos e a organização de materiais para minimizar a redução do foco e a redundância podem tornar o aprendizado mais eficiente.

Esse foco na complexidade também significa que a teoria da carga cognitiva é mais relevante quando solucionar um problema ou compreender um conceito exige a integração com muitas partes desconhecidas de informações ao mesmo tempo. Esse certamente é o caso da produção de arte. Cada pincelada em um quadro exige uma reflexão simultânea sobre tons, saturação e valores tonais de uma cor. Cada elemento da pintura precisa levar em consideração a perspectiva, a iluminação e o tamanho. Os cadernos de Da Vinci são lotados de heurísticas práticas sobre as proporções do corpo e estudos anatômicos detalhados de estruturas musculares e do esqueleto. Uma representação realista exige a integração de muito mais informações do que um problema geométrico, e é por isso que pouquíssimos estudantes conseguem alcançá-la sem muita prática.

No entanto, nem todos os problemas de aprendizado são uma questão de complexidade. Compare a gramática e o vocabulário enquanto se aprende um segundo idioma. A gramática pode exigir um esforço mental grande. Um falante de inglês que começa a aprender japonês, por exemplo, precisa fazer o malabarismo mental de converter os pensamentos da ordem familiar de sujeito-verbo-objeto ("Cachorro morde homem") para a ordem sujeito-objeto-verbo do outro idioma ("Cachorro homem morde"). Em frases longas, toda a nossa capacidade mental pode ser facilmente consumida por esse malabarismo, e é por isso que exemplos claros e a prática com exercícios de livros-texto ajudam tanto. Aprender o vocabulário, por outro lado, tem uma carga cognitiva relativamente baixa. Cada palavra precisa apenas ser decorada. Sendo assim, é muito mais fácil absorver um amplo vocabulário com a imersão em conversas. De forma semelhante, a química envolve conceitos complexos (compreender a mecânica quântica do átomo) e simples (decorar as massas na tabela periódica), enquanto dirigir envolve o processo complexo de simultaneamente manipular o volante, a marcha, o acelerador e o freio, junto ao processo simples de reconhecer o significado de diferentes placas de trânsito.

Uma vez que problemas complexos se tornam mais simples com a experiência, muitos dos efeitos da teoria da carga cognitiva desaparecem, ou até são revertidos, com o aumento da proficiência. O efeito de reversão por especialização demonstra que, apesar de a resolução de problemas ser geralmente ineficaz para iniciantes quando comparada com o estudo de exemplos trabalhados, isso muda conforme os estudantes se tornam mais experientes. Depois que os padrões para solucionar questões estão gravados da memória, os estudantes se beneficiam mais com a prática do que com a mera observação. Assim, como ninguém conseguiria se tornar um pintor habilidoso sem pintar nada, a maestria exige ação, e não apenas observação. O efeito do exemplo trabalhado é mais influente quando os padrões de resolução de problemas ainda são desconhecidos. É por isso que, apesar de incentivar o começo com cópias, Da Vinci era forte defensor do aprendizado direto com a natureza conforme as habilidades artísticas do aprendiz se desenvolviam. Para a criatividade desabrochar, as cópias eventualmente precisam ser substituídas por observações originais.

Essa tensão entre as estratégias de aprendizado que funcionam mais no começo e aquelas que apresentam resultados melhores depois que existe experiência também pode explicar parte da tensão na educação artística. Artistas veteranos, que se beneficiam mais da resolução de problemas do que de instruções adicionais, podem misturar os processos mentais que usam ao criar novas obras com os métodos que funcionam melhor para ensinar alguém mais inexperiente. O psicólogo Paul Kirschner chama isso de a falácia da epistemologia confusa, ou como especialistas inventam novos conceitos e conhecimento, e pedagogia, ou como devemos ensinar as pessoas a dominar técnicas já conhecidas. Como o gargalo da mente é mais limitado para o aprendizado de novas informações do que para o uso de informações antigas, problemas podem parecer bobos ou impossíveis dependendo da sua experiência anterior. Aprender é o processo de gerar padrões de memória que nos ajudem a cruzar esse abismo.

APLICAÇÕES DA TEORIA DA CARGA COGNITIVA

A teoria da carga cognitiva sugere alguns passos que podemos dar para aprender novos assuntos e habilidades de forma mais eficiente.

Aplicação nº 1: Busque exemplos trabalhados
Quando se deparar com um novo assunto de qualquer complexidade, procure fontes que apresentem vários problemas com soluções prontas. No começo, elas podem oferecer um jeito de assimilar rapidamente padrões de resolução de problemas. Conforme for progredindo, cubra as respostas para usá-las como oportunidades para praticar.

Aplicação nº 2: Reorganize materiais confusos
Evite o efeito da divisão do foco ao reorganizar materiais de forma que uma manipulação mental mínima seja necessária. Caso você encontre um diagrama que o obrigue a ficar olhando de um lado

para o outro, copie-o de forma que a legenda esteja bem ao lado dos pontos a que ela se refere. É mais fácil compreender fórmulas ao reescrevê-las com o significado claro de todas as variáveis contidas no contexto.

Aplicação nº 3: Use o poder do pré-treino

Antes de embarcar em uma habilidade complexa, veja se ela possui componentes que poderiam lhe causar dificuldade. Se você conseguir treiná-los, decorando-os, vai liberar capacidade para executar a habilidade no futuro. Usar fichamentos para decorar palavras de um novo idioma não vai tornar mais fácil falar esse idioma, porém diminuirá sua preocupação enquanto fala. Da mesma maneira, compreender como cores se misturam, como a luz se transforma em sombra, ou as regras da perspectiva antes de começar uma nova pintura pode ajudar você a manter o foco em expressar uma visão em vez de mantê-lo preso a questões técnicas.

Aplicação nº 4: Introduza complexidade aos poucos

Como as exigências da memória de trabalho sobre uma habilidade diminuem com a experiência, fazer isso oferece um argumento para começar com problemas simples e ir avançando para os mais complicados. Designers de jogos fazem isso de forma brilhante quando criam fases de tutorial que apresentam alguns elementos do jogo, permitindo que os jogadores usem a exploração livre de objetivos para aprender o funcionamento sem instruções cansativas. Conforme você progride, novas complexidades são introduzidas em um ritmo estável.

Aplicação nº 5: Coloque o ofício na frente da criatividade

A originalidade não passa da exploração de uma região pouco visitada do espaço do problema. Com certeza há diferença entre a habilidade técnica e a criatividade visionária. Ainda assim, é comum encararmos os dois como opostos, quando a verdade é que eles se complementam. É mais fácil ter uma visão ampla depois que você domina as técnicas. Só é possível quebrar as regras quando você sabe quais podem ser quebradas.

DO COMEÇO À MAESTRIA

Muito mudou desde os tempos de Da Vinci. A fotografia e a reprodução mecânica de obras de arte fazem com que a habilidade de representar meticulosamente a realidade não seja mais tão impressionante. A vanguarda da arte mudou seu foco para conceitos, afastando-se da verossimilhança da Renascença. Seria tolice sugerir que todos os novos artistas devem estudar segundo um estilo que era usado séculos atrás. A arte muda, e junto com ela as técnicas de grandes artistas.

Ainda assim, da mesma maneira que regimes de treinamento não podem permanecer estáticos, é importante não jogar fora os princípios que funcionam bem. Independentemente de o objetivo ser produzir os retratos soturnos, em *chiaroscuro*, da Renascença, as paisagens amplas *alla prima* dos impressionistas, ou até as disposições ousadas da arte abstrata, criar algo lindo exige não apenas originalidade, mas os meios e métodos para transformar a visão em uma manifestação concreta. Estudar os métodos daqueles que nos precederam não é prejudicial à originalidade, mas um ingrediente indispensável. No próximo capítulo, veremos como a construção de uma base é essencial não apenas para reduzir temporariamente a carga cognitiva, mas para a motivação e a maestria em longo prazo.

CAPÍTULO 3

O sucesso é a melhor escola

"É dever do aprendiz arrancar tudo que for possível do professor, e é dever do professor arrancar tudo que for possível do aprendiz."

Kevin Kelly, editor-executivo
fundador da revista Wired

- O sucesso rápido incentiva a motivação no futuro?
- Existem habilidades que promovem a inteligência?
- O fracasso em aprender é causado pela falta de talento ou pela ausência de uma base?

Ao longo de sua vida, Helen Keller comemoraria duas datas de aniversário: uma no dia em que nasceu e a outra no dia do seu "aniversário de alma", quando sua amada professora, Anne Sullivan, chegou à sua casa em Tuscumbia, no Alabama. Com apenas 19 meses, Keller havia contraído algo que os médicos da época determinaram ser uma "febre do cérebro" — provavelmente escarlatina ou meningite. Ela se recuperou, mas perdeu completamente a audição e a visão. Sem ouvir e enxergar, Keller só conseguia expressar seus desejos por meio de alguns gestos improvisados. Com mais frequência, no entanto, ela fazia pirraça. "Às vezes, eu parava entre duas pessoas e tocava seus lábios", escreveu ela em sua autobiografia anos depois. "Eu não conseguia entender e ficava incomodada. Eu mexia meus lábios e gesticulava freneticamente, sem resultado. Isso me deixava com tanta raiva que eu chutava e berrava até ficar exausta." Com 6 anos, os ataques aconteciam quase que a cada hora. Cansada, a mãe de Keller ficou sabendo da história de Laura Bridgman, uma mulher que não enxergava nem ouvia e que tinha recebido educação. Torcendo para que algo semelhante pudesse ser feito por sua filha, ela entrou em contato com Michael Anagnos na Escola Perkins para Cegos. Anagnos recomendou Anne Sullivan.

"O dia mais importante de que me lembro na minha vida foi quando minha professora, Anne Mansfield Sullivan, chegou até mim", escreveria Keller mais tarde. Sullivan começou dando uma boneca para Keller brincar. Após deixá-la segurar a boneca por um tempo, Sullivan pegou a mão de Keller e soletrou "b-o-n-e-c-a" em sua palma. "Fiquei imediatamente interessada nessa brincadeira com dedos", se recorda Keller, "e tentei imitá-la. Quando consegui fazer as letras de forma correta, fui tomada por um prazer e um orgulho infantis. Corri para a minha mãe no andar de baixo e fiz as letras para boneca." Ao longo das próximas semanas, Sullivan lhe ensinou dezenas de novos objetos e suas letras. Para Keller, a atividade ainda era uma brincadeira, já que ela não tinha percebido que cada gesto representava uma palavra. Após confundir as palavras *xícara* e *água*, Sullivan levou Keller para o poço da casa e deixou a água correr pela mão dela. O momento, imortalizado na peça *O milagre de Anne Sullivan*, de Gibson, escrita em 1957, foi uma revelação para Keller. "Entendi, então, que 'á-g-u-a' significava a substância fria e maravilhosa que escorria por minha mão. Aquela palavra viva despertou minha alma", escreveu Keller. "Deixei o poço ansiosa por aprender. Tudo tinha um nome, e cada nome fazia nascer um novo pensamento."

Ao longo das próximas oito décadas de sua vida, Keller se formaria no Radcliffe College da Universidade Harvard; escreveria doze livros; dominaria latim, francês e alemão; e se tornaria uma ativista política fervorosa, fazendo campanha pelo movimento sufragista feminino e também pelo pacifismo, socialismo e os direitos das pessoas com deficiência. Após sua educação transformadora, foram atitudes sociais, e não sua ausência de visão e audição, que acabaram limitando Keller. Na juventude, ela foi noiva por um breve período, antes de a relação ser terminada por aqueles que consideravam inapropriado uma mulher surda e cega se casar. Da mesma forma, sua maior decepção na vida não era a impossibilidade de enxergar ou ouvir, mas o fato de ela não conseguir falar com a clareza necessária para ser compreendida com facilidade, permanecendo dependente da interpretação de pessoas que entendessem o alfabeto manual. Nos anos desde os tempos de Keller, outras pessoas surdas e cegas foram além do que ela teve permissão, incluindo Leonard Dowdy, que não apenas se casou, mas teve um emprego por trinta anos antes de se aposentar, e Haben Girma, a primeira mulher surda e cega a se formar na Faculdade de Direito de Harvard. O legado de Keller pode não ser quão longe ela conseguiu chegar, mas quanto outros avançaram por causa de seu exemplo.

O DESENVOLVIMENTO DO APRENDIZADO: COMO A BASE CERTA PERMITE O FUTURO PROGRESSO

A história de Keller ilustra o potencial dramático da educação. Aprender o alfabeto manual permitiu que ela descobrisse palavras e um jeito de se comunicar. A partir dessa base, ela aprendeu a ler, escrever e ter uma vida intelectual ativa. Sem essa oportunidade inicial, talvez Keller tivesse continuado a viver para sempre em isolamento. Apesar de ser relativamente raro encontrar alguém que desenvolva deficiência auditiva e visual total tão jovem — uma estimativa sugere que apenas cerca de cinquenta pessoas no século XX tiveram perdas dramáticas de audição e visão no começo da vida —, o fenômeno básico de não ter uma habilidade importante e básica para o aprendizado de outras capacidades é comum.

Vejamos o caso da leitura. Sem a capacidade de ler, a grande maioria do conhecimento do mundo é inalcançável. Por causa disso, pesquisadores observaram que a habilidade precoce de leitura está muito conectada ao desenvolvimento da inteligência. Stuart Ritchie e seus colegas observaram a capacidade de leitura e níveis de inteligência de gêmeos com 7, 9, 10, 12 e 16 anos. Com essas idades, a capacidade de ler e a inteligência não aparentavam uma forte correlação. No entanto, os pesquisadores descobriram que, quando um dos gêmeos demonstrava uma habilidade maior para leitura mais cedo, níveis de inteligência superiores eram observados no futuro. Uma interpretação sugestiva desse estudo é que, quanto melhor for a capacidade de leitura, mais fácil é aprender outros conhecimentos e habilidades, promovendo a inteligência. Ainda mais interessante foi a descoberta de que os benefícios para a inteligência não se limitam a questões verbais, sugerindo que uma boa proficiência de leitura pode ter vantagens mais amplas do que apenas um conhecimento teórico mais extenso.

Apesar de sua importância, muitos têm dificuldade para ler bem. Dados do Programa para Avaliação Internacional de Competências de Adultos (Program for the International Assessment of Adult Competencies, PIAAC) mostram que, a partir de 2013, cerca de um em cada cinco americanos adultos não tinha capacidade de leitura para "completar tarefas que exigem comparar e diferenciar informações, parafrasear ou fazer inferências simples". Quase 10% são "analfabetos funcionais" em inglês. E a questão não se limita à pequena proporção de pessoas que não sabem ler. De acordo com a mesma pesquisa, menos de 15% das pessoas foram classificadas nos dois níveis superiores de leitura, que inclui capacidades como conseguir destacar uma frase em um e-mail e em um artigo de jornal que façam a mesma crítica a um produto, e analisar uma lista de equipamentos de exercícios físicos para identificar o grupo muscular mais acionado por um aparelho específico. Com níveis baixos de leitura avançada, mesmo entre adultos, não é de se admirar que poucas pessoas leiam livros. De acordo com uma pesquisa da Gallup, em 2021, o americano médio relatou ter lido quase um terço a menos da quantidade total de livros reportada em 1999. Apesar de redes sociais e artigos na internet poderem compensar um pouco esse declínio, há algo especial na imersão profunda em uma ideia ou história que só é causada por livros. Essas estatísticas mostram que jamais devemos presumir que os outros sabem ler bem.

Por que aprender a ler é tão difícil? Um motivo é que o princípio alfabético que forma a base da maioria dos sistemas de escrita é poderoso, mas nada intuitivo. Aprendê-lo exige a memorização de uma grande série de símbolos arbitrários — em inglês, são 52, se contarmos apenas as letras maiúsculas e minúsculas; algumas centenas se também levarmos em consideração símbolos, numerais e fontes alternativas. Então, os sons do idioma devem ser conscientemente separados em unidades individuais possíveis de serem manipuladas. A percepção fonológica — que é a base da capacidade de dizer qual palavra seria *floco* sem o *l*, ou conseguir indicar qual palavra entre *caso, vaso, raso* e *longo* não pertence ao grupo — é um dos fatores de previsão mais fortes da habilidade precoce de leitura. Infelizmente, aprendê-la não é fácil. Crianças não são naturalmente capazes de identificar palavras individuais que conseguem falar e compreender em frases, que dirá sons individuais.* Então, esses símbolos arbitrários precisam ser sistematicamente associados com blocos de construção de sons recém-descobertos. Essa é uma tarefa complicada até em idiomas com ortografia extremamente uniforme, como espanhol ou italiano. No inglês, é uma tarefa dificílima, com as crianças sendo obrigadas a lidar com grafias muito irregulares, resultando em milhares de padrões de sons e letras, com poucos sendo aplicados de forma consistente. Por fim, todo esse trabalho mental deve ser excessivamente aprendido, até chegar ao ponto de ser feito no automático. Apenas quando a carga cognitiva para reconhecer palavras estiver no mínimo, uma capacidade extra será liberada para encarar dificuldades de interpretação, resolução de problemas e o aprendizado de novos conceitos.

Levando em consideração a importância de aprender a ler e nossas dificuldades em nos tornarmos alfabetizados, qual é a melhor forma de ensinar essa habilidade? "Em níveis avassaladores, os programas que usam o método fônico resultam no maior reconhecimento de palavras, melhor escrita, melhor vocabulário e melhor interpretação de texto", escreve a psicóloga e especialista em leitura Marilyn Adams em sua compreensiva análise da literatura científica. Nos programas que usam o método fônico, correspondências ao som básico das letras são ensinadas e praticadas de forma explícita. Em comparação, métodos de leitura que incentivam alunos a adivinhar a identidade de palavras desconhecidas pelo seu formato,

---

* Se isso parece implausível, é apenas porque você aprendeu a "ouvir" o silêncio entre as palavras faladas em uma frase como resultado de uma vida inteira de exposição ao texto. Analise as ondas de som da fala, e você verá que os limites entre palavras são psicológicos, e não acústicos. Isso vale principalmente para limites fonêmicos, já que crianças têm uma dificuldade especial para separar encontros consonantais como o *t-r* de *tronco*. O princípio alfabético parece óbvio apenas porque estamos acostumados com ele. (ADAMS, *Beginning to Read*, p. 486).

acompanhados de ilustrações ou do contexto apresentado por uma história são menos eficientes. Uma vantagem óbvia do método fônico é que decorar os padrões básicos de sons e letras é uma ferramenta muito útil, ainda que imperfeita, para ajudar a entender palavras desconhecidas. Ao oferecer aos novos leitores uma ferramenta para compreender termos que ainda não decoraram, eles ganham a capacidade de aprender mais com a leitura independente do que aprenderiam se ficassem limitados a apenas palavras que conseguissem identificar. Saber o som das palavras, no entanto, talvez não seja o motivo mais importante para o sucesso do método fônico. Em vez disso, incentivar novos leitores a sistematicamente prestar atenção nas combinações de letras que formam palavras facilita um processamento automático e fácil que libera recursos para outras partes da experiência da leitura. Pesquisas mostram que bons leitores são especialmente talentosos em pronunciar pseudopalavras — palavras que não existem, mas seguem as regras ortográficas do idioma, como *voque* ou *fenso* — quando comparados com leitores menos habilidosos. Essa facilidade não existe porque passaram horas treinando a escrita, mas por serem fluentes nas associações entre ortografia e som armazenadas na memória.

Experiências iniciais bem-sucedidas criam um ciclo virtuoso. O leitor precoce que tem um bom domínio sobre os padrões de ortografia e som terá mais facilidade para ler do que seus contemporâneos. Esse esforço reduzido também aumentará sua propensão a ler. Ao ler mais, ele aumentará seu domínio dos padrões de ortografia e som, incluindo aqueles que não são ensinados de forma explícita. Em um estudo, Connie Juel e Diane Roper-Schneider compararam a capacidade de reconhecimento de palavras de alunos que receberam instruções fonéticas e uma de duas séries de livros para praticar. O primeiro grupo ficou com uma série que destacava palavras decodificadas pelas regras fonéticas que as crianças estavam aprendendo.

O outro se focou em palavras usadas de forma habitual. No fim do ano, o programa orientado pela fonética teve mais sucesso em reconhecer novas palavras do que o orientado pela frequência. Além disso, em testes diferentes, os alunos do método fônico apresentaram resultados melhores na pronúncia de pseudopalavras com correspondências ortográficas que não tinham sido ensinadas de forma explícita. Isso sugere que eles expandiram suas lições iniciais de fonética para novos padrões. Esse ciclo virtuoso pode ajudar a explicar como pessoas que aprendem com o método fônico encontram vantagens extensivas: os alunos têm sucesso, enxergam a si mesmos como leitores e continuam praticando, aumentando sua proficiência.

Assim como aprender a ler é a base para outros conhecimentos, dominar os padrões de ortografia e som presentes no idioma é a base para a leitura. Alguns estudantes precoces entenderão isso sozinhos, mas esse não será o caso de muitos. Para eles, a experiência inicial de leitura será frustrante, algo que talvez os afaste da atividade para sempre.

O PROBLEMA DOS DOIS SIGMAS: COMO PODEMOS TORNAR SALAS DE AULA TÃO EFICIENTES QUANTO LIÇÕES PARTICULARES?

A pesquisa sobre leitura ilustra um princípio importante: as experiências iniciais com um assunto são importantes, não apenas porque desenvolvem a base cognitiva para a execução da habilidade, mas também por manter o interesse que levará ao engajamento em longo prazo. Infelizmente, em muitas salas de aula, alunos que apresentam dificuldades no começo acabam sendo deixados para trás. O fracasso em dominar assuntos que são pré-requisitos significa uma dificuldade maior em acompanhar aulas futuras, aumentando a frustração com deveres de casa e diminuindo as chances de que a habilidade seja utilizada na vida real. Caso a situação se prolongue por tempo suficiente, não é difícil entender como as experiências iniciais se engessam em uma visão negativa de si mesmo: "Não tenho talento para matemática", "Não sou criativo", ou "Tenho dificuldade com outras línguas". Em vez disso, queremos criar um ciclo de feedback positivo, em que experiências iniciais de aquisição de conhecimento incentivem mais dedicação ao aprendizado e à prática.

Uma forma de alcançar o ciclo virtuoso do sucesso inicial que gera melhores resultados de ensino é por meio de aulas particulares. A intensa relação de Helen Keller com sua professora é um ótimo exemplo disso. Não apenas Anne Sullivan ensinou o alfabeto manual a Keller, e também a ler e escrever, como a acompanhou na faculdade, transcrevendo o conteúdo das aulas faladas para sua pupila acompanhá-las. Uma relação direta de mentoria é poderosa, porque o professor é capaz de ajustar o material rapidamente para se adequar às necessidades do aluno, acrescentando explicações ou deixando o aluno aplicar o conhecimento na prática por conta própria quando necessário. Em um famoso trabalho, o psicólogo Benjamin Bloom debateu os extensos benefícios que aulas particulares oferecem a alunos, argumentando que o método pode causar um desvio-padrão de até dois pontos acima da média nos resultados escolares. O "problema dos 2 sigmas", que seguia a convenção estatística para representar pontos de variação com a letra grega σ (sigma), foi apresentado por ele como um desafio para educadores. Bloom argumentava que, uma vez que temos conhecimento desse aumento do desempenho com aulas particulares, não é possível alegar que tal aumento de aprendizado seja impossível devido a déficits da capacidade dos alunos em aprender ou à natureza intrínseca das matérias. Porém, aulas particulares também são caras. As escolas não têm condições de contratar um professor para cada aluno. Sendo assim, o problema dos 2 sigmas era um convite a encontrar métodos de ensino que se aproximassem das vantagens do apoio individualizado, mas que pudessem ser implementados em uma sala de aula com dezenas de jovens. Bloom acreditava ter encontrado uma dessas técnicas na aprendizagem para o domínio.

A aprendizagem para o domínio divide o currículo em ciclos de ensino, prática e feedback. As unidades são ensinadas primeiro, e então os alunos fazem uma prova. Ao contrário das provas comuns aplicadas em sala de aula, essas não recebem notas. Os alunos não são rotulados por irem mal ou bem. Em vez disso, as avaliações servem apenas para descobrir quem dominou o material ou não. Os alunos que ainda não entenderam a matéria recebem novas explicações e práticas para garantir que consigam passar na prova antes de prosseguirem. Os que passaram de primeira recebem atividades de aprimoramento. Apesar de a aprendizagem para o domínio ser um processo mais demorado no começo, seus defensores argumentam que o tempo total dedicado em um semestre inteiro costuma ser apenas um pouco maior do que em aulas normais. Isso acontece porque, ao terem suas dificuldades sanadas no começo, muito mais alunos conseguem acompanhar as aulas e as tarefas em unidades posteriores sem problemas.

A aprendizagem para o domínio derruba muitas das convenções que nunca questionamos sobre o aprendizado em sala de aula. Uma presunção central do método é que 95% dos alunos de uma turma têm a capacidade de dominar o material. Compare isso com o conceito da curva de aprendizado — a ideia de que alguns alunos entenderão o material, outros, não, e uma nota média para passar de ano apenas significa ser melhor do que os colegas. Essa prática pode funcionar se as habilidades e o conhecimento ensinados forem úteis apenas como um mecanismo de separação, para dividir alunos segundo sua aptidão natural, sem valor intrínseco. Mas é um mecanismo terrível quando o objetivo é ensinar habilidades úteis para todos os estudantes. A curva de aprendizado incentiva os alunos a serem competitivos, enxergando a vitória de um como a derrota do outro. Por que alunos nesse tipo de contexto se sentiriam motivados a ajudar um colega com dificuldade? Os defensores da aprendizagem para o domínio argumentam que não deveria existir uma curva para avaliar resultados em sala de aula. Em vez disso, os professores deveriam entender quais habilidades e conhecimentos os alunos precisam demonstrar, e assim criar um ambiente em que todos possam ter sucesso.

Considere também outra presunção feita na maioria das salas de aula: os resultados das primeiras provas deveriam contribuir para a média final. Não é absurdo chegar a essa conclusão. Afinal, muitos professores diriam que, se não receberem incentivos para fazer o dever de casa ou testes no meio do período letivo, os alunos podem perder a motivação para estudar. Mas dar notas nas primeiras avaliações acaba prejudicando os alunos que apresentam dificuldade no começo. Ao fracassar logo de cara, eles veem suas chances de sucesso na aula diminuir aos poucos. Um aluno que não apresentou um bom resultado nos deveres de casa e testes iniciais poderia achar que a única forma de conseguir alcançar a média para passar de ano seria tirar nota 10 na prova final. Mas isso é ridículo! A menos que a prova final não englobe a matéria toda, um 10 significaria que o aluno dominou o material. Só que essa é a lógica inevitável de um sistema que castiga dificuldades iniciais de aprendizado em vez de corrigi-las rápido. Na aprendizagem para o domínio, por outro lado, provas não são usadas para punir os alunos que não entendem o material, mas para identificá-los e ajudá-los. A intervenção rápida faz com que parte da mágica das aulas particulares possa ser encontrada no ambiente da sala de aula.

Outro dogma importante da aprendizagem para o domínio é que o material não deve ser ensinado da mesma maneira duas vezes seguidas. Se um aluno teve dificuldade em entender parte das primeiras aulas, não deve receber as mesmas explicações. Em vez disso, os alunos que estudam uma unidade com que tiveram dificuldade devem receber novos materiais para que a informação seja apresentada de forma diferente. Outros exemplos, explicações e atividades práticas garantem um caminho alternativo para os alunos que encararam a rota anterior para o aprendizado como um beco sem saída.

Tudo isso parece legal na teoria, mas a aprendizagem para o domínio funciona? Meta-análises sistemáticas concluíram que esse é um dos métodos de intervenção educacional mais eficientes. Dados mostram que a aprendizagem para o domínio tende a melhorar o desempenho dos alunos em um ponto ou um ponto e meio de variação. Essas análises mostram que os efeitos podem ser observados em salas de aula do ensino fundamental, médio e universitário, sendo mais proeminentes entre estudantes com baixo rendimento. Isso ainda não cumpre o objetivo original de Bloom, que era aumentar o desempenho dos alunos tanto quanto aulas particulares. Porém, levando em consideração as limitações de ensinar o material para grandes corpos estudantis, a aprendizagem para o domínio oferece uma das intervenções educacionais mais promissoras atualmente.

Uma abordagem semelhante, a instrução direta, pode ter efeitos ainda mais impressionantes. Enquanto a aprendizagem para o domínio se concentra no sucesso inicial, sem demonstrar preferência por nenhuma estratégia de ensino específica, o currículo da instrução direta, em contraste, separa, sistematicamente, habilidades complexas em partes menores, testando a sequência das instruções oferecidas de forma rigorosa. O resultado final é um conjunto de aulas muito roteirizado, que rapidamente alterna entre exemplos, prática guiada pelo professor e feedback. O DISTAR, o sistema da instrução direta para ensinar a ler, que aplica o método fônico, foi considerado o programa mais bem-sucedido para o ensino de leitura em um experimento em grande escala. Apesar de algumas diferenças técnicas, a aprendizagem para o domínio e a instrução direta têm muitos pontos em comum nos seus objetivos e filosofias. Ambos são comprometidos com a ideia de que todos os alunos são capazes de aprender, independentemente de talento, garantindo assim que isso ocorra por meio de ciclos muito monitorados de exemplos, prática e feedbacks corretivos.

POR QUE O SUCESSO, E NÃO O FRACASSO, É A MELHOR MOTIVAÇÃO

A motivação é importantíssima para o aprendizado. Alguns alunos chegam à escola ansiosos por aprender. Outros mal conseguem disfarçar o desdém que sentem pelas matérias. Todos nós já ficamos hipnotizados por um assunto que nos cativou, e todos nós passamos por momentos torturantes na sala de aula, encarando o ponteiro do relógio que lentamente contava os minutos restantes da aula. Por mais importante que a motivação seja, é comum que ela pareça misteriosa, talvez impossível de compreender de forma completamente racional.

Nessa história de teorias psicológicas da motivação, uma linha de pensamento rejeita com firmeza a suposta irracionalidade de nossos impulsos. Em trabalhos independentes, os psicólogos Kurt Lewin e Edward Tolman propuseram que a motivação era um cálculo de vantagens esperadas. Nós nos sentimos motivados, segundo eles, quando antecipamos que os resultados prováveis para nossos esforços serão positivos. Ainda assim, essa explicação parece falha ao refletirmos sobre nossos comportamentos. Por que não nos sentimos motivados para estudar para uma prova importante, apesar de sabermos quais serão as consequências se formos reprovados? Se a motivação fosse puramente racional, teríamos menos conflitos interiores sobre as atitudes aparentemente certas e nossa incapacidade de nos obrigarmos a concretizá-las. Um cálculo apenas racional também parece não explicar a diversidade de motivações que encaramos. Por que alguns alunos estudam muito enquanto outros enrolam? Explicar a disposição de alguns para trabalhar duro e pensar demais em termos de "motivação pela conquista" ou "necessidade de cognição" é um raciocínio quase circular. A questão não é se algumas pessoas são mais motivadas a aprender, mas por que o são.

O psicólogo Albert Bandura ajudou a esclarecer a questão ao argumentar que não eram apenas nossas expectativas sobre possíveis resultados que nos motivavam, mas também a crença sobre nossa capacidade de realizar as atividades. A autoeficácia era uma conexão interveniente que poderia explicar por que duas pessoas, em circunstâncias semelhantes e com opções parecidas, poderiam sentir motivações extremamente diferentes sobre como se comportar. A pessoa que escolhe não estudar para uma prova pode fazer isso por acreditar que passar de ano não faz diferença. Se não acreditar que é capaz de aprender o material, ela prefere ser reprovada a ter a motivação para estudar.

Explicado dessa maneira, a autoeficácia é diferente de ideias parecidas, como autoimagem ou autoestima. A autoimagem é uma questão generalizada, como você pensa sobre si mesmo como um todo. Da mesma maneira, a autoestima é uma avaliação do seu valor próprio. Uma pessoa pode ter uma boa autoestima ou uma autoimagem positiva e, ainda assim, ter baixa autoeficácia para uma tarefa específica. Posso acreditar em mim mesmo, talvez valorizando minhas habilidades atléticas, mas de qualquer modo achar que tenho poucas chances de me dar bem em uma prova de matemática. De maneira semelhante, posso achar que sou um gênio da programação de computadores, mas murchar diante da ideia de me apresentar em um palco. A autoeficácia é mais granulosa do que a identidade pessoal e pode variar bastante entre situações e tarefas diferentes. Contudo, como Bandura argumentou, nossa autoeficácia em relação a um ato específico nos ajuda muito a entender nossa motivação para concretizá-lo.

Figura 7
O conceito de autoeficácia de Bandura associa a motivação a dois tipos de expectativa: a possibilidade de eu conseguir executar o ato necessário (expectativas para a autoeficácia) e a possibilidade de o ato alcançar um resultado desejado (expectativas para o resultado).

Se a autoeficácia é tão importante, como ela é formada? Bandura argumentou que havia quatro influências principais, duas delas sendo especialmente importantes. As duas influências menores eram o estado corporal e a persuasão. Alguém que esteja muito agitado pode achar que não conseguirá fazer uma prova apenas porque suas mãos tremem e seu coração bate acelerado. A persuasão verbal se refere ao incentivo, como uma plateia animada que lhe dá energia para alcançar a linha de chegada. Em contraste com esses dois moderadores menores da autoeficácia, Bandura defendia a existência de dois fatores mais importantes: a experiência indireta e o domínio pessoal do conhecimento. Experiência indireta se refere a ver alguém tendo sucesso ou enfrentando a situação que se apresenta. Como já vimos, aprender com os outros é um componente cognitivo importante das habilidades de aprendizado — ao eliminar as experiências com tentativas e erros necessárias para descobrir a melhor maneira de executar uma tarefa, conseguimos aprender mais rápido por meio de instruções e exemplos do que por tentativas particulares. Bandura argumentou que essas experiências também têm um papel motivacional. Quando testemunhamos a vitória de alguém, especialmente quando temos motivos para acreditar que podemos imitar esse sucesso, é mais fácil nos sentirmos motivados a ter as mesmas atitudes. É por isso que pessoas que servem como exemplos são tão importantes, ainda mais quando nos enxergamos nelas. Elas não apenas ilustram uma forma de solucionar problemas ou corrigir técnicas, como podem incentivar nossa autoeficácia, e, portanto, nossa motivação para alcançar os mesmos resultados. Isso é especialmente poderoso, já que experiências indiretas de sucesso podem ser desmerecidas com base nas diferenças que observamos entre nós mesmos e nossos exemplos, mas nada gera mais autoconfiança dos que nos enxergarmos tendo sucesso.

Bandura resume o papel essencial das experiências diretas de sucesso na criação de condições favoráveis para o aprendizado futuro:

Conquistas são a fonte mais confiável de expectativas para eficácia, uma vez que elas se baseiam em experiências pessoais. Sucessos aumentam a expectativa de domínio; fracassos contínuos a diminuem, ainda mais se erros acontecerem no começo do processo. Após o desenvolvimento de expectativas fortes de eficácia por meio do sucesso frequente, o impacto negativo de fracassos ocasionais provavelmente será reduzido. De fato, fracassos ocasionais mais tarde superados pelo esforço determinado podem fortalecer a persistência automotivada por meio da experiência de que é possível superar até os obstáculos mais difíceis com esforço insistente. Portanto, os efeitos do fracasso na eficácia pessoal dependem, em parte, do momento e do padrão total de experiências em que ocorrem. Após estabelecidas, as experiências de eficácia tendem a ser generalizadas para situações relacionadas.

O sucesso, e não o fracasso, é a melhor escola. É mais provável que contínuas experiências iniciais de fracasso gerem impotência ou evitação aprendidas, e não determinação. O fracasso se mostra útil quando ocorre no meio de uma história de sucessos anteriores. É apenas quando acreditamos que podemos alcançar o sucesso em algum momento que faz sentido persistir mesmo com erros. Pode até ser benéfico se deparar com alguns momentos em que nos tornem mais modestos durante o longo processo rumo ao domínio, tanto para dosar a autoconfiança quanto para reforçar nossa motivação diante de dificuldades, mas o fracasso contínuo, insistente, quase nunca é motivador.

Como vimos, há muitas vantagens em experiências iniciais de domínio do conhecimento. Dominar os blocos de construção básicos de habilidades complexas formam a base cognitiva para mais aprendizado. A prática contínua reduz o esforço total necessário para usar a habilidade, expandindo ainda mais a série de situações aprovadas por nossa avaliação de custo-benefício e tornando mais provável o uso da habilidade fora de sala de aula. Por fim, um histórico de sucessos dentro de uma área específica tende a impulsionar a autoeficácia, tornando-nos mais propensos a continuar aprendendo.

Vamos analisar algumas maneiras de aplicar essas lições, tanto para nosso próprio aprendizado quanto para as habilidades que gostaríamos de cultivar naqueles ao nosso redor.

Lição nº 1: Comece pelo básico

Uma lição sobre o aprendizado de leitura é que a dificuldade que temos com muitas habilidades é causada por uma ausência de blocos de construção básicos. Infelizmente, omissões de conhecimento necessário são a regra, e não a exceção, na maioria das salas de aula. Como veremos no próximo capítulo, conforme ganhamos domínio sobre um assunto, frequentemente perdemos a capacidade de articular quais são os blocos que constroem as nossas habilidades. O fato de a maioria dos professores ter uma boa noção sobre a matéria que leciona pode torná-los menos capazes de notar as próprias presunções sobre o que os alunos já deveriam saber antes de chegar à aula. Ainda assim, ter o conhecimento não é o que faz diferença, mas ter proficiência e excesso de estudo nas habilidades. Resolver problemas de álgebra é bem difícil se você nunca decorou a tabuada. Da mesma maneira, é impossível fazer uma análise literária se você precisa usar todo o seu espaço mental apenas para decodificar as letras. Ao receber a base certa, e reforçá-la com prática extensiva, podemos liberar recursos mentais para lidar com tarefas mais complexas. Portanto, antes de declarar que você não tem capacidade para aprender um assunto específico, reflita primeiro se já dominou de verdade o material que é pré-requisito para o assunto.

Lição nº 2: Contrate ajuda

O desafio de Bloom era encontrar métodos de ensino que produzissem resultados tão bons em sala de aula quanto os alcançados em aulas particulares. Mas esse é um forte argumento em prol de lições individualizadas! Apesar de, talvez, não conseguirmos bancar professores particulares para cada matéria o tempo todo, contratar ajuda pode ser um bom investimento, ainda mais nos momentos certos. Encontrar um professor, um treinador ou um mentor pessoal para avaliar sua prática pode ser útil. Como até uma pequena quantidade de instrução costuma exigir uma grande dose de prática para tornar uma habilidade automática, a proporção entre ensino e prática ainda pode ser benéfica, mesmo que seja pequena.

Infelizmente, aulas particulares costumam ser acompanhadas pelo estigma de só ajudarem alunos com dificuldade. Como resultado, os estudantes mais habilidosos desdenham da ideia. Mas esse não é um comportamento benéfico. Muitos dos grandes intelectuais tinham relações fortes com mentores, permitindo que dominassem seu material de interesse. Robert Boyle, um dos primeiros cientistas a se dedicar a estudar química, recebeu instruções extensas de George Starkey sobre as artes químicas. Terence Tao, um dos maiores matemáticos vivos, foi aluno de Paul Erdős. Em muitas áreas, é possível rastrear uma linhagem intelectual de alunos e mestres que se estende até os fundadores da disciplina. Apesar de aulas particulares não serem plausíveis em todas as situações, não significa que não deveríamos tirar proveito delas quando possível.

Lição nº 3: A confiança vem da competência

A lição da autoeficácia não é que devemos tentar nos esforçar para sermos mais confiantes (por exemplo, "finja até virar realidade") nem que devemos tentar nos encher de elogios falsos. Na pesquisa de Bandura, a empolgação e a persuasão se mostraram moderadores relativamente fracos para a autoeficácia. Em vez disso, nos tornamos confiantes ao vermos uma série de pessoas serem bem-sucedidas e ao encontrarmos o sucesso por conta própria. Isso sugere que, quando nos falta confiança, o segredo é construir um histórico positivo, começando por tarefas mais fáceis e simples, buscando ajuda de pessoas que já consigam cumprir nosso objetivo final. Uma boa metáfora seria acender uma fogueira: para gerar uma faísca, é preciso tomar cuidado com o vento e usar material que pegue fogo com facilidade. Quando a motivação estiver maior, podemos aumentar o nível do desafio. Um pedaço pesado de madeira, que poderia abafar o fogo no começo, é um ótimo combustível para uma fogueira ardente.

Para habilidades complexas, a melhor maneira de alcançar essas condições é conseguir instruções sobre as questões básicas da habilidade que você deseja executar, muita prática com exemplos que não estejam muito além da sua capacidade, e apoio e orientação sempre que você empacar. Concentrar-se em uma sequência de tarefas, evoluindo das mais simples para as mais complexas, garantindo que você alcance níveis elevados de sucesso nas fáceis antes de avançar, também pode ser uma boa ferramenta para garantir a proficiência. Para o aprendizado de idiomas, isso pode significar passar por uma série de leituras fáceis que usam vocabulário que você já aprendeu. Para matemática, talvez seja dominar as equações antes de passar para problemas maiores. A construção de uma base de sucesso aumenta nossa propensão a abordar questões mais espinhosas no futuro.

DO SUCESSO INICIAL À ESPECIALIZAÇÃO EVENTUAL

Como vimos com a leitura, habilidades muito praticadas podem se tornar tão automáticas que perdemos a noção do processo básico que usamos para executá-las. Para um leitor fluente, a ideia de que reconhecemos cada palavra por uma combinação de letra a letra gera incredulidade. Nós lemos rápido demais para isso! Ainda assim, foi exatamente isso que psicólogos observaram. Estudos de rastreamento de olhar mostram que leitores especialistas se focam em quase todas as palavras na página, e que identificamos palavras ao reconhecer os padrões ortográficos. Acontece apenas que, após anos de experiência de leitura, esse trabalho cognitivo acontece de forma inconsciente, então passamos a maior parte do tempo cientes apenas do conteúdo do texto, e não da maneira como lemos.

No próximo capítulo, nos aprofundaremos nas pesquisas sobre especialização, que mostram que o domínio profundo de habilidades costuma ser acompanhado por uma percepção menor dos princípios básicos que usamos para executá-la. Para os especialistas, isso pode ser uma vantagem e tanto. Conseguimos interpretar textos porque não precisamos prestar atenção nas letras individuais. Mas, para aqueles que ainda estão aprendendo, essa é uma desvantagem para aprender com os outros, uma vez que os especialistas que desejamos imitar nem sempre têm consciência de como conseguem executar tarefas complexas.

CAPÍTULO 4

A experiência torna o conhecimento invisível

"Nós sabemos mais do que conseguimos explicar."

Michael Polanyi, filósofo e químico

- Por que especialistas nem sempre são os melhores professores?
- Como a especialidade transforma o pensamento explícito em conhecimento tácito?
- Podemos tornar mais claras as intuições de especialistas para conseguirmos aprender melhor com eles?

Poucas moléculas são mais reconhecidas pelo imaginário público do que a estrutura do DNA. A escada retorcida significa o triunfo da nossa compreensão científica sobre a vida em si, estampando tudo, desde logotipos de empresas até pôsteres de filmes. Levando em consideração sua proeminência, é difícil conceber que sua aparência só foi descoberta na década de 1950. Aquela imagem da escada em espiral, e as consequências que ela teve na maneira como entendemos a nós mesmos, existe, em grande, parte graças aos esforços da intrépida cristalógrafa de raios X, Rosalind Franklin. Apesar de sua contribuição ter sido inicialmente ignorada, foram suas fotografias que tornaram possível desvendar o mistério da molécula mais famosa do mundo.

A cristalografia de raios X cria imagens peculiares. As fotografias não mostram a luz refletida em um objeto, como a luz que bate em uma tigela de frutas e ilumina uma natureza morta. Também não mostram silhuetas, como as sombras lançadas por um raio X ao formar a imagem de um osso quebrado. Em vez disso, elas são criadas usando a difração, um princípio da mecânica quântica. Os raios X, assim como toda luz, são compostos por ondas. Quando as ondas encontram algo, como os átomos de um cristal, espalham-se em várias direções. Como pedras arremessadas na água parada, ondas se formam e movimentam-se para a frente, eventualmente se sobrepondo. Em alguns pontos, onde a crista de uma encontra a de outra, essas ondas aumentam. Em outros, quando a crista acerta um túnel, elas se cancelam. Jogadas sobre um cristal, a maioria das ondas é cancelada, exceto por aquelas que correspondem exatamente ao espaçamento regular dos átomos no interior. Se um filme sensível à luz estiver no meio do caminho, é possível deduzir a estrutura da molécula que gerou a imagem. Decodificar essa informação exige não apenas uma compreensão detalhada da teoria da difração como também experiência prática em gerar imagens claras a partir de materiais complexos.

Rosalind Franklin era especialista nisso. Tendo se formado em físico-química na Universidade de Cambridge, ela dominou a técnica da cristalografia de raios X ao conduzir estudos revolucionários sobre a estrutura de cristais em carvão. Seu trabalho ajudou a determinar por que apenas algumas partes do carvão se reduziam a grafite quando aquecidas. Apesar de estar muito distante da biologia, o tema tinha aplicações industriais importantes e oferece uma prática excelente para técnicas de cristalografia. O carvão não é um cristal perfeito, com suas impurezas e irregularidades, dificultando a interpretação das imagens. Após ser recrutada para o King's College de Londres, ela foi convidada a estudar a molécula mais enigmática da biologia: o DNA.

Não é fácil imaginar uma molécula biológica como o DNA. Para começo de conversa, moléculas vivas são molhadas. Há duas formas de cristal diferentes no DNA — a forma compacta "A" e a levemente esticada "B". A umidade da amostra determina a predominância de cada uma. As primeiras imagens saíam manchadas porque a amostra mudava de uma forma para a outra no meio de um longo processamento de imagem. Outra complicação era que conseguir uma boa imagem do DNA exigia o uso de uma amostra manejável. Isso significava pulverizar órgãos de animais e purificar extratos. Porém, apesar da precisão que a ciência almeja, os processos de gerar amostras viáveis não eram muito compreendidos. Rudolf Signer, um químico suíço, havia encontrado uma técnica para gerar amostras em que as moléculas não se partiam tanto — algo que os químicos chamam de alto peso molecular. "É igual a meleca!", comentou Maurice Wilkins, outro pesquisador que se dedicava ao DNA, sobre a alta qualidade das amostras de Signer. Apesar do fato de que a molécula existe em todas as células vivas do planeta, o DNA Signer gerou praticamente um monopólio sobre as amostras viáveis. Conseguir boas imagens significava afastar os filamentos de DNA com cuidado, usando uma série de soluções salinas para mantê-las na umidade ideal, e lançando raios X por tempos de exposição de centenas de horas ou mais.

As imagens que Franklin criou eram incríveis. O cristalógrafo britânico J. D. Bernal observou que estavam "entre as fotografias com raio X mais belas já tiradas de qualquer substância". A destreza experimental dela era combinada com ideias teóricas sobre como lidar com o problema. Quando James Watson e Francis Crick lhe mostraram o primeiro modelo, com três suportes de fosfato no interior e as bases para fora, ela imediatamente percebeu o problema. Havia uma quantidade insuficiente de água, e os íons de sódio colocados no exterior seriam envolvidos em moléculas de água, incapazes de se conectar ao modelo previsto. Mais tarde, quando o renomado químico Linus Pauling entrou na corrida com um modelo semelhante de três cadeias, ela não hesitou em escrever diretamente para o famoso gênio e apontar o erro. As fotos dela mostravam que os fosfatos deviam ficar no interior, com as bases no centro. Por meses, ela trabalhou com seu assistente, Raymond Gosling, na produção de imagens das formas A e B, cuidadosamente montando a estrutura atômica exata.

No fim, foram James Watson e Francis Crick quem primeiro desvendaram o mistério do DNA. Em um infame momento da história científica, eles usaram as fotografias por raios X de Franklin, sem o conhecimento ou o consentimento dela. Sem as imagens, a dupla não conseguiria consertar seus modelos errados com três cadeias. Similarmente, se Franklin tivesse recebido mais alguns meses para analisar os próprios dados, ela teria descoberto a estrutura correta. Em 1962, quando Watson e Crick receberam o Prêmio Nobel pela descoberta, fazia quatro anos que Franklin tinha falecido de câncer. Apesar de não receber a maior honraria da ciência — o Nobel não é concedido postumamente —, o trabalho de Franklin, desde então, é considerado como essencial para a descoberta de um dos maiores segredos da vida.

A ELUSIVA NATUREZA DA ESPECIALIZAÇÃO

Como Franklin soube, só de olhar, que o primeiro modelo de DNA de Watson e Crick estava errado? Como ela determinou imediatamente a forma correta de preparar fibras delicadas, apesar de nunca ter lidado com moléculas antes? Além disso, como Watson e Crick, tendo apenas um vislumbre da imagem por difração de raios X de Franklin, conseguiram não apenas reconhecer a forma geral da molécula, mas eliminar possibilidades suficientes para alcançar a resposta necessária? A ciência, com frequência, é considerada o auge da racionalidade — um sacerdócio que usa pura razão para deduzir a natureza do mundo, separado de sentimentos ou intuições. Mas os exemplos do trabalho de cientistas batem de frente com essa filosofia. A intuição parece ter um papel tão importante quanto métodos propositais na história das grandes descobertas.

O filósofo e químico húngaro Michael Polanyi definiu o termo "conhecimento tácito" para descrever as coisas que sabemos, mas não entendemos como sabemos. A ciência, argumentou ele, dependia tanto do know-how inexplicável quanto do raciocínio explícito. Indo contra a visão do pesquisador imparcial, Polanyi encarava a ciência como algo intrinsecamente conectado às convicções pessoais do cientista individual. O conhecimento tácito não poderia ser eliminado da ciência, e quaisquer tentativas de remover da ciência suas bases intuitivas destruiria aquilo que os filósofos mais desejavam proteger.*

O matemático e físico Henri Poincaré também argumentou sobre a importância da intuição para grandes descobertas. Em seu livro de 1908, *Science et méthode*, ele escreveu:

---

* Por coincidência, Polanyi também foi pioneiro na análise de fibras por difração, uma técnica central para a revelação da estrutura do DNA.

As combinações infrutíferas sequer se apresentam à mente do inventor. Nunca na sua consciência surgem combinações que não sejam úteis, exceto por algumas que ele rejeita, mas que têm características de combinações aproveitáveis. Tudo ocorre como se o inventor fosse um professor de mestrado que só precisa entrevistar candidatos que já passaram por uma prova.

Se interpretarmos esse texto de maneira anacrônica na linguagem de Herbert Simon e Allen Newell, Poincaré argumentava que o raciocínio de especialistas não parece examinar trechos longos e aleatórios do espaço do problema. Boas ideias surgem de forma automática, fazendo com que palpites iniciais sejam mais precisos do que parecem.

Desde as especulações de Polanyi e Poincaré, psicólogos reuniram muitas evidências sobre a natureza da especialização. Teorias diferentes apoiam a ideia de que ela envolve considerável conhecimento tácito, apesar de o papel exato da intuição diferir. O que é reconhecido, no entanto, é que o processo de se tornar especialista costuma envolver conhecimentos inconscientes. A decisão certa parece óbvia, geralmente sem muita reflexão, mesmo que os especialistas em si nem sempre consigam explicar como chegaram às suas conclusões.

GRANDES MESTRES, BOMBEIROS E O PODER DO RECONHECIMENTO

A origem do estudo científico sobre especialização costuma ser atribuída ao trabalho do psicólogo holandês e mestre do xadrez Adriaan de Groot. Sua tese, publicada em 1946, *Het denken van den schaker*, comparava o desempenho da elite dos mestres do jogo com o de pessoas que jogavam por recreação em clubes. Ao pedir aos participantes do estudo que explicassem em voz alta como planejavam os movimentos, De Groot comparou o raciocínio dos jogadores mais e menos habilidosos. Uma hipótese inicial poderia ser que bons jogadores de xadrez conseguiam pensar em mais movimentos futuros. Com a mente racional hiperfocada, talvez eles mergulhassem fundo no espaço do problema para enxergar jogadas que uma pessoa menos habilidosa nem imaginaria. Ainda assim, entre o grupo de especialistas estudados por De Groot, os jogadores não apresentavam muita diferença em termos de profundidade de busca. Outra hipótese poderia ser que os mestres do xadrez simplesmente têm intelectos superiores, sendo capazes de solucionar toda sorte de problemas com muito mais eficiência. Mas estudos descobriram que especialistas de todos os níveis, incluindo grandes mestres, costumam demonstrar pouca habilidade em problemas fora da sua área. Pelo visto, não é nem uma análise mais profunda nem uma inteligência genérica que diferencia os grandes mestres.

No começo dos anos 1970, William Chase e Herbert Simon replicaram e estenderam o trabalho realizado por De Groot sobre xadrez. Eles confirmaram o achado de que os melhores jogadores não parecem fazer buscas mais aprofundadas. Em vez disso, os mestres do xadrez demonstram usar a intuição. Os movimentos iniciais que escolhem para analisar o terreno são melhores do que os de jogadores menos experientes, o que explica seu desempenho superior. Chase e Simon explicaram essa capacidade intuitiva em termos de uma memória melhor. Jogadores de xadrez experientes, quando apresentados a uma configuração de tabuleiro normal por um breve período, conseguem recriar rapidamente os padrões complexos do jogo. Iniciantes, em contraste, costumam só se recordar de algumas peças, e mal. Porém, quando as posições do tabuleiro foram bagunçadas, os especialistas não tiveram resultados melhores do que os iniciantes. Essa capacidade aprimorada de memória foi documentada primeiro no xadrez, mas desde então se mostrou um traço praticamente universal da especialização. Especialistas em medicina, programação, eletrônica, atletismo e música demonstram uma capacidade aumentada de se recordar de padrões naturais, mas sua vantagem diminui vertiginosamente quando a mesma informação é apresentada em formatos atípicos para a área.

Outra característica dos grandes mestres, de acordo com Chase e Simon, era a ordem em que posicionavam as peças de xadrez. Especialistas tendiam a montar configurações importantes em blocos, fazendo intervalos. Um especialista poderia reconhecer de imediato uma posição de garfo com um cavalo e dois peões, ou que o rei está rocado ao lado da rainha. Eles sugeriram que o especialista consegue se lembrar mais das posições do jogo porque encara o tabuleiro como uma coleção de disposições significativas. Os iniciantes, que não têm conhecimento desses padrões, acabam enxergando cada peça em uma posição arbitrária, devendo assim usar sua memória de trabalho para mover as restantes. A intuição, conforme Simon, "não passa de reconhecimento". O especialista, depois de guardar inúmeros padrões na memória, nota que já encontrou aquela posição antes e que ela merece a mesma resposta. Isso permite que ele não precise fazer uma busca extensiva por todas as possibilidades.

O psicólogo Gary Klein, ao conduzir uma pesquisa em campo com bombeiros experientes, observou que eles também pareciam determinar as melhores estratégias usando um processo intuitivo. Sob a pressão do perigo e das limitações de tempo para reagir em um prédio em chamas, poucos bombeiros seguiam modelos formais de tomada de decisão: gerar várias opções, analisar os pontos positivos e negativos de cada, e tomar uma atitude. Em vez disso, Klein argumentava que, em situações reais, especialistas usavam um processo que descreveu como decisões acionadas por reconhecimento. Ao olhar para uma situação que se encaixa com situações semelhantes encontradas em sua memória, especialistas automaticamente seguem sua primeira opção. Apenas quando existem indícios de que a situação atual é diferente das que encontram no geral, o processo de solucionar o problema se torna mais extensivo. Seguindo a tradição de pesquisas sobre especialidades, Klein também conduziu um estudo com jogadores de xadrez, observando que o primeiro movimento gerado era muito melhor do que um feito ao acaso, e com frequência era o melhor da partida inteira, mesmo quando refletido por um bom tempo. Magnus Carlsen, cinco vezes campeão do Campeonato Mundial de Xadrez, concorda, explicando em uma entrevista que "Geralmente sei o que vou fazer após dez segundos; no restante do tempo, só fico me questionando", e acrescenta: "No geral, não consigo explicar certo movimento, sei apenas o que parece certo, e sinto que minha intuição acerta mais do que erra". Assim como Poincaré observou, nossos palpites intuitivos parecem muito mais precisos do que palpites aleatórios seriam.

Então, a intuição é apenas a memória disfarçada? Isso significaria que os especialistas são habilidosos apenas ao lidar com casos que já encontraram — ou a mesma situação exata, ou uma situação semelhante que pede pela mesma resposta. Essa não é uma explicação satisfatória para a intuição. O xadrez tem um espaço do problema enorme. Enquanto muitas situações no começo e no final da partida podem ser quase idênticas às que existem na memória, o meio da partida, com frequência, deixa jogadores experientes em posições que muitas vezes ninguém viu antes. A especialização adaptativa exige que um bom movimento seja encontrado na presença de uma nova combinação de limitações. Evidências de que especialistas são capazes disso vêm de estudos que mostram que, apesar de a habilidade de memória não parecer melhor do que a de iniciantes quando se trata de posições atípicas no tabuleiro, os mestres se mostram capazes de escolher jogadas melhores.

Uma alternativa ao simples reconhecimento da intuição argumenta que especialistas compreendem o significado de situações ao inconscientemente criar várias representações conflitantes da questão, que são estabilizadas em uma única interpretação mais provável. O modelo Construção-Integração de Walter Kintsch sobre performance interpretativa é um exemplo disso. A frase "Ele encontrou o homem no banco" ativaria, ao mesmo tempo, a compreensão de um encontro na instituição financeira e em um assento. Conforme vamos lendo, os significados inapropriados são reprimidos. A frase subsequente, "Eles sacaram 200 dólares", apoiaria a ideia de que os dois se encontraram em uma instituição financeira, não em um assento. Estudos que avaliam a rapidez com que pessoas processam palavras como *parque* ou *dinheiro* sugerem que ambos os significados são ativados temporariamente, mas que a compreensão inconsistente é reprimida antes de chegar à consciência. A intuição, nesse sentido, funciona porque o especialista compreende o significado de padrões. Inicialmente, esses padrões produzem formas conflitantes de entender a situação, com o acesso a mais informações, suprimindo explicações menos prováveis. Quando uma combinação nova aparece, o processo de compreensão sugere uma resposta coerente.*

Tanto a especialização baseada no reconhecimento quanto o processo mais complexo de compreensão por representações conflitantes que competem pela consciência sugerem a participação do conhecimento tácito. A especialização pode começar com a aplicação de regras e procedimentos formais. No entanto, com o tempo, isso pode ser substituído pelo reconhecimento de situações específicas. Nesse caso, o conhecimento do especialista é tácito porque não existe qualquer raciocínio — o processo de encontrar a resposta certa é

---

* Coerente nem sempre significa correta. Como veremos no Capítulo 9, a intuição de especialistas, com frequência, tem resultados ruins ao ser comparada com abordagens estatísticas simples em ambientes incertos, com pouco feedback.

simplesmente se recordar dela. De forma semelhante, na versão da intuição como compreensão, o conhecimento fica oculto porque a rede de associações que dão sentido a uma situação não é acessível para a introspecção consciente.

POR QUE ESPECIALISTAS NEM SEMPRE SÃO OS MELHORES PROFESSORES

O conhecimento tácito oferece uma barreira para o aprendizado com especialistas. Ao contar com o reconhecimento e a intuição, especialistas geram boas respostas, mas nem sempre conseguem explicar como chegar até elas. Outro obstáculo é o conhecimento que poderia ser externado, mas que, com frequência, é omitido porque o especialista acredita que ele é óbvio. A objeção de Rosalind Franklin ao modelo de três cadeias de Watson e Crick é um desses casos. Ela não teve qualquer dificuldade em explicar por que o modelo não estava certo — as estruturas de fosfato precisavam ficar do lado externo para justificar o volume de água. Isso era óbvio para Franklin, mas aparentemente não para Crick nem Watson, que não eram especialistas em química. É natural que a comunicação omita informações que os interlocutores acreditam ser redundantes. Qualquer um que já tenha lidado com os incessantes "por ques" de uma criança sabe como é difícil explicar cada mínimo detalhe do que você está fazendo. Ainda assim, quando dois grupos de pessoas têm níveis extremamente diferentes de habilidade, algo que é óbvio para um pode ser indecifrável para outro. Isso já foi descrito como a "maldição do conhecimento", quando a especialidade nos leva a dar menos valor ao conhecimento, superestimando aquilo que os outros sabem. É por esse motivo que muitos especialistas renomados são péssimos professores para matérias introdutórias, e também por que muitos livros científicos populares alternam entre explicar o assunto de forma excessivamente emburrecida e estender-se por sessões confusas — o autor, em geral um especialista na área, tem dificuldade em calibrar aquilo que é óbvio e o que pode ser confuso para o público.

Outro obstáculo para aprender com especialistas é a presença de doutrinas, ou o conhecimento que é sabido dentro de uma comunidade específica sem ser registrado por escrito. Um caso instrutivo aconteceu durante as tentativas de Watson e Crick de construir seu modelo. Inicialmente, os dois tinham explorado a possibilidade das bases do DNA se encaixarem por dentro. Porém, a ideia parecia remota, já que tinham aprendido com livros-texto que o formato dos ácidos nucleicos era instável. Acreditava-se que duas estruturas semelhantes, uma forma enólica e uma forma cetônica, com átomos de hidrogênio em posições levemente diferentes, ocorriam em proporções iguais. Isso significava que tentar apertá-las no meio dificultaria muito a conexão da estrutura. Imagine encaixar peças de Lego quando a estrutura delas fica oscilando para a frente e para trás. Jerry Donohue, um cristalógrafo, alegou que o livro-texto que os dois usavam simplesmente estava errado. Seu argumento era que, com base em apenas alguns estudos publicados, a forma real era a cetônica. De fato, quando essa forma foi utilizada, as bases se encaixaram sem problema.

A doutrina tem um papel importante nas regiões inexploradas de muitas áreas, porque boa parte das descobertas científicas precisa se basear nelas para alcançar níveis que ainda não se solidificaram como fatos incontestáveis. Quando Franklin, Watson e Crick começaram suas investigações, não estava claro que os genes eram compostos por DNA. Muitos pesquisadores ainda acreditavam que proteínas eram as melhores candidatas. Alguns anos antes, Oswald Avery havia feito uma demonstração convincente que defendia o DNA como a molécula da hereditariedade. Ele injetou DNA purificado de uma cepa patogênica em bactérias inofensivas e observou os micróbios seguros se tornarem tóxicos — uma característica que se perpetuou conforme eles se multiplicaram. A insistência teimosa de Watson em estudar o DNA era baseada em seu palpite de que o experimento de Avery estava certo, algo que ainda não era um consenso científico. Da mesma maneira, Erwin Chargaff observou uma correlação singular entre as proporções de ácidos nucleicos. A quantidade de adenina (A) sempre parecia estranhamente semelhante à de timina (T), assim como a de guanina (G) e citosina (C) eram parecidas. Algumas amostras de DNA tinham mais A-T, e outras, mais G-C, porém as duas proporções não mudavam. Em retrospecto, essa era uma pista valiosa sobre a estrutura do DNA — A se encaixa com T enquanto G se encaixa com C dentro da estrutura molecular. Porém, esse fato científico sólido se tornou bem mais maleável enquanto Watson e Crick criavam seus modelos. Watson relatou que seu colega Roy Markham também insistia que os resultados de Chargaff estavam incorretos. Talvez isso se desse com base em estudos que não usavam citosina, uma vez que alguns vírus usavam outra substância química.

O conhecimento tácito, fatos "óbvios" e doutrinas implícitas formam barreiras para o aprendizado de habilidades avançadas. Há quem argumente que a presença dessas barreiras é tão extensiva que é necessário um processo de mentoria para aprender questões científicas superiores. Harriet Zuckerman, em sua análise sobre ganhadores americanos do Nobel, descobriu que mais da metade teve uma relação de aprendiz com outros vencedores. Em 69% desses casos, o ganhador mestre ainda não tinha vencido o prêmio quando a mentoria começou, sugerindo que a influência foi mais impactada pela perspicácia do mestre do que por prestígio institucional. Ser capaz de observar como habilidades são executadas, acessar as doutrinas que ainda não foram escritas em livros-texto e colocar a mão na massa podem ser pré-requisitos para os níveis mais elevados de conquista científica. É claro que poucos de nós terão a oportunidade de estudar com cientistas vencedores do Nobel ou com a elite de nossas profissões. Mesmo assim, poder testemunhar o conhecimento dos especialistas é essencial para acelerar nosso próprio processo de aprimoramento.

ANÁLISE COGNITIVA DE TAREFAS: COMO EXTRAIR CONHECIMENTO ESPECIALIZADO

A análise cognitiva de tarefas é uma família de técnicas projetadas para extrair conhecimento de especialistas. A prática surgiu devido à frustração com análises comportamentais anteriores. Os métodos mais antigos foram desenvolvidos para investigar os movimentos e atos exatos das pessoas ao executar tarefas, como prender parafusos em uma linha de montagem. A análise cognitiva assume a missão mais difícil de tentar entender quais conhecimentos e habilidades são usados como base de uma decisão. Como explicam os autores de um manual sobre análise cognitiva de tarefas, a técnica "se torna mais valiosa conforme a natureza do trabalho se torna mais conceitual do que física, quando as tarefas não podem ser limitadas a procedimentos, e quando especialistas claramente têm resultados melhores do que iniciantes". As ferramentas da análise cognitiva de tarefas foram usadas para entender os hábitos de compra das pessoas, desenvolver currículos que reduzam o tempo de treinamento, criar ferramentas para ajudar profissionais em seu trabalho e como pesquisa básica para compreender processos psicológicos.

O escopo da análise cognitiva de tarefas é bem amplo. Uma revisão lista mais de sessenta técnicas diferentes já desenvolvidas.

Isso inclui desde métodos simples, como entrevistas estruturadas e mapeamento de conceitos, até simulações computadorizadas detalhadas do desempenho de especialistas. A própria condução de uma análise cognitiva é uma habilidade que exige muito treinamento e prática para ser desenvolvida. Uma análise extensa pode incluir centenas de horas de trabalho entrevistando especialistas, organizando dados e confirmando hipóteses sobre a natureza do pensamento especializado. Mesmo que seja impraticável aplicar todo o poder da análise cognitiva de tarefas na maioria de nossos esforços individuais de aperfeiçoamento, podemos usar métodos informais para reunir informações semelhantes, mesmo que de forma imperfeita. Ao compreender as principais lições da análise cognitiva, torna-se mais fácil evitar algumas das armadilhas que costumamos encontrar ao tentar aprender com especialistas.

Dica nº 1: Peça histórias e não conselhos

Falar com especialistas é um dos melhores jeitos de entender o que eles sabem. Mas há muitas armadilhas pelo caminho. Uma é presumir que um especialista pode servir facilmente como professor e oferecer conselhos diretos sobre o que você precisa para progredir. Como argumentam os autores de um guia, "métodos de autoavaliação presumem que os participantes são capazes de realizar uma 'auto[análise cognitiva de tarefas]' e de relatar conhecimento tácito... Essa presunção não é confirmada por pesquisas — na verdade, evidências sugerem o oposto: as pessoas têm muita dificuldade em analisar os próprios processos cognitivos". Se você pedir conselhos, pode acabar recebendo um sermão, quando tudo que queria absorver era um conhecimento que, na concepção deles, é óbvio demais para ser mencionado.

Uma forma de ter sucesso é se concentrar em histórias. O Método das Decisões Críticas segue o conceito de pedir a especialistas que se recordem de um incidente que consideram desafiador. Ao contarmos histórias, nós nos concentramos nos detalhes concretos de uma decisão, como ela foi tomada e quais foram as consequências, de um jeito que frequentemente é omitido quando alguém nos pede conselhos genéricos ou questiona rotinas. O método também pode ser útil quando as situações que precisamos compreender são raras demais para serem observadas com facilidade. Uma cirurgia difícil, um resgate durante um incêndio ou uma decisão complicada de negócios ocorrem com tamanha infrequência que a recordação das histórias pode ser a única forma de reunir informações sobre esses eventos.

Um bom protocolo é se comportar como um jornalista que se prepara para escrever uma matéria — concentrando-se em reunir fatos, estabelecer uma linha do tempo e ouvir o passo a passo das decisões. Isso oferece a base para fazer perguntas subsequentes e investigar por que o especialista tomou certas atitudes. O foco nos fatos tende a destacar os detalhes de uma história que poderiam ser obscurecidos quando simplesmente pedimos lições mais abrangentes sobre a experiência.

Dica nº 2: Debata problemas difíceis
Outra estratégia da análise cognitiva de tarefas é observar especialistas solucionando problemas. O método PARI (Percurso, Ação, Resultado, Interpretação) envolve especialistas gerando questões comuns que encontram e, então, trocam de problema com outros especialistas. Ao pensar em voz alta enquanto lidam com as situações de seus colegas, eles ajudam os pesquisadores a investigar o fluxo básico do processo de resolução de problema. Após resolver a questão, os especialistas podem destrinchar os atos para que mais detalhes sejam esclarecidos.

Ser capaz de observar um especialista executando uma tarefa, juntamente à possibilidade de perguntar por que optou-se por aquelas decisões específicas, pode revelar o raciocínio seguido. O foco em solucionar uma questão real, em vez de apenas se recordar de uma história ou oferecer conselhos, apresenta duas vantagens distintas: primeiro, a situação problemática provavelmente será um lembrete de conhecimentos difíceis de recuperar fora de seu contexto natural. Segundo, observar o processo de resolução do problema pode ser uma das melhores maneiras de aprender como ele ocorre. Pesquisas frequentemente reafirmam que aprender com exemplos é melhor do que com instruções explícitas. Essa pode ser uma adaptação evolutiva de uma era anterior a manuais de instrução, quando observar outras pessoas era a única maneira de entender como solucionar problemas.

Dica nº 3: Observe onde os especialistas buscam respostas

A sociogrametria é outro método no arsenal da análise cognitiva de tarefas. Ele mapeia o conhecimento como uma rede social, primeiro perguntando a especialistas quem consultam quando precisam de conselhos sobre assuntos específicos. Como o conhecimento necessário para lidar com problemas difíceis costuma ser difundido, raramente é possível encontrar um único especialista que saiba todas as respostas. Em vez disso, mapear uma lista de contatos úteis, com frequência, é o primeiro passo para compreender um problema por conta própria. Herbert Simon observou que esse método é um dos mais eficientes para responder dúvidas:

> Quando surge uma questão, pego o telefone e ligo para a pessoa na minha lista de contatos cuja área de especialização mais se aproxime da dúvida (nem precisa ser tão próxima assim). Não peço a ela a resposta, mas que me indique o nome do seu contato mais especializado sobre o assunto. Repito o processo até encontrar a informação que desejo. É rara a ocasião em que preciso fazer mais do que três ou quatro telefonemas.

Apesar das buscas no Google, dos livros disponíveis na Amazon e das bibliotecas públicas, a melhor forma de responder a uma pergunta costuma ser apenas acionar seus contatos e pedir indicações sobre quem saberia a resposta.

DA OBSERVAÇÃO PARA A AÇÃO

Nos últimos quatro capítulos, falamos sobre como as pessoas resolvem questões ao explorar o espaço do problema, a importância de administrar a carga cognitiva ao aprender novas habilidades, o ciclo autoafirmativo de dominar experiências no começo e a natureza tácita da especialização. Mas habilidades não se desenvolvem apenas com a observação — é necessária muita prática para se tornar bom em qualquer coisa. Nos próximos quatro capítulos, falaremos sobre o papel da ação no aprendizado, desde encontrar o ponto ideal da dificuldade até a importância de criar um ciclo de treino, as pesquisas que mostram que nossas habilidades mentais são mais específicas do que imaginamos, e por que a variação é melhor do que a repetição para o aprendizado de habilidades flexíveis. Por fim, veremos como é importante aumentar nossa produtividade se quisermos ir além da imitação e encontrar soluções criativas de verdade.

PARTE II

FAZER

COMO APRENDER COM A PRÁTICA

CAPÍTULO 5

A dificuldade tem um ponto ideal

"Esta é uma verdade fundamental sobre qualquer tipo de prática: se você nunca se obrigar a sair da sua zona de conforto, nunca se tornará melhor."

Anders Ericsson, psicólogo, e Robert Pool, divulgador de ciência

- Quando a dificuldade ajuda o aprendizado?
- Devemos solucionar problemas primeiro ou estudar um exemplo?
- Como integrar exemplos, prática e feedback em um ciclo de treino?

Octavia Butler foi uma das escritoras de ficção científica mais admiradas de todos os tempos. Vencedora dos prêmios Hugo e Nebula, foi a primeira escritora de ficção científica a receber uma bolsa MacArthur para "gênios". Seus livros chegaram a listas de mais vendidos e são debatidos em salas de aula dos Estados Unidos. Seu sucesso se torna ainda mais impressionante quando levamos em consideração que, por um tempo, ela foi a única mulher negra escrevendo ficção científica de maneira profissional no país.

Os triunfos literários de Butler tiveram um começo improvável. Seu pai faleceu quando ela tinha 7 anos. A mãe, que estudou apenas até o terceiro ano, trabalhava como empregada doméstica para sustentar a família. Tímida e desajeitada, Butler sofreu bullying até que, ao alcançar 1,80 metro de altura, literalmente passou por cima de seus perpetradores. Por anos, ela não teve qualquer contato com escritores de sucesso. Até a ideia de que pudesse seguir esse caminho parecia absurda. "Querida, negros não podem ser escritores", uma tia lhe disse quando ela confidenciou seu sonho.

Butler começou a escrever aos 10 anos. Com 13, encontrou no ônibus uma revista que falava sobre o mercado da escrita, *The Writer*. O periódico explicava como enviar contos para serem publicados. Pouco depois, Butler enviou sua primeira história — e rapidamente recebeu a primeira rejeição. Depois de buscar ajuda, um agente literário trapaceiro a fez perder 61 dólares — mais do que um mês de aluguel para ela e a mãe. "Eu não sabia o que estava fazendo, e não havia ninguém para me ajudar", disse Butler mais tarde sobre os primeiros anos frustrantes. E acrescentou: "Eu não tinha exemplos, não conseguia entender o que estava fazendo de errado nos meus trabalhos. Isso acontece com muita gente que está começando a escrever. As pessoas não sabem qual é o problema. Não entendem por que são rejeitadas".

Ainda assim, Butler continuou escrevendo. A obsessão, declarou ela, "é uma questão de não conseguir parar só porque você sente medo e está cheia de dúvidas… É uma questão de não parar nunca". Sua rotina era acordar às 3 horas da madrugada e escrever durante a manhã inteira até precisar sair para fazer bicos. "Eu preferia trabalhos mais braçais", admitiu ela, "porque, com trabalhos de escritório, você precisa fingir que está gostando do que faz, e eu não gostava." Fugir de empregos estáveis garantia a liberdade mental de Butler, mas também tinha um preço financeiro. "Tive sorte", explicou ela, "eu tinha uma máquina de escrever extra. E sempre que corria o risco de ficar sem comida, eu a penhorava." Butler raramente ficava mais feliz do que quando era demitida dos seus trabalhos sem futuro — porque isso lhe dava mais tempo para mergulhar na escrita.

Um momento de virada aconteceu durante uma aula gratuita organizada pelo Sindicato dos Roteiristas dos Estados Unidos (Screen Writers' Guild). Um dos instrutores era Harlan Ellison, um bem-sucedido escritor de ficção científica. Ellison incentivou Butler a participar das seis semanas do Clarion Workshop sobre ficção científica. No começo, Butler ficou apavorada. Ela quase nunca havia saído de Pasadena, na Califórnia, onde havia crescido. Apesar do medo, conseguiu juntar dinheiro suficiente para pegar um ônibus até a Pensilvânia.

No Clarion, a maioria dos instrutores era autor de sucesso. Eles entendiam o mercado e o tipo de texto que seria publicado. Butler descobriu que "as coisas que eu aprendia nas aulas de inglês não eram tão úteis assim, porque se trata de um tipo diferente de escrita. Quer dizer, a escrita acadêmica é simplesmente diferente da ficção". Os alunos da oficina tinham que escrever um conto novo toda noite, para que fossem analisados na aula do dia seguinte. No começo, Butler teve dificuldade com o ritmo agressivo. No entanto, quando o curso terminou, ela já havia vendido seu primeiro conto.

Após o Clarion, Butler decidiu parar de escrever contos e se dedicar a romances. Contos recebiam uma remuneração baixa demais. Escrever romances, com os adiantamentos maiores pagos pelas editoras, era o melhor caminho para conseguir realizar seu sonho de ser escritora em tempo integral. Mas o tamanho dos romances a intimidava. "Eu tinha conseguido terminar alguns contos, que tinham umas vinte páginas, e acabei decidindo tentar escrever capítulos de vinte páginas até acabar cada romance", explicou Butler sobre sua estratégia. Esses esforços permitiram que ela vendesse seu primeiro livro, O padronista, para a editora Doubleday.

Após O padronista, Butler iniciou o período mais produtivo de sua carreira como escritora, concluindo cinco romances em cinco anos. Quando chegou ao terceiro, já ganhava dinheiro suficiente para viver da escrita. Em seu quarto livro, quis tentar algo mais ambicioso. Na infância, sentia vergonha do trabalho da mãe como empregada. Era comum que os empregadores falassem de sua mãe com termos maldosos quando Butler estava por perto. Ainda assim, conforme foi envelhecendo, ela passou a enxergar a dignidade daqueles que, como sua mãe, davam um jeito de sobreviver. Imaginou a história de uma mulher negra que voltava no tempo para a região sul dos Estados Unidos antes da Primeira Guerra Mundial, contrastando o comportamento moderno com a realidade da escravidão, como o ambiente perfeito para explorar o tema. Como o projeto exigia mais pesquisa e atenção a detalhes históricos do que Butler estava acostumada, ela usou parte do dinheiro do adiantamento para ir a Maryland e visitar as fazendas que pretendia usar como cenário para o livro. Os esforços valeram a pena. Kindred se tornou o trabalho mais bem-sucedido de Butler e garantiu seu legado literário.

O PARADOXO DO ESCRITOR

De acordo com o conceito de especialização debatido no capítulo anterior, a experiência faz com que problemas se tornem rotineiros. Iniciantes têm dificuldade em fazer buscas pelo espaço do problema. Especialistas reconhecem a situação e seguem diretamente para a resposta. Sendo assim, estudar escritores especialistas complica a situação. Transcrições de escritores experientes pensando em voz alta enquanto escrevem faz com que eles pareçam iniciantes — tentativas trabalhosas de resolver problemas, impasses frequentes, análises de meios e resultados. Em contraste, crianças costumam escrever com uma fluência digna de especialistas. Há pouco planejamento, organização ou raciocínio sobre o que pode ser interessante ou persuasivo para um potencial leitor. Durante uma investigação, os pesquisadores Marlene Scardamalia e Carl Bereiter observaram que crianças ficavam perplexas quando eram informadas que adultos poderiam passar até quinze minutos pensando no que queriam transmitir antes de começarem a escrever.

Aparentemente, a escrita bate de frente com os achados comuns sobre especialização, porque escrever não é uma tarefa que lida com um único problema. Resolver um cubo mágico, solucionar um problema de álgebra ou até encontrar a demonstração do Último Teorema de Fermat são enigmas iguais, independentemente de como são abordados. O ponto de partida, as manobras e as soluções aceitáveis são as mesmas para todo mundo. Em contraste, dois escritores diferentes com o mesmo tema podem refletir sobre o problema de formas completamente opostas. Até uma tarefa simples, como escrever um e-mail, pode ser encarada como boba ou uma oportunidade de prosa expressiva. Em resumo, crianças se comportam como especialistas enquanto escritores habilidosos agem como iniciantes, uma vez que os dois grupos estão solucionando problemas diferentes. As crianças produzem textos com fluência porque o objetivo que determinam para si mesmas é escrever tudo que surge em sua mente sobre um assunto específico, algo que Scardamalia e Bereiter chamam de estratégia de transmitir conhecimento. O método pode persistir na vida adulta, como todo mundo que já foi obrigado a ler um e-mail desorganizado de um colega, que segue o próprio fluxo de pensamento, bem sabe. Em contraste, especialistas costumam escolher problemas mais complexos para solucionar: bolar uma história original, persuadir os leitores ou expressar algo interessante.

O desenvolvimento literário de Butler foi uma progressão estável de problemas cada vez mais difíceis. Seus primeiros textos eram extremamente imitativos. "Os contos que eu enviava para publicação aos 13 anos não tinham ligação alguma com as coisas de que eu gostava. Eu escrevia os textos que via sendo publicados — histórias sobre homens brancos de 30 anos que bebiam e fumavam demais." Conforme foi escrevendo mais, ela desenvolveu temas originais com significado pessoal. A primeira história que vendeu, "Childfinder", falava sobre uma desavença entre grupos secretos que recrutavam crianças com habilidades mentais peculiares. Esses primeiros trabalhos amadureceriam em interesses vitalícios sobre temas de hierarquia e domínio dentro da sociedade. Após o Clarion, ela fez a transição de contos para romances. Depois de publicar três livros, aprofundou sua habilidade de pesquisa — da ambientação histórica de *Kindred* para obras posteriores que usavam idiomas indígenas e inspiravam-se em textos científicos.

Devido à progressiva resolução de problemas, escrever nunca se tornou mais fácil para Butler. Ela passou a vida inteira lidando com bloqueios criativos. Reescritora compulsiva, houve ocasiões em que descartou grandes trechos de livros que não alcançavam seus padrões. Em certa ocasião, ela chegou ao ponto de propor a devolução do adiantamento por uma obra que não estava conseguindo escrever da maneira como queria. Ao ser questionada durante uma entrevista, no auge do sucesso, se sua escrita era "orgânica", Butler respondeu "Não, é trabalhoso", acrescentando: "Com certeza não é uma questão de sentar e esperar as coisas caírem do céu". A ocasional frustração de Butler com seus textos fica evidente em seus diários pessoais, mas eu argumentaria que o desenvolvimento de seus talentos literários foi possível devido à sua tendência a buscar problemas cada vez mais desafiadores. Ernest Hemingway explicou muito bem isso ao supostamente declarar que escritores "são todos aprendizes em uma arte que ninguém jamais domina".

Nesse sentido, escrever está longe de ser algo atípico. Físicos solucionam com um pé nas costas problemas de livro-texto que deixariam um universitário empacado. Porém, em seus trabalhos, não estão simplesmente resolvendo problemas de livros-texto com rapidez. Eles encaram as questões mais difíceis de áreas ainda inexploradas na ciência. De forma semelhante, os grandes mestres do xadrez não treinam para vencer iniciantes, mas fazem uma análise mais profunda para ter um duelo mental contra oponentes mais difíceis. De fato, a impulsividade da especialização parece ganhar mais destaque quando lidamos com habilidades que não desejamos melhorar. Dirigir, para a maioria de nós, tornou-se uma tarefa extremamente automática não pela ausência de problemas profundos que a habilidade de dirigir ajudaria a solucionar, mas porque não queremos solucioná-los. A resolução progressiva de problemas é essencial para a maestria, mesmo que ocasionalmente dificulte nosso desempenho.

QUANDO A DIFICULDADE É DESEJÁVEL?

Como vimos em capítulos anteriores, o acréscimo de dificuldades nem sempre é útil. Questões podem se tornar impossíveis de resolver se estiverem entranhadas demais no espaço do problema, considerando nosso arsenal atual de métodos fortes para buscá-las. Mesmo que você consiga encontrar a solução, a carga cognitiva extra da análise de meios e resultados pode impedi-lo de reconhecer padrões reutilizáveis. Por fim, o conhecimento tácito de especialistas pode tornar a extração complicada sem acesso e observação diretos. Butler com certeza encarou todas essas dificuldades no começo de sua carreira. "Frustrante, frustrante", disse ela sobre essa fase. "Nesses anos, colecionei muitas frustrações e cartas de rejeição." O fato de ela ter persistido, mesmo passando tanto tempo sem receber qualquer orientação, mostra bem seu caráter. Também não é de surpreender que suas maiores oportunidades tenham surgido após ela finalmente conseguir acesso ao mundo da escrita da ficção científica.

Ainda assim, pesquisadores descobriram que nem todas as dificuldades são nocivas. Os psicólogos Robert e Elizabeth Bjork estudaram as condições em que a prática mais complexa causa uma melhoria maior do que a de práticas fáceis. Uma dessas dificuldades desejadas é o esforço adicional de recuperar informações da memória, em comparação com vê-las novamente. O sucesso em se recordar de um fato, procedimento ou ideia fortalece mais a memória do que visualizá-los repetidas vezes. É por isso que fichamentos são uma ferramenta excelente quando estudamos para provas. Mas ler suas anotações é uma forma bem menos eficiente de melhorar sua capacidade de lembrar aqueles dados no futuro.

Outra dificuldade desejável é a prática espaçada. Praticar a mesma coisa, várias vezes seguidas, melhora rapidamente o desempenho. Mas também causa um esquecimento igualmente rápido. Isso explica por que estudar de última hora é popular entre estudantes, mas um método ruim de estudo. Quando fazemos isso, nossa mente é preenchida antes da prova — temporariamente —, mas boa parte do conteúdo é esquecida antes de termos a oportunidade de utilizá-la fora de sala de aula. Uma estratégia melhor seria espaçar as revisões, estudando um pouquinho por dia, para que a mesma quantidade de tempo dedicado tenha um impacto maior.

Por que algumas dificuldades ajudam? Um motivo é que o cérebro é uma máquina incrível que poupa esforços. Se você conseguir acessar um padrão de resolução de problema só de olhar para ele, não há necessidade de armazenar a resposta na memória. De forma semelhante, se você se expuser várias vezes seguidas a um problema, isso sugere que a resposta pode ser necessária apenas temporariamente — e que também pode ser esquecida bem rápido. Quando existem indícios úteis sobre qual conhecimento é necessário, o cérebro poupa esforços ao recuperá-lo nas situações em que os indícios não existem. Segundo o psicólogo John Anderson, essas regras que orientam a memória podem ser compreendidas como uma adaptação racional para lidar com a necessidade de conhecimento no mundo.

COMO CRIAR UM CICLO DE TREINO

As dificuldades desejadas criam uma tensão entre observar e fazer durante nossa prática. Sem a oportunidade de encontrar padrões para solucionar um problema, nós os inventamos por conta própria. Na melhor das hipóteses, isso pode envolver uma carga cognitiva adicional. Na pior, talvez se torne impossível aprender a estratégia útil. Por outro lado, se sempre tivermos acesso fácil a dicas úteis, podemos não internalizar as lições. Uma forma de resolver essa tensão é juntar os três componentes — observar um exemplo, resolver um problema e receber feedback — em um ciclo de treino. Ao repetir o ciclo várias vezes, garantimos que todos os três ingredientes do aprendizado bem-sucedido estejam disponíveis.

Butler aplicava um processo semelhante ao aconselhar novos escritores. "Por exemplo, se eles têm dificuldade com o começo — se têm histórias incríveis para contar, mas não sabem por onde começar —, sugiro que pensem nas obras de que gostam... Então, peço que copiem meia dúzia de começos; peço que copiem diretamente, palavra por palavra." Butler explica a estratégia: "Não se trata de imitar o começo de outra pessoa; é por isso que quero pelo menos meia dúzia.

É uma questão de aprender o que é possível. Um dos problemas que temos enquanto escritores é que ou sabemos demais, ou sabemos de menos… Nós entendemos que existe um oceano de possibilidades por aí, e nos sentimos sobrecarregados. Não sabemos como tirar do oceano aquilo de que precisamos". Ao estudar como outros autores solucionaram problemas parecidos, é possível conhecer uma série de opções para lidar com as próprias histórias. Observar exemplos é o primeiro passo para desenvolver novas habilidades.

A seguir, você precisa executar a habilidade que deseja praticar. A observação ajuda a ação, mas não a substitui. Para aprender uma habilidade, precisamos superar as tendências do cérebro de poupar esforços e evitar a internalização de conhecimentos que não aplicamos de forma ativa. A ação orienta a atenção. Pesquisadores observaram que estudantes tendem a somente analisar exemplos trabalhados quando se deparam com um problema que exige o uso deles. Ao alternar entre exemplos e questões práticas, você garante que está absorvendo as lições e não apenas dando uma olhada nelas.

Por fim, precisamos receber feedback confiável sobre a qualidade de nossas tentativas. Esse é um bloqueio claro para habilidades como a escrita. Butler passou anos tendo dificuldades devido à ausência de feedbacks de qualidade que lhe explicassem seus erros. Quando teve oportunidade, Butler buscou intensamente feedbacks para suas obras. Durante as aulas do Sindicato dos Roteiristas dos Estados Unidos, ela pedia a um dos professores, Sid Steeple, que lhe desse feedback. "Ele lia tudo que era escrito e conversava com a gente, e talvez alguém voltasse para casa pensando que não gostava muito dele, mas era o tipo de crítica de que eu precisava", explicou Butler.

Conforme progredimos em uma habilidade, o ciclo de treino se torna mais desafiador. A observação de exemplos pode ser deixada de lado enquanto enfrentamos cada vez mais problemas consultando nosso reservatório interno de conhecimento. Os problemas que escolhemos vão se tornando mais complexos de acordo com o aumento da carga cognitiva com que conseguimos lidar em projetos maiores. Por fim, a autoavaliação talvez se torne mais importante do que o feedback externo à medida que desenvolvemos intuições refinadas sobre o que é um trabalho excelente. O ciclo de treino gera uma chance de otimizar o nível de dificuldade.

É MELHOR ESTUDAR EXEMPLOS PRIMEIRO OU TENTAR POR CONTA PRÓPRIA?

Observar, fazer e receber feedback são necessários para melhorar. A aprendizagem apenas por descoberta, em que o objetivo é omitir instruções ou exemplos e deixar os alunos encontrarem o melhor método, costuma apresentar resultados inferiores em comparação com formas guiadas de aprendizado. O psicólogo Richard Mayer sugere que deveria haver uma "regra de três chances" contra a aprendizagem apenas por descoberta, devido a uma série de fracassos proeminentes. Os psicólogos John Sweller, Paul Kirschner e Richard Clark vão além, criticando todas as formas de aprendizagem "com orientação mínima" que pedem aos alunos para solucionar problemas antes de receberem instruções sobre o conhecimento e os métodos necessários. "Após meio século de defesas do ensino com orientação mínima, não parece existir qualquer corpo de pesquisa que justifique a técnica. Quando se trata de evidências de estudos controlados, elas são quase unânimes em sustentar a orientação institucional direta e vigorosa", escrevem os autores.

No lado oposto, poucos duvidam da importância da prática. John Anderson, Herbert Simon e Lynne Reder rebatem a alegação de que a prática excessiva causa uma compreensão mais rasa. "Nada é tão rebatido nos últimos vinte anos de pesquisa quanto a declaração de que a prática é prejudicial. Todas as evidências, desde as de laboratório até de estudos de caso extensivos conduzidos por profissionais, indicam que a competência real só pode ser alcançada com a prática extensiva." Omitir a observação ou a ação da experiência de aprendizado não adianta nada.

Ainda assim, entre os extremos de omitir completamente exemplos ou a prática, existe a questão do sequenciamento. Nós aprendemos melhor quando nos deparamos primeiro com problemas? Ou devemos começar estudando exemplos? Em outras palavras, o ciclo de treino ideal é "observar, fazer, receber feedback" ou "fazer, receber feedback, observar"? Enquanto escrevo este livro, a questão é muito debatida. A favor da abordagem de solucionar problemas primeiro, o psicólogo Manu Kapur argumenta que o paradigma do "fracasso produtivo" mostra que alguns alunos podem se beneficiar quando a resolução de problemas precede as instruções. Em seus experimentos, grupos de alunos recebem problemas difíceis, porém ainda compreensíveis, para resolver. Sem instruções, é comum que não solucionem a questão da mesma maneira que um especialista faria. Depois, eles são instruídos sobre o procedimento tradicional para chegar à resposta, e suas primeiras tentativas são comparadas com o método superior. Por exemplo, os alunos podem receber o problema de um treinador de beisebol que tenta escalar o jogador com uma média de rebatidas mais consistente. Após os estudantes tentarem fazer esse cálculo de várias maneiras, o conceito de variantes seria ensinado e comparado com os métodos que usaram no começo. Uma meta-análise feita em 2021 por Kapur analisou mais de 160 efeitos experimentais e encontrou uma vantagem para alunos instruídos sob o paradigma do fracasso produtivo. Em um paradigma experimental associado, Daniel Schwartz e Taylor Martin defendem a superioridade de permitir que os alunos inventem os próprios métodos antes de aprenderem a forma correta. Acredita-se que os estudantes se beneficiam ao observar as falhas no próprio conhecimento e, então, reconhecer situações em que podem aplicar aquilo que aprenderam.

Outros estudos observaram a tendência oposta, com a observação de exemplos antes da solução de problemas sendo mais eficiente. Greg Ashman, Slava Kalyuga e John Sweller compararam dois planos de uma aula de ciências sobre a eficácia de lâmpadas e observaram que os alunos tinham desempenhos melhores quando exemplos eram apresentados primeiro. Um estudo liderado por Inga Glogger-Frey também observou vantagens no estudo de exemplos antes dos problemas. Os autores do estudo afirmam que os resultados se alinham com os argumentos de que "um exemplo trabalhado é mais eficiente do que tentar resolver um problema (inventivo) aberto quando o mesmo tempo é oferecido para cada tarefa durante uma atividade preparatória". Em um estudo sobre o ensino da estratégia de variáveis de controle em experimentos, Bryan Matlen e David Klahr observaram que o grupo que recebeu mais orientações foi o que teve o melhor desempenho, mas não encontrou qualquer diferença na ordem das instruções. Segundo eles, os alunos "aprenderam e fizeram transferências relativamente bem contanto que recebessem muita orientação em algum momento da aula".

Os pesquisadores continuam estudando as condições que melhoram os resultados das abordagens de solucionar problemas ou observar exemplos primeiro. Ainda assim, de certa forma, esse contraste é menos importante do que parece. Se você estiver em um ciclo de treino, pode alternar entre tentar resolver um problema por conta própria e observar exemplos de como ele pode ser solucionado. O efeito do sequenciamento pode ser teoricamente interessante, mas tem menos consequências práticas do que os males de omitir por completo um dos ingredientes.

ESTRATÉGIAS PARA DOSAR A DIFICULDADE

A ideia de que precisamos de um nível ideal de dificuldade para aprimorar habilidades é essencial para muitas teorias de aprendizagem. O influente psicólogo russo Lev Vygotsky propôs que aprendemos por uma zona de desenvolvimento proximal — a distância entre aquilo que conseguimos fazer com ajuda e o que conseguimos fazer por conta própria. O psicólogo Walter Kintsch defendeu uma zona de aprendizagem baseada em estudos sobre compreensão de texto. Sua pesquisa observou que estudantes com pouco conhecimento anterior aprendiam melhor com textos bem organizados. Mais surpreendente foi seu achado de que textos menos organizados geravam mais aprendizado em estudantes com alto conhecimento. De forma semelhante, o efeito reverso da especialização proposto por teóricos da carga cognitiva mostra que mudanças que tornam o aprendizado mais fácil para iniciantes se tornam menos úteis conforme eles avançam. Com o tempo, as mesmas intervenções podem se tornar prejudiciais, uma vez que os alunos se beneficiam mais de recuperar o conhecimento de contextos incertos do que com a observação de novos exemplos. A resolução progressiva de problemas é necessária para alcançar a maestria.

Apesar de ser fácil concordar com as vantagens do nível ideal de desafios, alcançá-lo pode ser complicado. O começo da carreira de Butler foi repleto de frustrações. Em contraste, sua mudança para a escrita de romances, algo que acabou garantindo seu status como profissional, provavelmente teria acontecido alguns anos antes se não fosse por sua apreensão em enfrentar trabalhos mais complexos. Não é fácil acertar o nível de dificuldade, mas há algumas estratégias que podem nos ajudar.

Estratégia nº 1: O método das oficinas

Butler atribuía às oficinas que frequentou no Clarion e em outros lugares uma importante influência no desenvolvimento do seu ofício. "Oficinas são formas de alugar um público, de garantir que você está transmitindo o que quer transmitir. É muito fácil para um jovem escritor pensar que está sendo muito claro, quando não está." Um ambiente de oficina, especialmente se orientado por um professor experiente, também oferece uma oportunidade excelente para um ciclo de treino. Ao obrigá-la a escrever novas histórias todo dia, ler as histórias dos colegas e ver todas sendo comparadas e dissecadas na aula, a experiência de Butler no Clarion permitiu que ela assimilasse com mais rapidez os padrões de escrita de boas ficções científicas. Longe de inibir a criatividade, essa biblioteca de padrões lhe deu mais espaço para seguir uma visão única em vez de a imitação superficial de seus primeiros contos.

Oficinas também servem como um mecanismo de obrigação. Apesar de Butler nunca ter tido dificuldade de enviar seus trabalhos para terceiros em busca de publicação, muitos escritores hesitam em receber feedback por medo das críticas. Butler comentou que "receber uma carta de rejeição era como ouvir que seu filho era feio. Você ficava irritado e não acreditava em uma palavra dela". É fácil cair na síndrome da gaveta, em que os trabalhos são guardados em um arquivo empoeirado, para sempre escondidos do mundo. Apesar de esse tipo de manobra salvadora do ego reduzir a dor da rejeição, ela também garante a estagnação.

Estratégia nº 2: Copiar-completar-criar

Copiar um exemplo é uma estratégia subestimada para a aprendizagem. Ainda assim, os críticos da imitação desatenciosa têm razão — é fácil copiar e colar uma solução sem entender de verdade por que ela funciona. Uma forma de contornar isso é usar problemas de conclusão. Em vez de estudar um exemplo completamente pronto, você tenta preencher as lacunas omitidas em partes do exemplo. Jeroen van Merriënboer observou que problemas de conclusão ajudam iniciantes a acelerar a absorção de habilidades de programação, já que apagar um passo importante obriga os estudantes a fazer um esforço mental para compreender a solução, mas evita a sobrecarga da memória de trabalho causada pela tentativa de achar a resposta inteira. O procedimento cloze é uma estratégia semelhante defendida por entusiastas do aprendizado de idiomas — nesse caso, você cria fichamentos que o ajudam a preencher lacunas em frases. É uma forma de evitar o problema de estudar palavras isoladas (que costuma omitir o contexto necessário para, de fato, compreendê-las) sem criar o problema de precisar se recordar de frases inteiras.

Por fim, é claro, o objetivo não é copiar nem concluir, mas gerar uma solução que use o conhecimento armazenado em sua mente. É por isso que problemas de conclusão devem ser usados de forma progressiva, começando com o estudo do exemplo, depois preenchendo as lacunas e, então, finalmente solucionando-os por conta própria em contextos variados.

Estratégia nº 3: Andaime

Na arquitetura, um andaime é uma estrutura temporária que ajuda a executar a construção de um prédio. Seguindo essa analogia, o andaime instrucional é uma técnica para modificar indiretamente a situação do problema de forma a reduzir graus de liberdade. Rodinhas de bicicleta são um tipo de andaime instrucional, impedindo que ciclistas iniciantes caiam enquanto ainda estão se acostumando a guiar o guidão. Usar fala de bebê, um hábito de conversar com crianças com sons agudos, também pode ser um tipo de andaime instrucional que pais usam para ajudar os filhos a se comunicar. Marlene Scardamalia e Carl Bereiter, em seu trabalho sobre o ensino da escrita, observaram que era possível ativar um processo de escrita mais semelhante ao de especialistas em crianças ao oferecer declarações para os alunos associarem a frases que tinham acabado de produzir. Ao incentivar os estudantes a selecionar afirmações como "Talvez ninguém acredite nisso" ou "Acho que isso pode ser dito de outro jeito" após cada frase, os avaliadores forçaram um processo reflexivo que só costuma ser observado em idades mais avançadas.

Simplificar algumas das dificuldades encontradas em situações realistas pode ser um andaime. Mas usar esse método também pode ser viciante, como demonstra a intervenção de Scardamalia e Bereiter. Praticar conversação em outro idioma com o objetivo explícito de usar certa frase ou estrutura gramatical talvez pareça forçado, mas também reduz o fardo da memória de trabalho em comparação com tentar usar o conhecimento apenas quando você tem objetivos reais de comunicação.

QUAL É SEU CICLO DE TREINO?

Nossa capacidade de melhorar como escritores, programadores, atletas e pais depende da qualidade da nossa prática. Só conseguiremos nos aprimorar nas habilidades mais importantes se integrarmos a observação de exemplos, a solução de problemas e o recebimento de feedback. Encontrar o ponto certo da dificuldade é uma parte essencial do processo. No próximo capítulo, veremos o que, de fato, evolui conforme praticamos habilidades. Ao contrário do que acreditamos, a mente não é um músculo que se torna mais forte conforme é treinada — as habilidades que conseguimos aprender são surpreendentemente específicas.

CAPÍTULO 6

A mente não é um músculo

"Fortalecer um músculo é uma tarefa que
melhora o desempenho dele em outra tarefa.
Hoje, já está bem claro que a mente
não é um músculo nesse sentido."

John Anderson e Mark Singley, psicólogos,
em The Transfer of Cognitive Skill

- Treinar o cérebro funciona?
- Aprender xadrez, música ou programação
  nos torna mais inteligentes?
- Quais são os blocos de construção de
  habilidades complexas?

Em janeiro de 2016, a Lumos Labs concordou em pagar 2 milhões de
dólares em um acordo com a Comissão Americana de Comércio por
ter enganado consumidores com seu programa de treinamento do
cérebro, o Lumosity. De acordo com a denúncia da comissão, a empresa alegava que os usuários que jogassem seus jogos especialmente

projetados "três ou quatro vezes na semana, de dez a quinze minutos por dia" teriam "desempenho melhor no trabalho e nos estudos, e reduziriam ou atrasariam a deterioração cognitiva associada à idade e outras condições de saúde graves". A empresa também foi proibida de sugerir que seu produto "melhora o desempenho na escola, no trabalho ou em exercícios físicos" e que "atrasa ou protege contra o declínio decorrente da idade da memória ou de outras funções cognitivas", a menos que conseguisse justificar essas alegações com evidências científicas concretas.

É fácil entender a atração por programas de treinamento de cérebro como o Lumosity. A habilidade intelectual é associada a praticamente todos os aspectos importantes da vida que psicólogos escolheram avaliar. Até um pequeno estímulo no funcionamento mental facilmente tornaria vantajoso investir tempo nesse objetivo. É uma pena que existam pouquíssimas evidências sobre a eficácia do treinamento do cérebro. Em um experimento de treinamento cognitivo com impressionantes 11.430 participantes durante seis semanas, Adrian Owen e seus colegas observaram que, apesar de os participantes evoluírem nos jogos que treinavam, "não foram encontradas evidências de efeitos transferidos para tarefas não treinadas, mesmo quando havia uma correlação cognitiva próxima". Outro estudo avaliou alunos do nono ano enquanto passavam por um treinamento de memória de trabalho. Mesmo após dois anos de prática contínua, melhorias na tarefa treinada não se estendiam a testes semelhantes para avaliar a inteligência fluida. Também não foi observada uma proteção contra o declínio cognitivo associado à idade. Uma revisão da literatura científica determinou que "a maioria [dos estudos] não encontrou melhorias gerais de desempenho". Juntando os resultados de 87 estudos em uma meta-análise, Monica Melby-Lervåg e seus colegas notaram que "programas de treinamento da memória de trabalho parecem produzir efeitos de curto prazo e específicos para o treinamento, que não afetam medidas de habilidades cognitivas no 'mundo real'". O treinamento do cérebro torna você melhor nos jogos, e só.

Talvez o fracasso do treinamento do cérebro não seja tão surpreendente assim. Inúmeros produtos que prometem melhorar nossos corpos e nossas mentes acabam sendo reprovados em avaliações científicas. Só que, ao contrário de dietas da moda e multivitamínicos, o fracasso do treinamento do cérebro está no âmago de um dos debates mais antigos da psicologia.

A PERSISTENTE ATRAÇÃO DA DISCIPLINA FORMAL

O treinamento do cérebro é justificado por uma analogia tentadora: a mente é como um músculo. Assim como levantar peso torna os braços mais fortes para carregar compras ou malas de viagem, segundo a analogia, atividades mentais vigorosas também tornam a mente mais perspicaz para uma série de tarefas aleatórias. Porém, apesar de jogos digitais para fortalecer o raciocínio ser uma novidade, a analogia da mente-músculo é muito antiga. Em *A república*, Platão sugeriu que o treinamento da aritmética, mesmo que nunca colocado em prática, tornaria a mente mais ágil para outros tipos de conhecimento. A analogia se tornou a base da doutrina da disciplina formal, com frequência creditada ao filósofo inglês John Locke, que argumentava que o valor da educação não vinha das habilidades ensinadas diretamente, mas da melhoria geral das faculdades mentais. Aprender latim aprimorava a memória, não apenas em relação às palavras estudadas, mas para todo tipo de conhecimento. De forma semelhante, a geometria fortalecia os poderes do raciocínio, a poesia cultivava a sensibilidade, e desenhos promoviam a precisão.

Em 1901, os psicólogos Edward Thorndike e Robert Woodworth conduziram uma série de experimentos para investigar quanto as melhorias causadas pela prática de uma habilidade eram transferidas para outras. Thorndike descobriu que geometria e latim auxiliavam na compreensão de outras matérias escolares tanto quanto de outras questões mundanas. Em experimentos de laboratório, voluntários que aprendiam a estimar o tamanho de pequenos retângulos apresentaram uma melhora de apenas um terço em comparação com os resultados ao tentarem estimar o tamanho de retângulos maiores. Crianças que treinavam a diferenciação de tons de cor não tiveram um desempenho mais preciso ao avaliar distâncias ou pesos. Voluntários que aprimoraram muito a capacidade de detectar verbos em inglês não demonstraram praticamente qualquer melhora em reconhecer outras partes de um discurso. Em contraste com a visão expansiva da disciplina formal, Thorndike defendeu uma teoria de transferência baseada em elementos idênticos. A transferência da melhoria de habilidades quando as habilidades tinham elementos em comum. Ele concluiu que "a mente é tão especializada em uma vastidão de capacidades independentes que só conseguimos alterar a natureza humana em pequenos pontos".

Aprender latim para fortalecer a memória parece antiquado hoje em dia, mas a doutrina da disciplina formal não é uma relíquia do passado. Ela é invocada de forma implícita sempre que alguém argumenta que devemos ensinar xadrez nas escolas para impulsionar o raciocínio estratégico, música para aumentar a criatividade, ou programação para que os alunos consigam solucionar problemas, independentemente de sua capacidade de escrever códigos de verdade. Assim como aconteceu na época de Thorndike, pesquisas minuciosas questionam as vastas vantagens frequentemente associadas a essas habilidades específicas. Giovanni Sala e Fernand Gobet conduziram meta-análises das vantagens cognitivas gerais do aprendizado de xadrez e música. Foram encontradas pequenas melhorias nas avaliações de raciocínio matemático ou capacidade acadêmica. "No geral, os resultados poderiam ser considerados 'promissores com ressalvas'", explicou a dupla. "Mas a verdade é que não são. A medida dos efeitos foi inversamente proporcional à qualidade do projeto experimental." Levando em consideração apenas os estudos em que experimentos foram conduzidos com rigorosidade, "a medida geral dos efeitos foi mínima ou inexistente". Da mesma forma, a programação não parece aprimorar a capacidade de solucionar problemas. Como os autores de um estudo explicam, "a lógica por trás do ensino da programação de computadores é que ele auxilia o desenvolvimento de habilidades de pensamento crítico, resolução de problemas e tomada de decisão. Essa condição não condiz com os dados empíricos". Não importa se a atividade é treinamento do cérebro, xadrez ou programação, os resultados parecem ser os mesmos: o treino de uma tarefa gera uma melhoria nela, mas poucas evidências apontam para um aprimoramento expressivo em outras habilidades.

APRENDER UMA HABILIDADE AJUDA O APRENDIZADO DE OUTRAS?

É pouco provável que a prática de uma habilidade gere vantagens extensivas. Porém os experimentos de Thorndike não encerraram o debate. Muitos críticos rapidamente se apegaram ao termo *idênticos* em sua teoria dos elementos idênticos, apontando o absurdo de acreditar que o aprendizado era limitado a cópias exatas do treinamento original. "Pense só em como seria aprender a pregar um prego na parede com um martelo amarelo, e então perceber sua incapacidade se, em um momento de necessidade, você tivesse que pegar o martelo do vizinho emprestado e descobrisse que ele é vermelho", zombou o educador Alexander Meiklejohn. Os experimentos de Thorndike, apesar de oferecer pouco apoio para a analogia da mente como um músculo, mostrava mais transferência do que sua teoria previa. Em um treino experimental de habilidades com uma tarefa que solicitava riscar em um texto as palavras que continham as letras *e* e *s*, voluntários tiveram um desempenho melhor quando apenas uma dessas letras era substituída (por exemplo, riscar palavras com *e* e *r*), em comparação a quando as duas letras eram diferentes. No entanto, os voluntários que participaram da primeira tarefa tiveram resultados melhores do que os participantes de controle que não receberam qualquer treino. Da mesma maneira, em experimentos com equações matemáticas, voluntários tiveram resultados melhores quando as fórmulas eram apresentadas na forma tipicamente ensinada na escola, porém suas capacidades não desapareceram por completo quando novas formas foram apresentadas. Não importava quais eram os elementos idênticos entre as habilidades, eles pareciam ser um pouco mais generalizados do que associações diretas entre estímulo e resposta.

Outros apontaram que a transferência de melhorias de uma habilidade para outra dependia do método de ensino. Em um experimento, Charles Judd pediu a garotos que praticassem jogar dardos em um alvo submerso na água. Um grupo aprendeu o princípio da refração da luz; o outro, não. Apesar de ambos terem tido desempenhos semelhantes ao tentar acertar o primeiro alvo, quando a profundidade dele foi modificada, aqueles que aprenderam como a direção da luz se curva ao sair da superfície da água se adaptaram melhor à nova tarefa. Seguindo uma linha semelhante, o psicólogo Max Wertheimer, especializado em Gestalt, demonstrou que a extensão da transferência de habilidade dependia da maneira como o problema era encarado. Ele deu o exemplo de encontrar a área de um paralelogramo. É possível decorar que a resposta é a base multiplicada pela altura. No entanto, se o aluno compreender a lógica por trás do método, é possível aplicá-la a uma variedade maior de formatos. A compreensão leva a habilidades mais flexíveis do que a decoreba.

A mente pode não ser um músculo, porém os componentes que são transferidos entre habilidades também não podem ser reduzidos a simples padrões de estímulo e resposta. Decorar uma resposta e compreender um método podem solucionar um problema, mas este último é bem mais flexível. Wertheimer e Judd demonstraram que prever a transferência inevitavelmente depende de como as habilidades são representadas na mente do aluno.

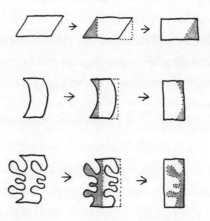

Figura 8
A área de um paralelogramo pode ser solucionada ao cortá-lo verticalmente e mover o lado esquerdo para a direita, de forma que ele se transforme em um familiar retângulo, cuja área é igual ao comprimento multiplicado pela largura. Compreendido de forma correta, o truque se aplica a muitos formatos com a mesma propriedade abstrata, incluindo a última forma extremamente irregular.

QUAIS SÃO OS BLOCOS DE CONSTRUÇÃO DAS HABILIDADES?

Os primeiros psicólogos tinham dificuldade nos debates sobre transferência porque lhes faltava a linguagem exata para falar sobre representações mentais. Noções de "elementos idênticos" ou "boas estruturas" eram vagas demais para fazer previsões sobre o grau de transferência esperado entre duas tarefas. Isso mudou com a revolução cognitiva na psicologia. Pesquisadores começaram a apresentar suas teorias em uma linguagem de processamento de dados, gerando modelos que poderiam ser simulados em computadores e diretamente comparados com o desempenho de voluntários. A partir dessas teorias, uma das tentativas mais sérias de modelar o processo da absorção de habilidade foi o trabalho sobre a teoria ACT-R, que se estendeu por toda a carreira de John Anderson.

As habilidades, de acordo com a ACT-R, são formadas por unidades atômicas chamadas de regras de produção. Uma regra de produção é um padrão condicional que associa uma condição a uma ação. O truque do paralelogramo de Wertheimer, por exemplo, poderia ser descrito como a seguinte regra de produção: "SE o lado esquerdo corresponder ao lado direito, ENTÃO corte a figura e mude o lado direito de lado para formar um retângulo". As regras de produção herdam a simplicidade das associações entre estímulo e reação, mas com duas diferenças básicas. A primeira é que as regras de produção podem ser abstratas. A referência ao "lado esquerdo" da figura da nossa regra de produção hipotética não precisa indicar qualquer forma específica. Da mesma maneira, depois que aprendemos o algoritmo para divisões longas, podemos executá-las com qualquer número — não precisamos praticar separadamente com cada combinação possível de dígitos. A segunda diferença é que as regras de produção envolvem não apenas o comportamento visível, mas também as ações mentais. Habilidades complexas podem ser destrinchadas em várias etapas na mente, como determinar objetivos paralelos ou manipular os conteúdos imaginados. Como resultado, mesmo que dois problemas sejam superficialmente diferentes, pode existir uma transferência se existirem passos psicológicos comuns em sua solução.

A abstração e os atos mentais ajudam a explicar como um programador que aprende uma linguagem de computação consegue absorver a segunda bem mais rápido. Apesar de o formato exato dos comandos em cada linguagem ser diferente, uma habilidade complexa como codificação também envolve mais regras de produção abstratas, como decidir criar uma variável ou uma função. Da mesma forma, artistas e músicos costumam aprender novos instrumentos e mídias com mais rapidez do que iniciantes sem qualquer treinamento, porque boa parte do aprendizado pode ser abstrata. Os movimentos dos dedos para tocar piano são muito diferentes dos usados no violino, mas o tempo, a melodia e a capacidade de ler partituras são iguais. As regras de produção oferecem um meio-termo entre a visão muito restrita de Thorndike sobre transferência e a versão excessivamente otimista da analogia da mente ser um músculo.

Uma previsão que a teoria sugere é que, com a prática contínua, as habilidades se tornam assimétricas. As regras de produção fluem da condição para a ação, e não na direção contrária. Seguindo essa previsão, Anderson ensinou aos estudantes a regra para integração e diferenciação no cálculo. Assim como a adição e a subtração, essas operações são opostas, então o resultado da diferenciação ao ser integrado retorna à função original derivada. Aqueles que praticaram repetidas vezes a regra para criar uma derivada se aprimoraram nessa regra, mas não quando se tratava de formar integrais e vice--versa. Resultados semelhantes foram encontrados no ensino de segunda língua. Robert DeKeyser mostrou que alunos que praticaram criar um padrão específico de frase fizeram poucos avanços na compreensão dela, enquanto os que praticaram a compreensão tiveram poucas melhoras na sua capacidade de criar o padrão por conta própria. Essa assimetria de habilidades tem consequências na vida real. Pesquisas mostram que estudantes de escolas bilíngues no Canadá, onde as aulas são conduzidas em inglês do jardim de infância ao fim do ensino médio, costumam adquirir fluência na compreensão, mas têm dificuldade com a produção do idioma, já que têm menos oportunidades para praticar a fala.

Além da assimetria de habilidades, as regras de produção causam tanta transferência quanto previsto? Anderson testou essa teoria ao pedir a estudantes que aprendessem habilidades diferentes organizadas como conjuntos de regras de produção. A teoria prevê que a velocidade do aprendizado de uma nova habilidade depende do total de regras de produção compartilhadas entre os conhecimentos (e o grau de aprendizado para cada produção individual). No geral, a relação entre a transferência observada e prevista é uma linha quase perfeitamente reta. Apesar da relação linear quase uniforme, a transferência observada ainda é um pouco maior do que a prevista pelo modelo. Anderson argumenta que talvez isso aconteça porque o modelo omite parte das regras de produção mais gerais que seriam compartilhadas entre as habilidades treinadas.

As regras de produção são um componente da mais elaborada arquitetura cognitiva da ACT-R. De acordo com essa teoria, o conhecimento de fatos, conceitos e exemplos conta com um sistema de memória separado. Sendo assim, regras de produção sobrepostas são um prognóstico melhor da quantidade de transferências possíveis após a prática contínua. Nem todas as teorias sobre habilidades se baseiam em regras de produção. Sistemas conexionistas modelam habilidades a partir de interações com inúmeras unidades simples de processamento de informações, teorias de esquemas representam o conhecimento em termos de padrões abstratos, e relatos baseados em exemplos consideram que o desempenho habilidoso é causado por inúmeras experiências guardadas na memória. Levando em consideração tudo que ainda não sabemos sobre a mente humana, é possível que futuros pesquisadores encontrem explicações ainda mais elaboradas, que se encaixem melhor com os dados. Só podemos afirmar que as regras de produção, e a ACT-R que as utiliza, são uma teoria promissora, comprovada por uma montanha de dados da psicologia, à qual alternativas, mesmo que descrevam habilidades usando mecanismos completamente diferentes, precisarão se equiparar.

O PODER E OS LIMITES DA ABSTRAÇÃO

As regras de produção oferecem uma versão do quanto podemos esperar que a prática de uma habilidade seja transferida para outra. Porém, mesmo que dois problemas tenham soluções que se intersectam, nem sempre nos beneficiamos com essa similaridade. Um exemplo disso vem de um experimento conduzido por Mary Gick e Keith Holyoak. Voluntários foram informados sobre a história de um general que invadiu uma fortaleza. As estradas que levavam à fortaleza estavam cheias de bombas sensíveis à pressão. Se o general atacasse com todo seu contingente por qualquer estrada, as bombas explodiriam. Um grupo menor, apesar de escapar das bombas, seria facilmente derrotado pelos soldados locais. Após essa história, os cientistas apresentaram para os voluntários um problema sobre tratar um tumor no estômago com radiação. Um raio de alta intensidade destruiria o tumor, mas também mataria o tecido saudável nos arredores. Um raio de baixa intensidade, em contraste, pouparia o tecido saudável, mas não seria suficiente para erradicar o tumor. A solução para as duas questões seguia a mesma estrutura: dividir o ataque por várias rotas que convergiriam para o alvo central. Ainda assim, poucos voluntários usaram a analogia de forma espontânea. Apesar de as histórias serem apresentadas lado a lado, apenas 20% dos voluntários fizeram a conexão e, entre eles, 2/3 alcançaram uma solução apenas parcial. Em contraste, quando os pesquisadores deram a dica de que a história devia ser usada na solução do problema, a taxa de resolução pulou para 92%.

Outro exemplo do fracasso em usar conhecimentos e habilidades semelhantes é a dificuldade que as pessoas têm com a tarefa de seleção de Wason. Nesse desafio, os participantes recebem a regra de que "se uma carta tem uma vogal de um lado, precisa ter um número par no verso". Quando as cartas K, E, 4 e 7 são apresentadas, a tarefa é escolher quais cartas precisam ser viradas para verificar se a regra está correta. Quais cartas você escolheria?

Figura 9
A tarefa de seleção de Wason: quais cartas você deve virar para verificar se a regra "cartas com vogais de um lado devem ter números pares no verso" é verdadeira?

No estudo original, quase metade dos voluntários escolheu incorretamente E e 4. A resposta correta é E e 7. Apesar de a regra poder ser violada se um número ímpar estivesse no verso de um E, não havia regra que determinasse que consoantes não poderiam estar no verso de números pares. Então, precisamos verificar o 7, porque uma vogal do outro lado da carta violaria a regra. Apenas 7% dos participantes tomaram a decisão certa. A parte mais fascinante é que os participantes não apresentam um desempenho melhor na tarefa mesmo após passarem por um treinamento formal de lógica.

Agora, considere um desafio diferente: você é um inspetor que investiga o consumo de bebidas alcoólicas por menores em um bar. Você se depara com um idoso, um adolescente, uma pessoa tomando leite e uma pessoa tomando cerveja. De quais deles você precisa analisar a documentação ou a bebida para saber se a regra de "nenhum menor de idade pode beber álcool" está sendo violada? Obviamente, você precisa verificar a pessoa que bebe cerveja e o adolescente. Os dois desafios têm a mesma estrutura e solução.*
Por que tão poucas pessoas acertam a primeira questão, enquanto a segunda parece tão fácil? Uma explicação é que, devido à nossa experiência lidando com normas em situações sociais, temos a habilidade de notar violações de regras. Isso nos permite encontrar a solução correta quando a questão é apresentada em termos de manutenção da lei, mas não quando tentamos resolver a tarefa das cartas com estrutura semelhante.

A dificuldade da transferência entre tarefas análogas não se limita a problemas criados em laboratório. O psicólogo Stephen Reed estudou como seria o desempenho de alunos em uma turma de álgebra que ainda não começou a fazer problemas com enunciados se precisassem resolver um novo problema e recebessem um exemplo solucionado. Quando o exemplo e o problema compartilhavam a mesma história e estrutura na solução, os alunos tinham um bom desempenho. Mas, quando o conteúdo das histórias era diferente,

---

* Para entender a conexão, podemos trocar "vogal" por "adolescente" e "número par" por "bebida não alcoólica" no enunciado da regra, e trocar os exemplos "K" por "idoso", "E" por "adolescente", "4" por "leite" e "7" por "cerveja".

as taxas de sucesso caíam. Se o problema exigisse que a solução oferecida no exemplo fosse modificada, poucos alunos conseguiam captar isso. Problemas com enunciados são difíceis para a maioria dos alunos, e uma estratégia dominante para lidar com eles é decorar subtipos de questões diferentes e suas respostas. Esse não é nem de perto o objetivo de muitos professores de álgebra, que torcem para os alunos conseguirem aplicar suas habilidades em problemas da vida real que exijam álgebra, e não apenas as questões estereotipadas apresentadas em livros-texto. Pior ainda, aplicar habilidades de álgebra espontaneamente na vida real costuma ser mais difícil do que resolver problemas com enunciado, já que estar em uma aula de álgebra costuma ser um ótimo sinal do tipo de conhecimento necessário no momento. Problemas fora da sala de aula que precisem de álgebra raramente anunciam essa característica quando nos deparamos com eles. O matemático e filósofo Alfred North Whitehead lamentou a questão do "conhecimento inerte" na educação, que se refere a ideias e métodos que poderiam ser aplicados de forma abrangente, mas acabam permanecendo adormecidos. Mesmo que o conhecimento para a solução de um problema esteja potencialmente disponível, não costumamos utilizá-lo.

Nem todas as descobertas sobre a transferência de habilidades semelhantes são tão pessimistas. Geoffrey Fong, David Krantz e Richard Nisbett observaram que estudantes que aprendiam heurísticas da estatística como a lei dos grandes números tiveram sucesso em aplicar esse conhecimento ao receberem um teste disfarçado de pesquisa telefônica. Os participantes que praticaram solucionar variações superficiais do desafio da Torre de Hanói tiveram um pouco de dificuldade inicial para transferir conhecimento entre desafios estruturalmente idênticos. No entanto, as dificuldades diminuíram conforme eles receberam mais oportunidades para praticar. Pesquisas com físicos mostram que eles tendem a categorizar problemas em termos de princípios mais profundos, e não em características superficiais. Uma interpretação razoável dessa pesquisa parece ser que, enquanto o conhecimento tem um caráter potencialmente abstrato, com frequência é necessário experiência e exemplos abrangentes para tirar vantagem dele mesmo nesse grau restrito de generalidade.

CONSEQUÊNCIAS PRÁTICAS DE HABILIDADES PRECISAS

As pesquisas sobre transferência deveriam diminuir nossas expectativas sobre benefícios mais abrangentes derivados do aprendizado de habilidades específicas. A previsão mais sensata sobre aprender xadrez é que você se tornará melhor no xadrez. Alguns benefícios podem ser encontrados durante o aprendizado de jogos semelhantes, como saber lidar bem com o tempo ou conseguir avaliar um oponente. Porém, a maior parte do que é aprendido provavelmente será específica para o xadrez. Matérias como matemática, cuja estrutura abstrata tem o potencial de ser usada em vários aspectos de outras tarefas concretas, podem ser mais úteis no geral. Ainda assim, a generalidade total da matemática nem sempre é alcançada, já que muitos alunos não conseguem aplicar o que aprendem na sua rotina.

E aprender como aprender? Afinal, para que um livro como este tenha qualquer importância prática, um leitor como você precisaria extrair dele ideias gerais sobre aprendizagem e aplicá-las a suas empreitadas específicas. Neste ponto, serei um pouco otimista. Acredito que seja possível melhorar o aprendizado simplesmente porque algumas das conclusões confirmadas por pesquisas são de conhecimento geral. O valor da prática da memória em comparação com a revisão passiva, ou de espaçar os estudos, não é amplamente apreciado por estudantes, e muitos parecem não escolher esses métodos quando têm a oportunidade. Ainda assim, experimentos controlados demonstraram repetidas vezes que essas estratégias genéricas são mais eficientes para o aprendizado. Da mesma maneira, acredito que existam regras de produção compartilhadas no planejamento de projetos de aprendizado autodidata, na condução de pesquisas ou no estudo para aulas que vão além do material concreto que é ensinado. Nós vivemos em um mundo muito diferente daquele de nossos ancestrais, com demandas incríveis para a absorção de conhecimentos e habilidades, então não seria surpresa alguma se nossos instintos sobre aprendizado no ambiente moderno se enganassem de vez em quando.

Apesar dessa exceção, as pesquisas sobre transferência deixam claro que habilidades amplas que encontramos nos outros são criadas a partir de uma série de partes menores. Assim como a fluência em um idioma é baseada no conhecimento de muitas palavras e expressões idiomáticas, o raciocínio sagaz é baseado na sabedoria de muitos fatos específicos, métodos e experiências relevantes. A seguir, quero resumir três consequências práticas das pesquisas que acabamos de discutir.

Observação nº 1: Concentre-se nas tarefas que deseja aprimorar

Habilidades abrangentes, como fluência em espanhol ou proficiência na linguagem de programação Phyton, são, na verdade, recordações de unidades de conhecimento e habilidade muito menores. Enquanto a transferência entre matérias, com certeza, é maior do que zero, também costuma ser menor do que 100%. Como vimos, a proficiência em gerar um padrão de frase não necessariamente acarreta a proficiência em compreendê-la. Faz sentido, portanto, dividir objetivos maiores em conjuntos de tarefas mais específicas em que você quer melhorar. Saber como pedir orientações sobre como chegar ao supermercado em espanhol é um objetivo bem mais modesto do que ter fluência para conversar, embora existam todos os motivos do mundo para acreditar que este último seja apenas a simples agregação de sucesso em tarefas mais específicas.

Selecionar e sequenciar a ordem das tarefas a serem aprendidas é uma parte importante de qualquer currículo prático, mas também pode ser aplicada a habilidades intelectuais. Afinal, o valor de matérias como economia e física não está em seus poderes genéricos de fortalecer a mente, mas em oferecer ferramentas intelectuais para lidarmos com problemas concretos que envolvam dinheiro ou movimento. Nesse sentido, também devemos ficar de olho nas tarefas que desejamos executar e garantir que tenhamos muitas oportunidades de praticá-las.

Observação nº 2: Habilidades abstratas exigem exemplos concretos

As pesquisas sobre transferência sugerem que existe uma tensão na maneira como habilidades devem ser ensinadas. Por um lado, queremos ensinar habilidades da forma mais genérica possível, para garantir uma variedade de aplicações maior. Estudantes que aprendem as mesmas equações no contexto de uma aula de álgebra, por exemplo, mais tarde aplicam melhor o conhecimento a uma aula de física do que vice-versa. Uma explicação é que a aula de álgebra é propositalmente abstrata, então os alunos interpretam isso como um sinal de que o conteúdo pode ser usado de forma mais ampla. Por outro lado, habilidades abstratas podem permanecer inertes a menos que reconheçamos como são aplicáveis em novas situações. A exclusão de detalhes pode acarretar a omissão de informações específicas necessárias, e esse é um dos motivos para novos universitários, com frequência, precisarem de lições mais específicas antes de conseguirem colocar a mão na massa.

Uma solução parece ser que a oferta de muitos exemplos tem mais chance de garantir que os alunos generalizem um princípio, em vez de permanecerem apegados a detalhes concretos. No lugar de uma única demonstração, a maioria dos alunos provavelmente precisa ver vários exemplos para conseguir captar toda a abrangência de um método ou ideia. De maneira semelhante, habilidades abstratas podem exigir mais treinamento antes de se tornarem úteis na prática. Uma pessoa que aprende conceitos em uma aula de informática pode precisar de outros conhecimentos e habilidades para conseguir aplicá-los em projetos de software específicos que encontra no trabalho. As dificuldades de aplicação podem ser compensadas com o aprendizado mais acelerado quando a conexão entre habilidades passadas e novos conhecimentos é apontada.

Observação nº 3: Aprenda por aprender
Habilidades que realmente valem a pena ser aprendidas não deveriam precisar da falsa promessa de um aprimoramento mental genérico. O xadrez é um ótimo jogo, com uma vasta história. Para dominar seus aspectos mais complexos, ninguém precisa da justificativa de que fazer isso também ajudará o desenvolvimento de estratégias de negócios. Para apreciar música, ninguém precisa da promessa adicional de que fazer isso também ajudará no brainstorming de campanhas de marketing, assim como a utilidade de saber escrever códigos de computação não depende de aumentar a inteligência. Em vez de fazer atividades em busca de méritos intrínsecos questionáveis, podemos nos dedicar mais às habilidades e aos assuntos que nos interessam só porque nos deu vontade.

A SUBSTITUIÇÃO DA METÁFORA DA MENTE COMO UM MÚSCULO

A história do pensamento sobre a mente é uma história de metáforas. Platão associou a alma ao condutor de uma carruagem, puxada pelos cavalos da virtude íntegra e das paixões irracionais. René Descartes pensava nos nervos como um sistema hidráulico. Associacionistas defendiam que hábitos organizavam a mente, e gestaltistas enxergavam o raciocínio pela lente da percepção. Mais recentemente, a metáfora do computador se tornou dominante, tanto na formulação básica da ciência cognitiva clássica de que ele é uma máquina sequencial como na ideia da neurociência de que se trata de uma rede de unidades de processamento de informações interconectadas. Todas as metáforas são reveladoras em alguns sentidos, mas equivocadas em outros. A metáfora de a mente ser como um músculo também segue essa linha. É certo que habilidades se fortalecem com a prática, então, nesse sentido, ela está correta. O ponto equivocado é a sugestão de que o fortalecimento em uma tarefa vai gerar aptidão mental geral em muitas outras diferentes. Talvez uma melhor metáfora seja que a mente é uma coleção de ferramentas, feitas de conhecimento. Cada ferramenta pode ser específica, mas elas se agregam em habilidades sofisticadas.

"O professor pode ficar desanimado ao descobrir que ganhar conhecimento em aritmética, gramática ou tradução não influencia todas as outras capacidades e poderes", escreveu Edward Thorndike há mais de um século. "No entanto, não existe qualquer causa real para esse fato ser desanimador. O valor disciplinar dos estudos não muda; na verdade, ele se tornará ainda mais valioso, pois, ao descobrir o pouco que existe e o pouco que é obtido, o ensino se torna propenso a ser mais valorizado do que antes, quando acreditávamos que os temas em si teriam algum efeito misterioso no aprimoramento da mente como um todo. O que realmente causaria desânimo seria se os professores continuassem se iludindo e tomando decisões erradas ao escolher temas e métodos equivocados com base em noções falsas sobre o aprimoramento de uma capacidade mental em conexão com outra." O valor do aprendizado não diminui se deixarmos de lado a ideia de que a mente funciona como um músculo. Na verdade, isso oferece clareza sobre a natureza da tarefa que enfrentamos. A resolução de problemas se torna mais fácil quando você aprende a resolver muitos tipos de problema. O pensamento crítico vem de uma ampla base de conhecimentos usados para questionar presunções dúbias. A precisão se desenvolve a partir da meticulosidade em cada uma de suas tarefas. Como conclui Thorndike, "a mente não oferece algo em troca de nada, mas nunca é desonesta".

A mente pode não ser um músculo, mas ainda queremos garantir o maior leque de usos possíveis para as habilidades que aprendemos. No próximo capítulo, veremos como a prática variável é uma das abordagens mais promissoras para desenvolver habilidades flexíveis.

CAPÍTULO 7

Prefira variações a repetições

"Eu costumava pensar: 'Como jazzistas
tiram notas do nada?'. Eu nem imaginava
a quantidade de conhecimento que era
necessária para isso. Na época, parecia mágica."

Calvin Hill, baixista de jazz

- Como aprendemos a improvisar?
- Como a prática variada leva ao
  raciocínio flexível?
- Quando a prática variada é melhor do
  que fazer repetições?

No começo dos anos 1940, no segundo andar do Minton's Playhouse, no Harlem, um novo tipo de música nascia. Lá, artistas como Thelonious Monk, Charlie Christian, Dizzy Gillespie e Charlie "Bird" Parker tocavam uns para os outros durante a tradicional segunda-feira de folga dos músicos. Bebop, como o novo estilo se tornou conhecido, era uma reação ao swing que dominava salões de baile por todo o país. O swing era tocado por bandas grandes, em melodias pré-arranjadas que facilitavam a dança. Em contraste, o bebop era limitado a poucos instrumentos, dando ênfase aos solos improvisados, com mudanças de acordes e ritmos complexos. Livre das restrições das apresentações pagas, os artistas podiam desafiar uns aos outros em exibições cada vez mais talentosas de técnica e criatividade. Ao se recordar da época do Minton's, um jovem Miles Davis comentou: "Você levava seu trompete e torcia para ser convidado por Bird ou Dizzy para subir no palco com eles. E, quando isso acontecia, era melhor você não fazer besteira". Ele recorda: "As pessoas ficavam prestando atenção nos sinais de Bird e Dizzy, e se eles sorrissem quando você terminasse de tocar, isso significava que você tinha ido bem". No entanto, também era comum que as novas exigências das apresentações espontâneas dessem errado. Em um episódio, Charles Mingus, contrabaixista e veterano do Minton's, levou um saxofonista às lágrimas após interromper seu solo com a declaração: "Toque alguma coisa diferente, cara; toque alguma coisa diferente. Isso é jazz, cara. Você tocou isso aí na noite passada, e na noite anterior também". É difícil exagerar sobre a influência do bebop sobre o jazz, com a habilidade de criar materiais complexos no improviso agora sendo uma parte essencial da arte.

A habilidade de improvisação há muito é apreciada na cultura musical afro-americana que originou o jazz. O etnólogo musical Paul Berliner, em sua fantástica análise sobre a improvisação no jazz, *Thinking in Jazz*, conta a história de uma cantora gospel quando uma pianista clássica entrou para o coral da igreja:

Após ser apresentada ao coral, a pianista pediu sua "música" para a diretora. Esta explicou que não usavam "partituras" e que a pianista devia ficar à vontade para improvisar sua parte. Chocada, ela respondeu com um ar pesaroso que "[sem] música", ela não conseguiria acompanhá-los. Nunca tinha se deparado com essa exigência artística antes. Os membros do coral ficaram igualmente chocados com a declaração da pianista, porque jamais tinham visto um músico depender de partituras.

A ênfase cultural na habilidade de improvisação encontrou seu lugar no novo jazz. Já em 1944, Charlie Parker improvisava vários solos únicos em versões diferentes da mesma música durante gravações com o quinteto de Tiny Grimes. Miles Davis demonstrou todo seu talento de improvisação quando uma válvula do seu trompete ficou presa durante um solo. Sem se deixar abalar, ele apenas continuou tocando, encarando as notas então inacessíveis como uma nova limitação musical. "Energizados por sua vitalidade", escreve Berliner, "os ouvintes podem até achar que aquela música tinha sido completamente composta e ensaiada antes da apresentação. Ainda assim, é comum que os artistas se apresentem sem partituras nem um condutor especializado para coordenar suas apresentações."

A espontaneidade não deveria ser confundida com falta de disciplina. "O jazz não é só 'Nossa, cara, eu estava no clima de tocar assim'", observa o trompetista Wynton Marsalis. "É algo muito estruturado, que vem de uma tradição e exige muito raciocínio e estudo." Músicos experientes comparam o jazz a um idioma, com capacidade de expressão infinita, mas também com regras rígidas de vocabulário e sintaxe que o impedem de transformar essas expressões em uma conversa sem nexo. O saxofonista James Moody compara notas tocadas no contexto errado com "um grito no meio de uma rua calma". Da mesma forma, Miles Davis uma vez deu uma bronca no jovem Lonnie Hillyer, depois de ele perder a harmonia com a banda durante um solo improvisado, por não ter estudado os acordes. A impressão de que vale tudo no jazz improvisado é melhor refutada pela precisão fantástica exibida por músicos experientes quando tocam de forma espontânea. "Meu professor nos pedia que improvisássemos músicas", recorda um aluno, "e, enquanto tentávamos, ele se sentava em outro piano e tocava as notas improvisadas uma fração de segundo depois de nós. Era enlouquecedor."

Aprender a improvisar é um desafio e tanto para os aprendizes do jazz. Como desenvolver a proficiência necessária para executar as complexas mudanças de acordes e ritmos no instrumento ao mesmo tempo que se mantém a flexibilidade para não se repetir o tempo todo? Décadas após o Minton's Playhouse, músicos aspirantes usam uma série de técnicas para dominar a capacidade de improvisar. Uma característica fundamental de muitas delas é explorar variações para intensificar os efeitos da prática. Executar as mesmas habilidades em ordens variadas, enxergar o mesmo conceito em exemplos diferentes e pensar na música por meio de representações distintas é essencial não apenas para uma performance fluente, mas para a expressão criativa.

INTERFERÊNCIA CONTEXTUAL: COMO TORNAR A PRÁTICA MENOS PREVISÍVEL

Uma primeira fonte de variação é, durante sua prática, simplesmente misturar aquilo que você treina. Apesar de sessões de improvisação de jazz claramente se encaixarem nesse tipo de variação, muitos músicos aplicam a variação sistemática em suas práticas mais estruturadas. Um exercício simples como treinar escalas, por exemplo, pode explodir em variações intermináveis ao exercitar não apenas as inversões, mas também ao explorar todas as combinações possíveis de intervalos e acordes. Um aluno do pianista Barry Harris observou que ele detestava treinar as escalas porque professores obrigavam os alunos a "subir e descer a oitava". No entanto, ao estudar com Harris, ele aprendeu a improvisar, afirmando "Eu nunca me cansava de tocar as escalas". Outro aluno em uma das oficinas do trombonista Jimmy Cheatham descreveu o conselho dele sobre "exaurir todas as possibilidades" ao treinar cada permutação possível. Outro exemplo vem do trompetista Henry "Red" Allen, que supostamente aprendeu a tocar todos os tons ao acompanhar álbuns em velocidades diferentes. Cada ritmo correspondia a um tom diferente, oferecendo mais variação no mesmo material-fonte básico. A prática de várias habilidades na mesma sessão ajuda os artistas a permanecerem flexíveis.

O psicólogo William Battig foi um dos primeiros a estudar a conexão entre a variação da prática e o aprendizado. Em sua contribuição para uma conferência sobre a aquisição de habilidades, em 1965, ele observou o "princípio um tanto paradoxal" de que as condições de treinamento que causavam mais interferência entre os elementos estudados, e, por consequência, um desempenho pior, com frequência aceleravam o aprendizado de novas tarefas. Para os psicólogos que estudavam a memória, a interferência era considerada um grande obstáculo para o aprendizado. A observação de que níveis maiores de interferência sobre uma tarefa poderia melhorar o desempenho em outra foi surpreendente. John Shea e Robyn Morgan estenderam as observações iniciais de Battig para habilidades motoras. Em um experimento, eles pediram a voluntários que derrubassem rapidamente uma sequência de barreiras de madeira com uma bola de tênis, em resposta a uma de três luzes indicadoras de cores diferentes: vermelho, azul ou branco. Apesar de o movimento ser propositalmente inusitado (caso contrário, alguns participantes poderiam ter experiências anteriores com ele), tem semelhanças com a dificuldade encontrada por músicos, que produzem notas e acordes ao apertar sequências de teclas e botões de forma correta. O treinamento foi dividido em dois grupos. O primeiro tinha um cronograma de prática predeterminado, treinando uma sequência por vez. O segundo treinava todas as três sequências, em ordens aleatórias. Consistente com a teoria de Battig, o grupo que seguia o treino predeterminado avançou mais rápido do que o que treinava com mais interferências contextuais. Porém, quando os grupos praticaram duas sequências diferentes — preto e verde —, o que treinou na ordem variada aprendeu a nova habilidade com mais rapidez. Esse efeito permaneceu consistente mesmo após um teste de dez dias, sugerindo que as vantagens da prática variável eram relativamente duráveis.

Uma explicação para os benefícios da interferência contextual é que ela ajuda o praticante a desenvolver processos de controle para decidir que ações tomar. A prática predeterminada facilita o aprendizado do padrão individual. No entanto, como se trata de um treino muito previsível, o processo de decidir que ações tomar não se desenvolve. Evidências para essa conclusão vêm de estudos que mostram que as vantagens da prática aleatória são mais aparentes quando ela envolve a escolha entre movimentos diferentes (por exemplo, tocar uma nota em vez de outra) do que quando gira em torno de executar o mesmo movimento com intensidades variadas (por exemplo, tocar as mesmas notas em volumes diferentes). Esses resultados sustentam a visão de que a prática variada auxilia no processo de escolher qual ação tomar, não com a melhoria dos movimentos. Tais processos de controle claramente têm um grande papel no jazz improvisado, em que boa parte da dificuldade está em decidir que nota será tocada na sequência.

O valor da prática variada não se limita a habilidades motoras. Jeroen van Merriënboer, Marcel de Croock e Otto Jelsma observaram um efeito semelhante ao treinar estudantes de engenharia em uma simulação para localizar e eliminar problemas em uma fábrica de produtos químicos. No experimento, metade dos alunos lidou com quatro tipos de defeito diferentes, com doze problemas sendo apresentados em cada tipo antes que pudessem passar para o próximo. A outra metade teve que solucionar os mesmos 48 problemas, mas em ordem aleatória. Novamente, o grupo dos problemas aleatórios teve um desempenho pior ao solucionar as questões durante o exercício, e não foram observadas diferenças em um teste posterior sobre os defeitos estudados. No entanto, quando um novo defeito foi apresentado, o grupo que praticou sob condições variadas apresentou desempenho melhor. Efeitos semelhantes foram observados no estudo de segundas línguas, em que a prática de várias conjugações em espanhol gerou uma retenção maior ao ser executada ao longo de várias aulas (mas não quando as conjugações foram introduzidas pela primeira vez). Outro estudo relata que japoneses que aprendem a gramática do inglês tiram notas melhores em testes após participarem de sequências de estudo variado em comparação com quando seguem cronogramas consistentes.

Apesar de suas potenciais vantagens, a prática variável permanece pouco utilizada. A maioria dos deveres de casa minimiza a interferência contextual ao cuidadosamente segregar as perguntas ensinadas em cada unidade. Algumas provas até apresentam uma ordem de perguntas que segue a ordem ensinada no currículo, aumentando a separação. A prática variável pode ser menos comum por se encaixar na categoria não intuitiva de dificuldades desejáveis discutidas no Capítulo 5. Lembre-se de que elas se tratam de situações em que uma intervenção, como espaçar a apresentação do material ao longo do tempo ou exigir que alunos pratiquem a memória em vez de utilizar revisões contínuas, resultava em um desempenho imediato pior, mas maior aprendizado no longo prazo. A prática de várias habilidades na mesma sessão talvez seja deixada de lado porque parece resultar em um progresso mais lento.

COMO GERAR ABSTRAÇÃO: A ESCUTA
DE SIMILARIDADES E DIFERENÇAS

A improvisação do jazz exige que os artistas criem algo novo, mas que permaneçam confortavelmente dentro da linguagem estabelecida pela convenção. A cópia direta, apesar de ser uma base inicial importante, não pode ser a interpretação final, ou o artista será visto como um mero plagiador. Por outro lado, um músico que desafia todas as convenções não tocaria jazz. Encaixar-se em todas essas limitações exige que os artistas desenvolvam uma representação abstrata da música em si, com suas restrições e possibilidades.

A formação de conceito é o processo de entender o que exemplos diferentes têm em comum, assim como o que os separa de situações semelhantes que, apesar disso, não contam como exemplos. Uma criança que aprende o conceito de "vermelho" talvez inclua nessa cor, inicialmente, coisas que falantes adultos da língua chamariam de "marrom" ou "laranja". Se o conceito de "vermelho" for ensinado apenas no contexto de, por exemplo, um carro de bombeiro, seria impossível para a criança avaliar se o vermelho de um tomate ou de uma rosa tem a mesma classificação. A exposição a uma variedade mais ampla de estímulos que se encaixam na mesma categoria ajuda a generalizar uma abstração. O trompetista Tommy Turrentine recorda que, durante o começo de sua educação musical, um professor tocava um si no piano e pedia a ele que se lembrasse da nota. Conforme eles voltavam para casa, o professor batia nos potes de metal pelo caminho, para que fizessem barulho, e interrogava Tommy sobre a nota criada em comparação com a que tocara no piano. Esse tipo de distinção sensorial tem um papel importante no processo de aprender a reconhecer notas e acordes após ouvi-los sendo tocados. O músico Howard Levy argumenta que uma das melhores maneiras de aprender é transcrevendo músicas escutadas em gravações. É inevitável que erros sejam cometidos no começo, diz ele, mas o ato de fazer o trabalho em si desenvolve habilidades de diferenciação perceptiva. "No começo, eu não conseguia escutar os acordes", explicou um aluno iniciante. "Não sentia quando eles mudavam. Hoje, posso não conseguir identificar todos os acordes das músicas que escuto, mas sei quando eles mudam, e isso já é um grande avanço."

Aprender similaridades e diferenças em qualidades sensoriais é apenas o começo das habilidades necessárias para fazer improvisos de forma fluente. O compositor Chuck Israels observa que "um ingrediente essencial no aprendizado para se tornar músico é a capacidade de reconhecer um caso paralelo ao se deparar com ele". No ensino médio, Israels brincava com os colegas de reconhecer músicas apenas com a progressão de acordes. Exercícios de transposição, em que o aluno passa um verso familiar para um novo tom, podem ser úteis não apenas para aumentar a variação na prática, mas também para aprender a reconhecer a conexão oculta entre músicas aparentemente discordantes. "Descobrir que certos versos que parecem diferentes, de solos incompatíveis, compartilham da mesma base é uma revelação familiar para alunos", escreve Paul Berliner. Fazer distinções mais apuradas, não apenas revelar traços ocultos em comum, também é um componente da evolução da base de conhecimento. A cantora Carmen Lundy observou que, no começo, só conseguia reconhecer "licks de jazz", mas, conforme sua experiência foi progredindo, ela passou a distinguir "licks de bebop" e, então, "licks de Charlie Parker e licks de Sonny Rollins".

Pesquisas sobre intercalação confirmaram o valor de apresentar conceitos diferentes, mas facilmente confundíveis, ao mesmo tempo, em vez de seguir a abordagem mais comum de ensinar exemplos de cada conceito em momentos isolados. Rose Hatala e coautores observaram que estudantes de medicina que aprendiam como analisar eletrocardiogramas tinham melhor desempenho quando os padrões de doenças diferentes eram misturados durante a aula, quando comparado à apresentação de uma doença por vez. Resultados semelhantes foram observados no ensino de categorias de moléculas de química orgânica, estilos de pintura de artistas diferentes e espécies variadas de pássaros e borboletas. Mostrar exemplos de conceitos distintos em sucessão parece ajudar a notar as características que os diferenciam, enquanto mostrar exemplos aparentemente diferentes do mesmo fenômeno ajuda alunos a reconhecer o que eles têm em comum. A Instrução direta, a metodologia de ensino bem-sucedida desenvolvida por Siegfried Engelmann e Wesley Becker de que tratamos no Capítulo 3, explora esse efeito ao cuidadosamente sequenciar exemplos e não exemplos que parecem semelhantes para ilustrar conceitos. Uma possibilidade seria um professor, ao tentar ensinar crianças a reconhecer a letra **d**, não mostrar apenas a letra em uma única fonte, mas em versões variadas, para exibir todo o alcance de representações visuais que adultos alfabetizados sabem categorizar: d, d, d, d, d etc. Então, juntamente a essa apresentação, o professor mostraria letras parecidas, mas diferentes. Por exemplo, o **a** tem um formato visual parecido com o **d**, mas som e nome distintos; **t** tem um nome parecido, mas um formato distinto; e **p** tem nome e formato semelhantes, mas é outra letra. Essa tarefa de reconhecimento ortográfico pode parecer boba, mas só por causa de nossa experiência extensiva com a leitura. Se você não sabe ler caracteres chineses, tente diferenciar 巳 (por exemplo, 巳, 巳, 巳, 巳) do muito similar 己 (por exemplo, 己, 己, 己, 己) em várias fontes, e é fácil entender por que o reconhecimento de letras exige muita prática! Ao unir exemplos muito diferentes do mesmo conceito, e pouco diferentes de exemplos distintos, o aluno consegue entender com mais rapidez os limites exatos entre as ideias.

REPRESENTAÇÕES MÚLTIPLAS: MAIS FORMAS DE BRINCAR

Uma última fonte de variação útil explorada pelos improvisadores do jazz é ter vários sistemas para pensar sobre música. "Quanto mais formas você tem de refletir sobre a música, mas coisas têm para tocar nos seus solos", comenta Barry Harris. Uma fonte da variação representativa é treinar tanto o ouvido quanto o olhar para compreender sons. Muitos grandes improvisadores de jazz, sem uma educação musical formal, tinham uma prática auditiva extensiva, conseguindo determinar o que soava bem apenas ouvindo o som. A trombonista Melba Liston ressalta que "sabia quais notas não se encaixavam com os acordes e não soavam bem", então "evitava" as notas que não funcionavam. Esse conhecimento, no entanto, frequentemente se torna limitado conforme as músicas aumentam em complexidade. O saxofonista Gary Bartz tinha dificuldade em sessões de improviso para elaborar algo durante canções como "You Stepped on a Dream" por contar apenas com suas habilidades auditivas. Foi só quando o trombonista Grachan Moncur lhe ensinou os princípios teóricos da harmonia no jazz que ele conseguiu entender como a música funcionava. Por outro lado, artistas com uma educação formal mais extensiva frequentemente observam que seu excesso de dependência na compreensão visual da música pode ser uma dificuldade. Paul Berliner documenta a experiência de um aluno que originalmente havia sido treinado como músico clássico:

> Foi só quando ele mergulhou no treinamento do jazz que descobriu que sua dependência exclusiva de partituras tinha, na verdade, limitado o desenvolvimento de suas habilidades auditivas. Como resultado, sua retenção do material aprendido com gravações era muito inferior ao dos músicos que cresceram na tradição do jazz. Foram necessários anos de experiência com os métodos da comunidade do jazz para ele suprir essa lacuna.

Simplesmente conseguir entender uma música a partir de uma gravação ou partitura oferece mais flexibilidade aos artistas, assim como ter vários sistemas mnemônicos para reconhecê-la. Acordes, escalas e intervalos são formas de representar relações de tom dentro da música. No entanto, cada um divide as possibilidades musicais de maneiras diferentes. "Para quem está aprendendo, a descoberta de escalas e sua relação teórica com acordes é uma grande revelação conceitual, com aplicações imediatas", escreve Berliner. O músico Greg Langdon supostamente teve uma "revelação" ao descobrir que a "escala menor harmônica sol no quinto grau" tinha o mesmo padrão que o "arpejo de mi bemol maior em meio tom" abaixo de cada grau. Conseguir encarar a mesma música de formas diferentes oferece mais possibilidades para os improvisadores.

O valor de representações variadas não se limita ao jazz. Richard Feynman, físico e vencedor do Prêmio Nobel, comentou sobre a excepcional utilidade de ter várias formas de pensar sobre o mesmo fenômeno:

Imagine que você tem duas teorias, A e B, que parecem completamente diferentes sob o ponto de vista psicológico, com ideias distintas e assim por diante, porém todas as consequências causadas por elas são exatamente iguais [...]

[Nesse caso], as pessoas costumam dizer na ciência que não há como distingui-las. No entanto, para propósitos psicológicos [...] essas duas coisas estão muito longe de serem equivalentes, porque geram ideias muito distintas uma das outras [...]

Sendo assim, psicologicamente, devemos manter todas as teorias em mente, e qualquer teórico da física decente conhece pelo menos seis ou sete representações teóricas diferentes para a mesma propriedade física.

Representações múltiplas são equivalentes a ter a capacidade de formular o mesmo problema em espaços de problema diferentes. Herbert Simon e Allen Newell oferecem uma demonstração simples com o jogo scrabble usando números. É um jogo com dois participantes, em que as peças contendo os números de um a nove são posicionados entre os dois, com os dígitos visíveis. Os jogadores, então, alternam-se em escolher as peças, e vence o primeiro a conseguir as peças cuja soma resulte em quinze. Por exemplo, se o primeiro jogador pegar 2, 7 e 6 (2 + 7 + 6 = 15), ele ganha. A parte interessante é que o jogo é estruturalmente idêntico ao jogo da velha. Uma correspondência pode ser encontrada ao numerar os quadrados de um a nove, de acordo com a imagem a seguir. Selecionar uma peça é equivalente a colocar um X ou O no quadrado, e só encontraremos um conjunto de três números que totalize quinze quando conquistarmos a linha, coluna ou diagonal correspondente no jogo da velha. Só porque duas representações são formalmente equivalentes não significa que sejam psicologicamente equivalentes, e o que poderia ser óbvio em um formato talvez exija um raciocínio mais intenso para ser deduzido em outro.

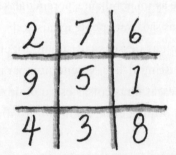

Figura 10
Ao designar cada quadrado com os números, acima, o scrabble se transforma em um familiar jogo da velha.

O psicólogo Kurt Lewin notoriamente opinou: "Não existe nada tão prático quanto uma boa teoria". Em nossa cultura atual, os conhecimentos prático e teórico costumam ser diferenciados como elementos de domínios distintos, ou pior, como opostos. Apesar de ser verdade que profissionais teóricos e práticos costumam pertencer a grupos diferentes, com objetivos e necessidades diferentes, as teorias em si são apenas ferramentas. Com mais ferramentas, melhor adaptadas à realidade com que lidamos, podemos solucionar uma variedade maior de problemas.

QUANDO É ÚTIL VARIAR?

Praticar muitas habilidades na mesma sessão, ser apresentado a uma grande amplitude de exemplos em casos contrastantes intercalados e aprender a representar as mesmas ideias de formas variadas são métodos úteis. Mas é óbvio que existem limites para quanto a variação consegue ajudar. Como vimos no capítulo anterior, é difícil encontrar treinamentos que resultem na melhoria de habilidades diferentes sem que elas exijam conhecimentos ou procedimentos em comum. A maioria das vantagens da prática variada gira em torno de exercitar padrões com a mesma habilidade geral. Unir exemplos ou exercícios diferentes é vantajoso até começarmos a confundir os problemas. Ninguém acharia que intercalar problemas de matemática com o dever de casa de história seria benéfico (apesar de vantagens serem possíveis quando espaçamos o material estudado, como discutimos no Capítulo 5). Da mesma forma, enquanto as abstrações geradas por múltiplos exemplos podem ser benéficas, há limites para o nível de abstração de conceitos úteis. Apesar de estratégias de xadrez e negócios compartilharem certas ideias, o sucesso em cada uma exige muito conhecimento específico que não tem correspondente na sua contraparte, mesmo que os temas possam ser descritos com a mesma palavra: *estratégia*.

Outro fator que determina a utilidade da variação é quanto a habilidade final necessita dela. Um pianista clássico, que não precisa improvisar novas melodias, pode se beneficiar de um cronograma de prática mais repetitiva, já que é relativamente seguro presumir que as notas da Nona Sinfonia de Beethoven sempre serão tocadas na mesma ordem. Aprender é mais vagaroso sob a estratégia da prática variada, então as vantagens só se tornam aparentes quando uma variação de habilidades se torna necessária. Um linguista que estuda idiomas latinos pode desenvolver uma compreensão mais abstrata e flexível do latim se praticar francês, espanhol e português em sessões próximas. No entanto, se uma pessoa só precisa do idioma para morar na França, aprender três idiomas, com certeza, será mais devagar do que aprender apenas um. A prática variada mostra que, se alguém precisasse falar as três línguas, sessões de prática que alternassem entre elas poderiam ser mais benéficas. A utilidade da variação depende muito das habilidades que precisam ser aprendidas.

Uma última questão sobre a variação da prática são as condições nas quais ela nos ajuda. Gabriele Wulf e Charles Shea observam que habilidades motoras mais complexas e pessoas com pouca experiência anterior frequentemente se beneficiam mais com a prática não variada. Um jeito fácil de compreender a aparente contradição é pensando na teoria da carga cognitiva. A prática variável cria uma carga cognitiva maior, então, se a tarefa for difícil demais em condições favoráveis, acrescentar uma carga extra a tornará ainda mais complicada. No entanto, conforme as pessoas se tornam mais familiarizadas com os movimentos básicos, a habilidade se torna mais automática, tornando mais úteis práticas que cultivam a capacidade de diferenciar padrões. Evidências sobre essa perspectiva vêm de pesquisas que observaram que estudantes do inglês com mais experiência apresentaram uma evolução maior ao ouvir vários nativos falando, enquanto alunos menos experientes demonstraram mais avanços ao ouvir apenas um nativo. Resultados semelhantes foram observados com a variação de práticas na matemática — alunos com menos conhecimento anterior foram melhor ao estudar questões pouco diferentes, enquanto alunos experientes absorveram mais conhecimento com questões variadas.

Essa perspectiva sugere que a variação é algo que deve aumentar ao longo do processo de aprendizagem, em vez de simplesmente começar no nível mais intenso. No caso de habilidades muito difíceis, talvez seja melhor manter a repetição consistente em vez de variações. Isso também fica claro no estudo de Berliner sobre improvisadores do jazz. A imitação fiel, produzida após horas de tentativas de acompanhar gravações — em vez da improvisação — era o ponto de partida habitual dos músicos. A prática consistente em isolamento era um hábito comum entre artistas habilidosos. Os esforços estridentes em replicar solos de mestres do jazz podem produzir resultados incríveis. O baixista George Duvivier desenvolveu uma técnica de dedilhados inusitada para executar um solo complexo que ouviu em uma gravação, repetindo-o incessantemente até dominá-lo. Foi apenas quando ele ouviu a banda tocando ao vivo que descobriu que aquilo que pensava ser um solo eram dois músicos tocando o mesmo instrumento! Até Charlie Parker, um dos criadores do bebop, supostamente se recolheu em longas sessões de prática após ficar para trás em uma das primeiras apresentações na Minton's Playhouse. Como vimos nos capítulos anteriores, a repetição e a imitação não são antiéticas para a criatividade espontânea, mas precursoras essenciais dela.

Parte da motivação para chamar a máxima de "prefira variações a repetições", e não de "use variações em vez de repetições", era reconhecer a tensão entre imitação e improvisação que existe em habilidades complexas como tocar jazz. A variação é essencial para executar habilidades de novas maneiras, com flexibilidade. No entanto, a variação é construída sobre a repetição contínua de capacidades componentes que garantem a fluência, e não oposta a ela.

ESTRATÉGIAS PARA USAR A PRÁTICA VARIÁVEL

Segundo pesquisadores, a prática variável é uma das melhores estratégias para promover a transferência de habilidades para novos contextos. Infelizmente, também é um método que permanece pouco usado. Os currículos escolares com frequência a minimizam, limitando questões aos últimos capítulos estudados ou apresentando uma sequência prática de problemas do mesmo tipo. A seguir, apresento quatro estratégias diferentes para que você consiga aplicar a prática variável a seus próprios estudos.

Estratégia nº 1: Diversifique seus estudos

A forma mais fácil de aplicar a prática variável é simplesmente focar temas aleatórios nas suas sessões de estudo. Como boa parte do material de ensino é cuidadosamente organizada em tópicos diferentes, isso pode dar um pouco de trabalho. Se você utilizar fichamentos, por exemplo, talvez possa tomar a matéria de si mesmo em ordem aleatória, em vez de seguir um tema de cada vez.

Uma forma de se beneficiar com um cronograma aleatorizado é começar com uma lista de problemas diferentes relacionados a uma habilidade específica que você queira praticar e designar uma carta de baralho para cada uma. Um estudante de espanhol poderia listar diferentes exercícios de conjugação e associá-los a uma carta. Uma abordagem semelhante pode ser aplicada para a aprendizagem de funções de programação, acordes de violão, saques de badminton ou questões de física. A única coisa que importa é que o tempo dedicado a essas tarefas seja curto o suficiente para que você consiga fazer mais de uma por sessão de estudo. Então, embaralhe as cartas selecionadas e tire-as do maço aleatoriamente, treinando uma por vez.

Estratégia nº 2: Toque com mais artistas

Ter um cronograma de estudo aleatorizado é uma forma muito estruturada de abordar a variação, porém um método mais orgânico seria simplesmente aumentar a quantidade de pessoas com quem você aprende e treina. Músicos de jazz trabalhavam com uma série de artistas diferentes, improvisando no palco com pessoas que tinham acabado de conhecer. Como todos os músicos têm suas próprias peculiaridades, a rotatividade frequente expõe o artista a mais potenciais musicais do que tocar sempre no mesmo lugar com a mesma banda.

Quando se trata de habilidades profissionais, busque oportunidades de trabalho que coloquem você em contato com uma variedade mais ampla de casos típicos do assunto. Após seu estudo aprofundado com os bombeiros, discutido no Capítulo 4, o psicólogo Gary Klen observou: "Na pesquisa com os bombeiros, observamos que dez anos em um departamento rural de combate a incêndios não agregavam tanto ao desenvolvimento de habilidades quanto um ou dois anos em uma região urbana pobre. Os bombeiros de metrópoles são expostos a mais tipos de incêndios e a uma taxa de incidentes muito maior do que os que trabalham no interior". Da mesma forma, o caminho para alcançar a elite de muitas profissões, com frequência, envolve começar o trabalho em ambientes estressantes e cheios de variação antes de se acomodar em cargos com responsabilidades mais rotineiras. Contadores e advogados costumam iniciar a carreira em grandes escritórios que lidam com uma ampla diversidade de clientes antes de se especializarem em uma área. Médicos passam por plantões em vários hospitais antes de abrir a própria clínica. Em situações em que esses tipos de oportunidades profissionais não são o padrão, pode ser benéfico buscar ambientes de trabalho com muitas variações ainda no começo da carreira.

Estratégia nº 3: Aprenda as teorias

O conhecimento teórico, como vimos, ajuda-nos a bolar várias alternativas para lidar com um problema. Esse também é o tipo de conhecimento que dificilmente conseguimos desenvolver apenas por meio de experiências. Teorias boas são raras, e é muito mais fácil encontrá-las em livros. Compreensões teóricas profundas costumam ser um investimento, uma vez que facilitam a assimilação de outros conhecimentos, mas não necessariamente para nos ajudar a alcançar resultados. Um músico que passa horas na biblioteca não vai começar a tocar melhor do dia para a noite. No entanto, uma compreensão mais abrangente das harmonias o ajudará a assimilar novos padrões musicais. Miles Davis, que foi aluno da escola Juilliard, costumava criticar a tendência de colegas músicos a não estudar teoria musical:

> Eu ia à biblioteca e pegava emprestado partituras dos grandes compositores, como Stravinsky, Alban Berg, Prokofiev. Eu queria ver o que acontecia em todos os aspectos da música. Conhecimento é liberdade, e ignorância é escravidão, e eu não conseguia acreditar que alguém chegaria tão perto da liberdade e não se aproveitaria dela.

É claro que nem todas as teorias são acadêmicas. Teorias práticas, regras empíricas profissionais e padrões da indústria são formas igualmente válidas de pensar, mesmo que não sejam derivadas de uma fonte acadêmica. Conversar com pessoas da área e descobrir quais ferramentas e teorias elas usam é um mapa da mina para encontrar mais recursos.

Estratégia nº 4: Acerte e, então, varie sua prática

A variação, como vimos, é algo que deve ser associado, e não oposto, à repetição. No entanto, pode ser difícil encontrar o ponto exato em que é útil aumentar a quantidade de variações. A maioria dos estudos analisados aqui se concentrou em um momento específico do aprendizado, tornando desafiador distinguir quando é mais útil seguir a prática repetitiva ou a variável. Pior ainda, a prática variável se encaixa na categoria não intuitiva das dificuldades desejáveis, de forma que muitas pessoas podem não avaliar corretamente quando ela é necessária. Nate Kornell e Robert Bjork observaram que, assim como em estudos semelhantes sobre a prática da recuperação de memórias e espaçamento do aprendizado, os participantes costumavam acreditar que aprendiam melhor quando um único tema era apresentado, e não vários, apesar de testes posteriores indicarem o contrário. Isso se mostrou verdadeiro até mesmo depois de os participantes completarem uma tarefa final na qual tiveram melhor desempenho após o cronograma intercalado — os voluntários ainda acreditavam que a instrução de um único assunto funcionava melhor.

Como a pesquisa sobre a prática variável continua evoluindo, não conheço nenhuma orientação científica para determinar qual é esse ponto certo. No entanto, parece sensato afirmar que, se você tem dificuldade para executar uma tarefa de forma correta quando foca apenas nela, aumentar a variação talvez não ajude. Da mesma forma, se você consegue executar uma tarefa de forma correta na maior parte do tempo, apesar de a variação provavelmente tornar o aprendizado mais lento, ela também deverá ser benéfica para desenvolver processos de controle. Os solistas de jazz frequentemente começavam com muitas repetições de um solo, comparando seu desempenho com o da gravação que tentavam copiar. Apenas quando conseguiam tocar sem erros, eles acrescentavam detalhes, interpretações ou partes completamente novas. A variação associada à repetição.

DA IMPROVISAÇÃO PARA A INVENÇÃO

A prática variada nos ajuda muito a ter habilidades flexíveis. A improvisação fluente, por mais impressionante que seja, continua firmemente dentro dos limites de uma tradição existente. Por outro lado, a invenção, o processo de gerar algo que bate de frente com a tradição, como o desenvolvimento do próprio bebop, parece algo muito distante. No próximo capítulo, veremos como passar do desenvolvimento de habilidades flexíveis para as raízes da criatividade inventiva.

CAPÍTULO 8

Qualidade vem de quantidade

"Bom, é só você ter muitas ideias
e jogar fora as ruins!"

Linus Pauling, sobre o segredo de seus
conceitos científicos

- Gênios são muito produtivos?
- A sorte tem um papel predominante
  na invenção?
- Como melhorar sua criatividade sem
  sacrificar a qualidade?

Poucos na história são capazes de competir com a produtividade inventiva de Thomas Edison. Suas conquistas criativas incluem o primeiro sistema de telegrafia para enviar múltiplos sinais por um único cabo de telégrafo; o fluoroscópio, o primeiro aparelho para tirar fotos de raio X claras; o cinematógrafo, uma das primeiras câmeras de vídeo; o tasímetro, para medir a luz infravermelha; o microfone de carbono, uma necessidade prática para telefones;

baterias recarregáveis; e — o mais incrível para um homem quase completamente surdo — o fonógrafo, o primeiro aparelho para gravar sons. Seu laboratório em Menlo Park, Nova Jersey, tornou-se um modelo para a inovação corporativa, mais tarde inspirando as instalações industriais de pesquisa da Bell Labs, General Electric e DuPont. Moradores da região supersticiosos atribuíam sua genialidade inventiva à magia. Para o "Bruxo de Menlo Park", nenhum aparelho parecia impossível de ser criado, com um preço que, ainda por cima, cabia no orçamento de pessoas comuns.

A invenção mais famosa associada a Edison, a lâmpada elétrica, não foi exatamente dele. A iluminação a arco voltaico, cuja luz ofuscante vinha da faísca contínua criada no espaço vazio no meio de um circuito de alta corrente, já existia quando Edison fez seus experimentos de luz. Lâmpadas incandescentes também já tinham sido inventadas, apesar de queimarem rápido e consumirem energia demais para serem comercialmente viáveis. Ainda assim, de certa forma, dar crédito a Edison pela invenção da lâmpada acaba diminuindo sua conquista. Porque não foi apenas sua sagacidade em procurar um filamento de alta resistência para tornar a luz incandescente prática, mas também sua invenção simultânea da infraestrutura que possibilitava o uso dela — incluindo conexões de circuitos paralelos, dínamos elétricos de alta eficiência e o conceito de uma usina elétrica central —, que permitiu não apenas a luz, mas toda a indústria elétrica como a conhecemos hoje. Edison registrou incríveis 1.093 patentes ao longo da vida, fazendo a convincente alegação de ter sido a pessoa mais inventiva de toda a história da humanidade.

Quando Edison morreu, em 1931, foi brevemente cogitada a ideia de cortarem toda a eletricidade por dois minutos, como forma de homenagear seu criador. No entanto, logo perceberam que o apagão causaria caos por toda parte. O legado de Edison era tão difundido que o mundo não conseguia contemplar voltar atrás, mesmo que por alguns minutos.

DA VINCI OU PICASSO: A GENIALIDADE COSTUMA SER PRODUTIVA?

Edison é a personificação da criatividade produtiva. Suas invenções foram tão influentes quanto numerosas. Mas seu exemplo gera uma dúvida sobre a produtividade criativa em um sentido mais amplo: os criadores que apresentam os melhores trabalhos tendem a produzir mais ou menos obras do que seus colegas menos impressionantes? Compare Leonardo da Vinci e Pablo Picasso. Ambos são considerados artistas célebres, mesmo que em épocas e com estilos extremamente diferentes. No entanto, os dois deixaram conjuntos de obras bem diferentes. Da Vinci completou menos de duas dúzias de trabalhos em vida, deixando muitos inacabados. Picasso terminou mais de treze mil pinturas originais, totalizando mais de cem mil obras artísticas quando incluímos gravuras e desenhos. Ambas as figuras remetem a modelos plausíveis, conflitantes, de criatividade: o artista dedicado que satura um punhado de obras com a totalidade de sua visão, e o criador fértil das quais ideias jorram sem parar. Ainda assim, os dados sugerem que Edison e Picasso são exemplos mais típicos do sucesso criativo que Da Vinci. Os cientistas, artistas e inovadores mais bem-sucedidos do mundo também são os mais produtivos.

Um dos primeiros investigadores a refletir sobre essa questão foi o sociólogo belga Adolphe Quetelet. Em seu tratado de 1835, ele contou a quantidade de trabalhos escritos por dramaturgos franceses e britânicos. Sua conclusão foi que a produção criativa tinha uma forte associação com o impacto literário. Quase dois séculos depois, o psicólogo Dean Simonton reuniu pesquisas que confirmavam as observações de Quetelet: os cientistas, artistas e acadêmicos de maior sucesso também eram os que mais produziam. Simonton explica que, em muitas áreas, a produtividade pessoal e a criatividade social são extremamente conectadas. Segundo ele, se observarmos o padrão de criatividade ao longo da carreira de um indivíduo, os períodos em que a pessoa produz os melhores trabalhos também tendem a ser aqueles em que ela mais produz. Avaliar a quantidade de trabalhos muito aclamados e dividi-los pelo total de obras é uma forma de encontrar um tipo de proporção de qualidade. "A proporção de sucessos em comparação com as tentativas totais não se transforma em um padrão regular com o tempo", explica Simonton. "A proporção não aumenta nem diminui, e também não apresenta outras formas. Esse resultado impressionante sugere que a qualidade é uma função da quantidade." Simonton propõe um "parâmetro de probabilidades iguais", que sugere que, depois que uma pessoa começa a apresentar trabalhos originais para sua área de atuação, toda tentativa tem um potencial semelhante de causar um impacto revolucionário. Apesar de podermos olhar com fascínio para as conquistas de Edison ao criar um sistema de iluminação elétrica e também ficarmos embasbacados com seu plano fracassado de usar eletroímãs na mineração de ferro, algo que sugou sua fortuna, o próprio Edison jamais conseguiria prever quais dessas invenções formariam seu legado.

O parâmetro de probabilidades iguais sugere que o potencial criativo não varia ao longo da carreira de uma pessoa. Mas e entre indivíduos? Existem evidências que sustentam a ideia de que algumas pessoas apresentem trabalhos medíocres com regularidade, enquanto os gênios são incansáveis em aperfeiçoar algumas poucas ideias preciosas? Apesar de perfeccionistas, que produzem apenas um punhado de trabalhos de alta qualidade, e produtores em massa, que não param de oferecer produtos medíocres, existirem, dados históricos confirmam a ideia de que os criadores produtivos tendem a ser mais influentes. A lei de Price, batizada em homenagem a Derek John de Solla Price, físico e historiador da ciência britânico, diz que metade da produção acadêmica de uma área será criada por aproximadamente a raiz quadrada do total de pesquisadores que trabalham em projetos. Quase metade do volume total das publicações de uma subdisciplina com cem autores que publicam trabalhos será feita por apenas dez pesquisadores. O trabalho de Harriet Zuckerman sobre vencedores americanos do Prêmio Nobel observa que a maioria dos cientistas muito citados escreve quase o dobro de trabalhos que muitos colegas em posição semelhante, porém menos influentes. Richard Davis também observa que os neurocirurgiões mais citados em trabalhos também eram aqueles que mais faziam publicações. Por mais consistentes que sejam com o parâmetro de possibilidades iguais, as citações em trabalhos não dependiam da produtividade do autor. No entanto, como autores produtivos escreviam mais trabalhos, também tinham mais chance de gerarem obras muito citadas.

Uma mostra do caráter aleatório do sucesso criativo é que nem todos os criadores funcionam da mesma maneira. Edison, como vimos, era especialmente produtivo — bolando muito mais invenções do que a maioria dos inventores de sua era, sem mencionar os milhões que nunca inventaram nada. Para entender esse padrão de produtividade e como ele pode nos ajudar a cultivar nosso próprio sucesso criativo, precisamos refletir sobre três explicações diferentes para a proeza criativa: especialização, meio e aleatoriedade.

Explicação nº 1: A criatividade como especialização

"Criatividade", escreveu o cientista cognitivo Herbert Simon, "é o 'raciocínio em grande escala'." Sob essa perspectiva, o sucesso criativo depende dos mesmos mecanismos de raciocínio necessários para a resolução de um problema comum. O que diferencia uma invenção revolucionária do processo normal para solucionar questões não é o tipo de raciocínio, mas o grau de dificuldade e importância social. A criatividade depende da mesma busca por um espaço do problema que caracteriza desafios mais triviais. Ecoando essa visão de a criatividade não ser "nada de mais", Albert Einstein certa vez comentou que "a ciência não passa do refinamento do raciocínio diário".

Uma análise do histórico de invenções de Edison confirma a teoria da criatividade como uma especialização. A teoria diz que o sucesso criativo se concentra em uma área específica. Apesar de sua aura de brilhantismo polimático, Edison não se distancia dessa previsão. Suas invenções afetaram muitos mercados diferentes, mas o progresso inovador de Edison permaneceu amplamente concentrado em novas aplicações do circuito elétrico. Sua decisão em manter o foco na lâmpada veio do seu entendimento da lei de Ohm, que mostrava que um filamento de alta resistência puxaria menos corrente do que um de baixa. Apesar de muitos dos seus competidores focarem em materiais robustos capazes de aguentar altas temperaturas e correntes, Edison investiu em filamentos cada vez mais delicados para sua lâmpada. Ao reduzir a espessura delas, a resistência aumentou, usando menos energia e tornando o produto economicamente viável. Aplicando mais de uma década de experiência prática com circuitos elétricos, Edison foi capaz de reduzir o espaço de busca para uma área mais propensa a oferecer o resultado esperado.

Os fracassos de Edison, tanto quanto os sucessos, oferecem evidências da visão da criatividade como uma especialização. Em seus experimentos com lâmpadas, Edison notou que o interior delas se tornava escurecido com o uso contínuo, exceto por uma "sombra" deixada pela extremidade positiva do filamento. Ele concluiu, corretamente, que a extremidade negativa emitia partículas de carbono. Ao conectar um segundo fio dentro da lâmpada, ele observou que conseguiria fazer uma corrente passar pelo vácuo. Esse "efeito Edison" da lâmpada, considerado pelo inventor como uma mera curiosidade, na verdade, foi o primeiro passo para a criação de equipamentos eletrônicos com válvula termiônica, a base central dos primeiros computadores. Com mais conhecimento teórico, é possível que Edison tivesse se dedicado ainda mais a esse desenvolvimento, descobrindo o elétron e iniciando a era eletrônica. No entanto, ele acabou abandonando esse caminho para se concentrar em aplicações mais comerciais para sua lâmpada.

Outra evidência de que a criatividade é uma extensão da especialidade vem da dependência em longos períodos de treinamento. O psicólogo John Hayes revisou o trabalho de 76 compositores famosos e observou que, entre os quinhentos trabalhos notáveis que produziram, apenas três ocorreram antes do décimo ano de sua instrução musical (ocorreram no oitavo e no nono ano). Ele conduziu uma análise semelhante com 131 pintores, observando que pelo menos seis anos eram necessários antes da criação de uma obra-prima reconhecida, com a quantidade de trabalhos magistrais aumentando em ritmo constante pelos próximos seis anos. Uma análise parecida com poetas revelou que não foram encontrados poemas notáveis antes de cinco anos de carreira, e dos 66 poetas estudados, 55 tiveram somente um poema reconhecido após o décimo ano. Apesar de Edison não ter tido muito acesso a estudos formais, ele era um leitor voraz e grande pesquisador. Edison recorda: "Meu refúgio era a biblioteca pública de Detroit. Comecei com o primeiro livro na última prateleira e passei por todos, um por um. Não li alguns livros. Li a biblioteca". Ainda assim, sua primeira patente veio apenas aos 22 anos, pela máquina de votar, e foi só com 27 que ele produziu sua primeira invenção amplamente renomada, o telégrafo quadruplex.

A importância do conhecimento acumulado para o sucesso criativo também pode explicar as mudanças gerais na inovação científica desde a época de Edison. Ele viveu durante a transição da era "heroica" da inovação americana, caracterizada pelo inventor solitário que tentava ganhar a vida com uma bugiganga nova, para o modelo institucional, em que a inovação vinha de laboratórios industriais e departamentos de pesquisa universitários. Se a invenção é um processo de buscar um espaço de problema, então podemos esperar que inovações exijam mais treinamento e especialização conforme a busca se aprofunda. A habilidade de Edison para criar invenções úteis com instruções formais limitadas pode ter sido um efeito colateral do estado relativamente empobrecido da compreensão sobre eletricidade na época. Inovações atuais da engenharia elétrica envolvem refinamentos de chips integrados com bilhões de transistores por metro quadrado, ou encontrar materiais supercondutores em temperaturas ultrafrias. Esses avanços esotéricos requerem um conhecimento muito mais abstrato, explicando a tendência por equipes grandes de especialistas com doutorado para produzir trabalhos de ponta.

Ainda assim, a visão da criatividade como uma especialização não explica tudo. Ela pode justificar por que alguns criadores são mais bem-sucedidos do que outros, mas não o parâmetro de possibilidades iguais. Se a especialização cada vez maior explicasse o sucesso, seria de esperar que a qualidade das contribuições criativas aumentasse ao longo da carreira de um criador, e não que permanecesse igual após um período inicial de treinamento. Da mesma maneira, igualar criatividade e especialização deixa em aberto a questão de por que alguns especialistas são muito criativos enquanto outros seguem apenas uma rotina. A especialização pode ser um pré-requisito para a produção criativa, mas não é a única coisa que importa.

Explicação nº 2: A criatividade como meio

Francis Bacon, cujos textos ajudaram a fomentar a Revolução Científica, certa vez escreveu que sua contribuição era "questão de época, e não de sabedoria". Assim, ele oferecia outra das grandes explicações para a criatividade científica: a teoria de que ideias são produto do seu momento cultural, e não apenas da genialidade individual. O *zeitgeist*, ou "espírito da época", argumenta que o contexto cultural oferece o solo no qual ideias germinam. Esse contexto não apenas define onde inovadores tendem a buscar ideias, mas também quais delas, após serem encontradas, recebem ampla aceitação. Até os conceitos mais brilhantes caem em esquecimento se o meio não for receptivo a eles.

Evidências sobre a visão do meio da criatividade vêm de uma longa e surpreendente lista de descobertas. A teoria da evolução foi simultânea e independentemente elaborada por Charles Darwin e Alfred Russel Wallace. Tanto Isaac Newton quanto Gottfried Wilhelm Leibniz inventaram o cálculo. Alexander Bell e Elisha Gray notoriamente fizeram pedidos de patente para o telefone com uma diferença de horas. Quatro cientistas diferentes descobriram manchas solares, todos em 1611. E nove inventores diferentes exigem créditos pelo telescópio óptico. Até o conceito de descobertas múltiplas, que costuma ser creditado aos sociólogos William Ogburn e Dorothy Thomas, que publicaram uma extensa lista de exemplos, foi redescoberto inúmeras vezes. O sociólogo Robert Merton conta dezoito ocasiões em que o conceito das descobertas múltiplas foi sugerido de forma independente, apenas no século XIX e XX. A inevitabilidade de certas descobertas está entranhada na mente de cientistas na ativa. Debates acalorados sobre prioridades, com manuscritos selados e pós-datados, oferecendo evidências dos momentos de descobertas essenciais, não seriam necessários a menos que inovações científicas já estivessem "no ar" antes de sua formulação exata.

O psicólogo social Mihaly Csikszentmihalyi argumenta que a criatividade não pode ser julgada em um vácuo. Enquanto muitos psicólogos se dedicaram a estudar a criatividade como uma função meramente mental, Csikszentmihalyi defende que esses estudos negligenciam o campo de especialistas que decidem em conjunto o que deve ser considerado criativo. Ele defende que cerca de dez mil pessoas formam o mercado moderno de arte, e qualquer novo artista precisa receber a aceitação delas para seu trabalho ser considerado inovador. Análises computacionais de composições de música sustentam essa teoria, mostrando que composições de "originalidade melódica" moderada são as mais populares. Ser original é importante para a criatividade artística, mas ser original demais pode tornar seu trabalho incompreensível. Um *gatekeeping* semelhante acontece na ciência, em que pequenas comunidades de especialistas determinam os padrões da revisão de pares antes da publicação de descobertas. Modas intelectuais podem ditar a palatabilidade de certos tipos de ideias: conversas sobre estados mentais na tecnologia foram de uma conjectura espantosa de introspeccionistas para tabu sob a influência do behaviorismo, apenas para serem ressuscitadas por psicólogos cognitivos. O fato de ideias científicas serem ocasionalmente reabilitadas, dependendo da moda intelectual, sugere que muitos frutos potenciais de descobertas nunca amadurecem. A recepção popular também não se limita a esses pequenos grupos de juízes especializados. Produtos comerciais e os meios de comunicação em massa precisam encarar o desafio da opinião popular, que decide o que ganha fama e o que fracassa.

Thomas Edison era muito ciente da importância do meio receptivo e não apenas da possibilidade tecnológica em seu trabalho como inventor. "Se algo não vai vender, não quero inventar. A venda é prova da utilidade, e a utilidade é sucesso." Ainda assim, esse sentimento pouco era motivado por ambição. "Meu principal objetivo na vida é ganhar dinheiro suficiente para fazer mais invenções", comentou ele. Edison poderia ter se aposentado várias vezes com os lucros gerados por suas primeiras invenções.

Em vez disso, ele investia os ganhos em novas empreitadas arriscadas, com frequência levando sua família à beira da falência antes de conseguir encontrar um novo sucesso. Edison parecia ter uma profunda noção da distinção entre invenção e inovação. Uma invenção é um trabalho criativo, julgado por méritos técnicos. Uma inovação, em contraste, é avaliada por seu impacto social. Sempre pragmático, Edison queria desenvolver aparelhos úteis, não meras curiosidades técnicas. Seu foco em um filamento de alta resistência para a lâmpada não vinha de reflexões técnicas, mas de uma análise cuidadosa sobre o custo da eletricidade. Uma lâmpada que exigisse muita energia não seria econômica, mesmo que tecnologicamente viável.

Um meio receptivo para a invenção também explica por que muitos exemplos curiosos de invenções revolucionárias permaneceram intocados. A roda foi inventada na Mesoamérica séculos antes da chegada dos europeus, mas aparentemente era usada apenas em brinquedos infantis, e não na agricultura. Uma explicação para essa oportunidade perdida vem da falta de animais de carga nativos que poderiam tornar práticas as carroças movidas por rodas. Da mesma forma, a tipografia foi criada na Coreia centenas de anos antes da revolucionária prensa móvel de Gutenberg. Ainda assim, a linguagem literária era escrita em caracteres chineses. Isso significava que imprimir livros exigia a representação de milhares de símbolos únicos, aumentando muito o custo do material. "A crença popular diz que criatividade é algo raro", argumenta Csikszentmihalyi, "por causa de limitações no suprimento; em outras palavras, porque existem poucos gênios. A verdade parece ser que os limites para a criatividade estão no lado da demanda. Se existe criatividade de menos, é porque não conseguimos mudar estruturas cognitivas individuais e coletivas rápido o suficiente para reconhecer e adotar novas ideias."

Explicação nº 3: A criatividade como aleatoriedade

Tanto a especialização quanto o meio sugerem que a criatividade é um processo determinista. Uma explicação mais modesta pode ser que a sorte tem um papel maior do que o imaginado por teorias cognitivas ou sociológicas. Em um paralelo com o processo que levou à teoria da seleção natural de Darwin, o psicólogo Donald Campbell propôs, em 1960, que o pensamento criativo pode ser compreendido como um desenvolvimento semelhante ao da variação cega com retenção seletiva. A evolução biológica é extremamente criativa, como demonstrado pela incrível diversidade de vida. Ainda assim, Darwin ganhou fama ao mostrar que tudo que era necessário para isso era uma mutação aleatória, com o acúmulo hereditário de adaptações úteis. Da mesma forma, talvez teorias sobre criatividade que busquem mecanismos complicados sejam exageradas. A criatividade, argumenta Campbell, pode ser melhor compreendida como simplesmente um processo de gerar muitas ideias potenciais e reter as que funcionam. Como visto na epígrafe deste capítulo, Linus Pauling atribuiu suas ideias sobre química vencedoras do Prêmio Nobel a um processo semelhante de gerar muitas ideias e aplicar apenas as melhores.

Evidências sobre o papel da sorte vêm de um longo histórico de invenções acidentais. A penicilina foi inventada por acaso após o físico escocês, Alexander Fleming, notar o crescimento de um mofo que parecia destruir as amostras de bactérias ao redor. O adoçante artificial sacarina foi descoberto pelo químico russo, Constantin Fahlberg, após ele acidentalmente ingerir o produto de uma das suas reações. A receita da supercola surgiu de repente, enquanto Harry Coover buscava uma forma de criar miras de plástico baratas para armas militares. O acaso também explica a invenção do Teflon, da dinamite, da borracha vulcanizada, do vidro de segurança e do Viagra. *"Le principe de l'invention est le hasard"*, disse o filósofo francês Paul Souriau. A sorte, e não a necessidade, é a mãe da invenção.

Edison entendia muito bem o papel do acaso nas descobertas. "Ao fazer experimentos, encontro muitas coisas pelas quais nunca procurei." Ele testou inúmeros materiais para sua lâmpada incandescente antes de encontrar tiras de papel carbonizado. Feita essa observação, ele, então, passou a testar milhares de outras fibras vegetais carbonizadas, concluindo, por fim, que o bambu era a fonte ideal. Mais tarde na vida, quando procurava uma fonte substituta para borracha, ele examinou quatorze mil plantas diferentes, buscando a que teria uma quantidade suficiente de látex para ser cultivada no clima temperado. Seus esforços para encontrar uma bateria recarregável de alta capacidade foram similarmente experimentais. Ao ficar sabendo que ele havia fracassado em encontrar qualquer resultado promissor após meses de trabalho, seu amigo, Walter Mallory, procurou-o para se solidarizar. Edison respondeu: "Ora, homem, consegui vários resultados promissores. Sei de milhares de coisas que não funcionam!". A forma como Edison aceitava o acaso, e sua disposição para testar milhares de combinações em busca de uma resposta, era inspirada por seu antigo empregador, e depois rival, Nikola Tesla. Sobre seus hábitos de trabalho, Tesla comentou: "Se Edison precisasse encontrar uma agulha em um palheiro, ele colocaria a mão na massa no mesmo instante, com a dedicação de uma abelha para examinar uma palha atrás da outra até encontrar o objeto de sua busca". Ainda assim, essa aceitação de tentativas e erros pode não ser tão tola quanto parece. A pesquisa química ainda estava sendo desenvolvida, e poucas previsões confiáveis podiam ser feitas sobre o funcionamento de materiais sem testá-los. Mesmo hoje, inovações dependem muito da sorte. Apesar dos avanços impressionantes nas teorias da biologia e da química, descobertas farmacêuticas ainda dependem muito do acaso, uma vez que é normal que efeitos de drogas sejam descobertos sem querer, e não teoricamente previstos. A droga semaglutida, para perder peso, vendida sob o nome de Ozempic, foi originalmente desenvolvida para diabetes, e a sildenafila, vendida como Viagra, tinha o objetivo de tratar a hipertensão. Foi a sorte que levou às suas descobertas, e não um planejamento.

Juntando as três explicações

As três explicações para a criatividade — especialização, meio e aleatoriedade — não excluem umas às outras. Um modelo bem simples da criatividade incorpora todas as três. Nesse modelo, a coleção já existente de conhecimentos define as possíveis inovações que podem ser feitas. A especialização é necessária porque, a menos que você esteja na vanguarda, suas ideias podem ser individualmente criativas, mas não socialmente criativas. A história de Carl Gauss, de 6 anos, ilustra bem essa diferença. Quando pediram a ele que encontrasse o resultado de 1 + 2 + 3... até 10, ele rapidamente respondeu: "55!". O professor quis saber como ele havia encontrado a resposta tão rápido. Ele disse que observou que os números podem ser unidos em cinco grupos que somariam 11 (1 + 10, 2 + 9, 3 + 8...), então, a resposta deveria ser 55. Apesar de sua esperteza ser fascinante, esse não era um truque desconhecido para matemáticos, portanto, a solução engenhosa não teve qualquer influência social, mesmo que gerada por uma mente matemática especialmente criativa.

Além da vanguarda do conhecimento, a sorte tem dois papéis importantes no sucesso criativo. O primeiro é dentro do processo de resolução de problemas em si. Como vimos no Capítulo 1, as pessoas usam tanto estratégias de objetivo geral quanto análises de meios e resultados e de criar e testar, assim como heurísticas específicas de áreas para orientar a busca da resolução de problemas. Mas, mesmo que a resolução de problemas esteja longe de ser uma atividade impensada, existem muitas possibilidades restantes a serem consideradas no espaço de um problema. Isso é verdade por definição, já que, se o espaço do problema convergisse em uma única resposta óbvia, ele não seria visto como algo na vanguarda do conhecimento atual. Sendo assim, para se aventurar além daquilo que já foi dominado, são necessários processos aleatórios de exploração, mesmo para os especialistas mais inteligentes e sábios. O segundo papel da sorte ocorre dentro do meio receptivo. Até os tecnólogos, investidores ou prognosticadores científicos mais sagazes conseguem fazer apenas previsões modestas sobre quais trabalhos terão importância absoluta e quais serão deixados de lado. Os próprios criadores têm apenas uma habilidade limitada de prever o impacto em longo prazo de seus trabalhos. Essa falta de previsibilidade significa que cada invenção, texto, produto ou publicação científica sempre é, em parte, uma aposta.

A diferença entre especialistas criativos e aqueles que seguem apenas a rotina pode ser observada na decisão de lidar com problemas arriscados. Trabalhos importantes podem ser feitos apenas dentro da atual vanguarda do conhecimento. Mesmo que a criatividade em si dependa do acaso, alguns especialistas preferem seguir métodos já conhecidos, enquanto outros se arriscam a explorar novas áreas do espaço do problema. Essa noção do criativo como alguém que faz apostas fica bem clara na teoria do investimento em criatividade de Robert Sternberg e Todd Lubart. Em seu modelo, criadores são como investidores da bolsa de valores, apostando em métodos, ideias ou áreas de investigação que serão valorizados. Assim como a especulação da bolsa, esse processo depende muito da sorte — alguns criadores ganharão fama, outros sairão dos holofotes. A diferença entre especialistas criativos e aqueles que seguem a rotina está principalmente em seu apetite pelo risco. Edison conhecia bem o tumulto econômico causado por suas empreitadas inventivas arriscadas. "Pelo menos eu não ficava entediado", refletiu ele mais tarde sobre as grandes variações de sucesso e fracasso na sua carreira de inventor. Uma teoria de investimento também ajuda a entender por que algumas pessoas são absurdamente inventivas quando comparadas a colegas que possuem o mesmo nível de conhecimento. O historiador Anton Howes observa que inventores têm muito mais chances de ter tido contato com outro inventor antes de criarem algo sozinhos, sugerindo que o desejo de entrar para um mercado arriscado pode ser algo culturalmente transmitido, indo além da simples especialização necessária para ser bem-sucedido nele.

Esse modelo de criatividade ajuda a explicar a aparente contradição entre o parâmetro de possibilidades iguais de Simonton sobre conquistas criativas e a raridade de inovadores renomados. É difícil estar na vanguarda, e são necessários anos de estudo e prática para alcançá-la. No entanto, depois que se chega nela, as conquistas criativas surgem da disposição em correr riscos, uma vez que novos desdobramentos dependem muito da aleatoriedade.

AUMENTAR A PRODUÇÃO CRIATIVA AUMENTA A QUALIDADE CRIATIVA?

A pesquisa e o parâmetro de possibilidades iguais de Simonton não sugerem que qualquer esforço para aumentar a produtividade necessariamente aumentará as chances de sucesso criativo. Afinal de contas, eu poderia escrever mais livros se ficasse digitando sem parar no teclado e publicasse qualquer bobagem que surgisse disso, mas poucos defenderiam que essa seria uma prática confiável de evoluir como autor. A união próxima entre qualidade e quantidade pode surgir, por exemplo, se criadores desenvolverem padrões internos que raramente violam ao publicar seus trabalhos. Um escritor que passa por uma seca criativa pode conseguir escrever, mas ter dificuldade em produzir qualquer material que deseje divulgar. A escassez de ideias, então, seria considerada uma queda de produtividade, mesmo que pudesse ser igualmente descrita como uma questão de qualidade criativa. Da mesma forma, se criadores têm tendência a adotar um estilo ou método dominante, uma desproporção na quantidade-qualidade pode ser artificialmente mascarada. A produção de Picasso é muito mais volumosa do que a de Da Vinci, em parte porque o estilo cubista que ele cultivava tendia a uma produção mais prolífica. Não temos acesso a dados opostos do que aconteceria se o espanhol passasse anos se dedicando a trabalhos hiper-realistas, ou de qual seria o resultado se o renascentista tentasse produzir pinturas como uma fábrica. Porém, dentro dos limites normais da aceitabilidade criativa, e de acordo com variações normais de método e estilo, a quantidade e a qualidade têm uma correlação próxima em carreiras criativas.

Uma implicação direta, ainda que desagradável, da regra das probabilidades iguais é que criativos bem-sucedidos tendem a ser workaholics. Edison é um ótimo exemplo. Uma história conta que o inventor, perdido em pensamentos, estava tarde da noite em seu laboratório. Após lhe perguntarem por que estava trabalhando até tão tarde, ele perguntou que horas eram. "Meia-noite" foi a resposta, e Edison exclamou: "Meia-noite! Que coisa. Então, preciso voltar para casa, eu casei hoje". Apesar de, com certeza, ser um exagero, a história parece mais verossímil se levarmos em consideração o hábito do inventor de passar cem horas por semana no laboratório, voltando para casa apenas para desmaiar sem nem trocar de roupa. Uma das fotos mais famosas do homem o exibe caído e desgrenhado, escutando seu fonógrafo após ter passado 72 horas seguidas fazendo ajustes para melhorar a qualidade do som.

A dedicação extrema ao trabalho pode ser observada em inúmeros outros criativos renomados. Herbert Simon, cujo trabalho ganhou um Prêmio Nobel de economia, aparentemente trabalhava cem horas por semana durante seus períodos mais produtivos. Albert Einstein se concentrava tanto no trabalho sobre relatividade geral que teve problemas de estômago. Honoré de Balzac escreveu seus 85 romances após passar vinte anos trabalhando quinze horas por dia. Pesquisas sugerem que essa ética de trabalho compensa, com pesquisadores renomados nas ciências físicas e sociais dedicando entre sessenta e setenta horas por semana ao ofício, com poucas férias. Outra pesquisa observa que psicólogos que se encaixam na intensa personalidade "tipo A" costumam ser mais citados em trabalhos do que seus tranquilos colegas do "tipo B". Levando em consideração esse padrão, não é de se admirar que Edison alegasse que "genialidade é 1% inspiração e 99% transpiração". Ainda assim, os cronogramas intensos de trabalho custam caro. Edison foi um pai e um marido ausente, já que sua busca por invenções fazia com que restasse pouco tempo para qualquer outra coisa.

ESTRATÉGIAS PARA CRIAR MAIS (SEM REDUZIR A QUALIDADE NEM TRABALHAR DEMAIS)

O segredo para o sucesso criativo é uma produtividade fenomenal. Se partirmos do pressuposto de que você já trabalha pelo máximo de tempo que pode (ou que gostaria), devemos questionar se existem outras formas de aumentar a produtividade criativa sem a necessidade de sacrificar a qualidade do trabalho ou da vida pessoal. Aqui vão quatro estratégias a serem consideradas para causar um impacto maior.

Estratégia nº 1: O método da linha de montagem
Poucas imagens são tão antiéticas para a ideia popular de criatividade quanto a linha de montagem. A similaridade produzida

mecanicamente, a princípio, parece ser o oposto da engenhosidade. No entanto, se levarmos a sério a ideia da criatividade como produtividade, poderemos ter mais a aprender com a linha de montagem do que imaginamos. Fazer com que os aspectos não criativos do trabalho que exige criatividade se tornem rotineiros pode acelerar a produção. O comediante Jerry Seinfeld, em sua famosa série televisiva *Seinfeld*, decidiu organizar a roteirização de novos episódios ao entregar fases diferentes do processo criativo para roteiristas diferentes: alguns ofereciam ideias, outros esboçavam o roteiro e outros faziam revisões. Ao manter o papel da sorte na criatividade, ideias e enredos eram inspirados por experiências reais dos roteiristas. No entanto, o fluxo de trabalho garantia que episódios bem-produzidos fossem ao ar, e não apenas ideias pouco desenvolvidas.

Rotinas, listas de verificação e fases sistemáticas de aspectos diferentes do seu trabalho criativo são algumas formas de automatizar os aspectos regulares da criação de novas obras. Você pode não ter controle sobre o conteúdo das ideias, mas, se conseguir organizar alguns dos outros aspectos, poderá garantir que correrá riscos de forma consistente. Por exemplo, um cientista pode não saber quais vias de pesquisa são mais promissoras, mas pode facilitar o processo ao se inscrever para bolsas e publicar trabalhos para conseguir dedicar mais tempo ao laboratório. Adotar uma mentalidade de linha de montagem também pode ajudar a aliviar sua resistência criativa quando a ansiedade ou o perfeccionismo impedem um ritmo regular de publicações. Quando a elaboração e a divulgação de novos trabalhos criativos entram no piloto automático, resta pouco tempo para autocríticas paralisantes.

Estratégia nº 2: Permita que ideias amadureçam

O aspecto de resolução de problemas da criatividade sugere que algumas ideias podem estar "maduras" para serem implementadas, enquanto faltam componentes importantes para outras. Um inventor pode ficar empacado em uma barreira técnica específica que não consegue superar. Um escritor pode ter uma ótima ideia para um personagem, mas nenhum enredo. Tentar emplacar ideias prematuras exige mais tempo, uma vez que o processo combinatório de testar alternativas precisa ser usado para ultrapassar impasses. Apesar de a imagem celebrada do gênio criativo frequentemente focar a persistência diante de projetos difíceis, também acontece na mesma proporção de criativos bem-sucedidos evitarem problemas que não estão prontos para serem descobertos. Robert Kanigel, em sua extensiva revisão da dinastia de pesquisa do ilustre Johns Hopkins, observa que o neurocientista Solomon Snyder, vencedor do prêmio Lasker, "tinha quase um sexto sentido para questões científicas propensas a deixá-lo batendo com a cabeça contra a parede — e as evitava".

Edison lidava com esse problema trabalhando em muitos projetos inventivos diferentes ao mesmo tempo. Ao manter várias panelas no fogão, ele podia alternar esforços quando se sentia empacado. Além disso, foi capaz de tirar vantagens de descobertas casuais, caso surgisse uma nova possibilidade que iluminasse um caminho antes obscuro. Muitos escritores têm o hábito de fazer anotações extensivas sobre histórias em potencial, esperando até conseguirem acumular uma quantidade suficiente de peças para se jogar no trabalho. Apesar de parecer impossível ser capaz de antecipar soluções criativas, com frequência é possível entender o tamanho das lacunas no reservatório de conhecimento atual e o que seria necessário para uma solução.

Estratégia nº 3: Avalie os riscos

O papel da sorte na criatividade sugere outro motivo para as pessoas acabarem não produzindo trabalhos inspirados: elas não conseguem assumir os riscos necessários. Aquelas que produzem os maiores sucessos criativos também acumulam muitos fracassos. Apesar de especialização e produtividade suficientes poderem aumentar a qualidade média dos resultados, a volatilidade envolvida no trabalho criativo pode impedir muitas pessoas de embarcar em carreiras inovadoras. Edison conseguia lidar com os riscos de ser inventor ao acreditar que, se as coisas não dessem certo, sempre poderia voltar a ser operador de telégrafo. Também é possível que um começo de vida mais simples o tenha convencido de que ter dificuldades financeiras não seria tão desastroso quanto seria para uma pessoa que só conhecesse uma vida confortável.

Para aqueles de nós sem o estoicismo de Edison, podemos aumentar o risco criativo ao garantir que temos outras fontes confiáveis de trabalho e renda em caso de fracasso. Seguindo a teoria do investimento em criatividade, podemos pensar no nosso trabalho como um tipo de portfólio criativo. Projetos criativos são como ter ações de alto risco — elas podem gerar lucros espetaculares ou nos levar a perder tudo. Para tornar esses investimentos palatáveis, devemos misturá-los ao equivalente intelectual do Tesouro Direto — investimentos de baixo risco com os quais podemos contar em um momento de crise.

Estratégia nº 4: Dedique menos tempo a trabalhos não criativos

Nem todo instante do nosso tempo é dedicado a novos trabalhos. Boa parte da nossa potencial produção criativa é dominada por reuniões, e-mails, questões administrativas e outros detalhes. No estudo de Harriet Zuckerman sobre indicados ao Nobel, muitos cientistas observaram que o ritmo de suas carreiras na área da pesquisa diminuiu bastante após o prêmio. Enquanto boa parte disso pode ter sido uma consequência de uma queda de motivação, muitos comentaram que se sentiam atordoados com toda a atenção pública que recebiam. Quando não eram conhecidos, podiam dedicar muitas horas ao trabalho. A fama fazia com que recebessem cada vez mais pedidos para dar entrevistas e participar de eventos públicos e comitês prestigiosos. A produtividade de Edison também caiu conforme ele envelhecia, com o aumento de seus interesses comerciais e a necessidade de gerenciar equipes de engenheiros cada vez maiores.

Criatividade exige sagacidade e a capacidade de dedicar horas a projetos incertos, duas coisas que podem se tornar mais difíceis à medida que as obrigações do sucesso surgem. Ser mais criativo, então, exige certa resistência contra a intromissão de tarefas não criativas. Richard Feynman, físico vencedor do Prêmio Nobel, usava a estratégia de fingir que era irresponsável para não se comprometer com trabalhos que só o faziam desperdiçar tempo no seu departamento universitário. Cal Newport, escritor e professor de ciências da computação, defende a criação de limites firmes ao redor do "trabalho profundo" para garantir tempo ininterrupto suficiente para pensar e progredir na solução de problemas difíceis. Seja lá qual estratégia for usada, a única forma de ter uma carreira produtiva sem sacrificar por completo a vida pessoal é mantendo uma proporção alta de horas dedicadas a projetos criativos em comparação com o tempo total de trabalho.

DA PRÁTICA PARA O FEEDBACK

Nos últimos quatro capítulos, falamos sobre encontrar o ponto certo de dificuldade, por que a mente não é um músculo, o poder da variação para garantir habilidades flexíveis e a conexão surpreendentemente intensa entre quantidade e qualidade para conquistas criativas. Nos próximos quatro capítulos, veremos o papel do feedback no aprendizado. Começaremos falando sobre ambientes cheios de incerteza e veremos a importância de aumentar o feedback para garantir decisões corretas. Depois, discutiremos o problema da interação na aprendizagem, em que o contato com a realidade é tanto necessário quanto significativo para o domínio de habilidades práticas. Então, examinaremos o papel do desaprendizado e como corrigir nossos erros e equívocos se torna cada vez mais importante conforme desenvolvemos habilidades. Por fim, falaremos sobre a ansiedade no aprendizado e como o feedback direto sobre situações que nos assustam é uma das maneiras mais eficientes de superar o medo.

PARTE III

RECEBER FEEDBACK

COMO APRENDER COM A EXPERIÊNCIA

CAPÍTULO 9

Experiência não necessariamente gera especialização

"A especialização intuitiva real é alcançada com experiências prolongadas e bons feedbacks sobre erros."
Daniel Kahneman, psicólogo

- Quais são os pré-requisitos para a especialização intuitiva?
- Como podemos melhorar em ambientes cheios de incerteza, com feedbacks confusos?
- Quando devemos confiar nos nossos instintos, e quando devemos nos ater aos fatos?

No dia 17 de setembro de 2007, um dia antes de seu aniversário de 19 anos, Annette Obrestad entrou para a história ao se tornar a vencedora mais jovem do torneio Série Mundial de Pôquer. Competindo na Europa — ela ainda precisaria esperar dois anos até ter idade para jogar em Las Vegas —, a jovem norueguesa levou para casa o prêmio de 1 milhão de libras. Ela havia vencido 362 jogadores, que tinham pagado 10 mil libras cada para participar. Apesar de o pôquer ser um jogo de azar, a vitória de Obrestad certamente não aconteceu por acaso. Ela já havia se tornado uma jogadora dominante na internet. Enquanto ainda estava no ensino médio, ganhava mais dinheiro com pôquer do que a mãe em seu emprego em tempo integral. Apenas dois meses antes da Série Mundial de Pôquer, ela havia participado de um torneio virtual com outros 179 jogadores. Por diversão, resolveu testar quanto conseguiria avançar com uma fita adesiva grudada na tela do computador, ocultando suas próprias cartas. Ela venceu.

Obrestad começou a jogar após ver o anúncio de um site de pôquer enquanto assistia a partidas de boliche na televisão. Ela gostava de jogar cartas com o pai quando era mais nova e achou que seria divertido. Com apenas 15 anos, era jovem demais para apostar dinheiro de verdade, então entrava nas partidas que usavam dinheiro de mentira. Para sua surpresa, descobriu que levava jeito para a coisa. "Eu meio que tinha talento para o jogo", refletiu ela mais tarde. "Sabe quando você começa uma coisa e, de repente, percebe que é muito boa nela e que todo mundo é péssimo? Foi essa a minha experiência com o pôquer." Um torneio virtual com dinheiro de mentira lhe rendeu um prêmio de 9 dólares. A partir desse começo minúsculo, ela foi aumentando seus ganhos aos poucos. Apesar de nunca ter investido um centavo do próprio dinheiro, Obrestad havia passado a participar — e ganhar — de jogos com dinheiro de verdade. Ao longo dos quatro anos seguintes, as partidas lhe renderam centenas de milhares de dólares pela internet. Quando alcançou a idade legal para jogar em cassinos, começou a participar de jogos ao vivo também. No fim de sua carreira no pôquer, Obrestad tinha ganhado mais de 3,9 milhões de dólares só nos jogos físicos.

Obrestad representa um novo tipo de jogador de pôquer. Longe do estereótipo de apostadores fanfarrões que jogam por uma bolada em cassinos enfumaçados, essa nova geração aprendeu o jogo em casa, no computador. Para entender como Obrestad e jogadores como ela ficaram tão bons em tão pouco tempo, precisamos analisar como o jogo do pôquer evoluiu com o tempo.

UMA BREVE HISTÓRIA DO PÔQUER

No começo, ser um bom jogador de pôquer significava ser bom em roubar. Barcos de apostas levavam jogadores — e seu dinheiro — pelo rio Mississippi, espalhando o jogo pela região sul dos Estados Unidos. Temos relatos dessa época de pessoas como George Devol, que se vangloriou de suas trapaças na autobiografia *Forty Years a Gambler on the Mississippi*. Um truque comum era usar um baralho marcado — cartas com manchas sutis no verso —, que mostrava ao jogador inescrupuloso quem tinha a melhor mão. Devol se gabava de pegar outro jogador usando um baralho marcado contra ele e virar o jogo, roubando o ladrão. Em outro episódio, a reputação dele como jogador astuto atraiu um investidor que queria adiantar 4 mil dólares para Devol em troca de uma parte do prêmio que receberia. Ele imediatamente perdeu tudo para um comparsa, o que permitiu que ficasse com boa parte do dinheiro sem precisar pagar o investidor. "Todo mundo sabia que, se você fosse jogar pôquer em um barco a vapor no Mississippi, estava basicamente pedindo para ser roubado", escreve o jogador de pôquer e escritor Màrton Magyar.

Apesar das origens indecorosas, o pôquer também ganhou reputação como um jogo de habilidade, e não apenas de artimanhas. Mark Twain adorava o jogo. "Há poucas coisas tão imperdoavelmente negligenciadas em nosso país quanto o pôquer", escreveu ele. Essa negligência não duraria muito. Franklin Delano Roosevelt jogava partidas regulares de pôquer aberto durante o período de quatro anos que passou na Casa Branca, e Dwight Eisenhower se considerava um jogador de pôquer. Richard Nixon até conseguiu patrocinar parte de uma campanha para o congresso com o dinheiro que ganhava nas partidas. O jogo permitia que jogadores avaliassem não apenas as probabilidades, mas também seus oponentes. "O pôquer é um jogo de pessoas", escreveu Doyle Brunson, jogador profissional e autor de um dos primeiros livros populares sobre estratégias de pôquer. "Os verdadeiros sentimentos de um homem vêm à tona no jogo." Em seu livro, Brunson misturava um cuidadoso raciocínio estratégico baseado em probabilidades com observações fantásticas, como sua crença na percepção extrassensorial e a importância de confiar no instinto em vez de em uma análise mais racional. O livro de Brunson capturava uma percepção popular do pôquer que se estende até os dias de hoje — que ser um jogador sagaz é mais questão de psicologia do que de probabilidade.

A próxima revolução do pôquer ocorreu em 2003, quando Chris Moneymaker (esse é o nome verdadeiro dele, que significa "ganhador de dinheiro" em inglês) conquistou uma vaga no torneio Série Mundial de Pôquer, após ganhar 39 dólares em um campeonato virtual. O contador e jogador amador venceu 839 participantes — cada um pagando 10 mil dólares para entrar no jogo — e levou o grande prêmio de 2,5 milhões de dólares. O surpreendente fato de Moneymaker ter vencido profissionais experientes causou uma explosão de interesse pelo pôquer virtual. Naquilo que ficou conhecido como o "efeito Moneymaker", os sites de pôquer tiveram um crescimento vertiginoso, atraindo dezenas de milhares de novos jogadores.

Jogar pôquer no computador é diferente de jogar em um cassino. A parte mais óbvia é que não há muitas oportunidades para análises psicológicas. Tudo que você sabe sobre um oponente é seu nome de usuário. Isso significa que prestar muita atenção nos outros jogadores em busca de sinais de blefe torna-se secundário a análises mais básicas sobre a maneira como as cartas são distribuídas. A parte menos óbvia é que o pôquer virtual acelera muito o ritmo com que alguém ganha experiência. "Antes, se um cara em Las Vegas não estivesse em uma mesa com apostas altas, ele provavelmente não era muito bom", explica o jogador de pôquer profissional Daniel Negreanu. Ele observa que o novo tipo de jogador virtual "ganha experiência rápido demais porque a internet permite a participação em várias mesas. Então esse pessoal joga doze partidas ao mesmo tempo". Ele acrescenta: "Um cara como Doyle Brunson, que tem 84 anos agora, joga basicamente todos os dias há uns cinquenta, sessenta anos. Mesmo assim, ainda não jogou tantas partidas quanto o pessoal de 23". Talvez ainda mais importante do que muita experiência seja o feedback exacerbado que jogos virtuais oferecem. Os jogadores da velha guarda precisavam contar principalmente com a memória sobre como grandes jogadas eram feitas. A internet permite que as pessoas substituam a frágil memória humana por um hard drive, acompanhando o histórico das suas cartas e dos jogadores que habitualmente enfrentam. Obrestad, que começou sua jornada no começo da era Moneymaker, conseguiria tirar vantagem da oportunidade de ganhar experiência e feedback de um jeito que nenhum jogador casual e poucos profissionais ligados a cassinos imaginariam.

O PÔQUER E A ARTE DE APRENDER EM AMBIENTES COM MUITA INCERTEZA

Para compreender a dificuldade de dominar um jogo como o pôquer, é interessante compará-lo com outro jogo conhecido pela necessidade de raciocínio: o xadrez. No xadrez, as jogadas são completamente deterministas. Se você fizer os mesmos movimentos, sempre encontrará o mesmo resultado. Em contraste, o pôquer é um jogo de azar. Mesmo recebendo dois Ás — as melhores cartas para começar no Texas Hold'em —, suas chances de perder contra uma mão aleatória continuam sendo de 1 para 6. Essa aleatoriedade torna bem mais difícil aprender com os próprios erros. Você perdeu porque teve azar ou por falta de habilidade? Uma solução para a aleatoriedade é simplesmente ganhar mais experiência. Depois de partidas suficientes, a sorte se estabiliza. É provável que muitos dos primeiros jogadores, ignorantes sobre probabilidade, tenham alcançado sua intuição simplesmente por meio da repetição. Se encontrarmos a mesma mão dezenas de vezes, nossa sensação do potencial de ela aparecer vai se aproximando do valor verdadeiro. Porém, levando em consideração a vasta quantidade de mãos possíveis no pôquer, fica claro que essa abordagem para ganhar habilidade tem graves desvantagens.

Por sorte, existe uma alternativa: usar a teoria da probabilidade para calcular a jogada correta e ignorar os resultados reais. Hoje, todos os aspirantes a jogador de pôquer rapidamente se tornam versados em matemática básica. Jogadores contam a quantidade de "outs", ou cartas que precisam para completar a mão, e o número de mãos que poderiam vencer as suas. Ao calcular as chances, e compará-las com as apostas feitas, pode ficar claro se uma aposta é por "valor" (o que significa que foi feita porque o jogador acredita que as chances de vencer valem o preço) ou um blefe. O pôquer pode ser aleatório, mas, como as cartas obedecem às leis da probabilidade, fazer contas é uma estratégia superior a basear decisões apenas na intuição.

Porém, a sorte não é a única coisa que dificulta o pôquer. Mais uma vez comparando-o ao xadrez, o pôquer é um jogo de informações ocultas. Um jogador de xadrez nunca precisa cogitar que seu oponente esteja escondendo uma rainha na manga para fazer um xeque-mate surpresa. Em contraste, raramente é possível ter certeza das cartas do seu oponente antes de fazer uma aposta. Isso significa que a melhor estratégia depende não apenas das chances da sua mão vencer uma mão aleatoriamente selecionada, mas também de vencer as mãos que você acha que seu oponente pode ter, e, por sua vez, nas cartas que seu oponente acredita que você tem. Isso torna o pôquer um jogo de calibragem. Se você só apostar quando tiver cartas boas, seus oponentes rapidamente entenderão seu estilo e desistirão sempre que você fizer um aumento grande. Por outro lado, se você blefar o tempo todo, os oponentes também perceberão isso e pagarão para ver com mais frequência. A estratégia do pôquer exige um equilíbrio delicado para eliminar padrões no seu estilo de jogo que poderiam ser explorados por seus oponentes.

Jogos virtuais facilitam tanto a aleatoriedade intrínseca dos resultados do pôquer quanto a cuidadosa calibragem necessária para desenvolver uma boa estratégia. Enquanto jogadores da velha guarda em cassino podem anotar algumas das suas melhores mãos para uma análise posterior, a nova geração pode baixar todas as mãos que jogaram e analisá-las com um software. Isso não apenas ajuda a visualizar os erros nos cálculos de probabilidades como também a identificar padrões no próprio estilo que poderiam ser explorados por outros jogadores.

O aumento de ferramentas analíticas já começou a alimentar a próxima revolução do pôquer. Jogadores usam cálculos cada vez mais avançados da teoria dos jogos — um ramo da matemática que lida com escolhas estratégicas de jogos com informações escondidas. Essas estratégias de "otimização da teoria dos jogos" buscam encontrar a calibragem exata entre blefes e apostas para qualquer combinação de cartas, de forma que não exista a possibilidade de um oponente explorar um padrão na sua forma de jogar. Muitos jogadores fazem escolhas aleatórias, como, por exemplo, olhando para o ponteiro de minutos do relógio e decidindo por uma jogada se o número for par, e por outra, se for ímpar, para fugir das habilidades de ler mentes de veteranos como Doyle Brunson. O Instituto de Tecnologia de Massachusetts até ofereceu um curso de teoria do pôquer em sua Faculdade Sloan de Administração, refletindo a valorização da sofisticação matemática no jogo moderno. Independentemente dos novos caminhos pelos quais o pôquer siga, está claro que ele não vai parar de evoluir enquanto os jogadores continuarem desenvolvendo teorias mais sofisticadas e aprendendo com feedbacks cada vez mais detalhados.

QUANDO DEVEMOS CONFIAR NA INTUIÇÃO?

O pôquer ilustra algumas das dificuldades em aprender em ambientes incertos. Os jogadores usam a teoria da probabilidade e feedbacks sofisticados para dosar suas decisões de forma mais precisa do que fariam apenas com a experiência. Mas e as situações em que não existe a possibilidade de recorrer a teorias fortes ou feedback educativo? Como especialistas aprendem formas úteis de usar a intuição nesses casos? A resposta surpreendente pode ser que simplesmente não aprendem.

Em 1954, o psicólogo Paul Meehl escreveu um pequeno tratado intitulado *Clinical versus Statistical Prediction: A Theoretical Analysis and Review of the Evidence.* Nele, o objetivo era comparar dois modos de tomar decisão. O primeiro, chamado de "clínico", referia-se à impressão subjetiva do médico, terapeuta, professor ou juiz de comissão para decisões sobre liberdade condicional ao analisar casos e fazer uma previsão sobre o futuro de um indivíduo. O segundo era chamado de "estatístico" ou "atuarial". Esse método seguia uma fórmula simples, pegando dados básicos sobre a pessoa investigada e computando uma resposta. Apesar das reclamações de inúmeros especialistas de que sua opinião profissional jamais deveria ser substituída por uma fórmula mecânica, Meehl observou que o método estatístico tendia a ter resultados melhores do que a avaliação clínica. As fórmulas também não precisavam ser muito sofisticadas para vencer os instintos. Em um experimento, o sociólogo Ernest Burgess analisou três mil decisões sobre pedidos de liberdade condicional para criminosos para prever os níveis de reincidência. Burgess usou uma lista com 21 fatores básicos sobre cada criminoso (por exemplo, idade, crimes anteriores, natureza do crime etc.) e apenas somou o número de fatores favoráveis ao candidato e subtraiu os negativos. Burgess pegou esses cálculos sem peso e comparou-os com a opinião especializada de três psiquiatras. O resultado? A conta simples de Burgess teve um resultado levemente pior do que os dos psiquiatras ao prever sucessos, mas muito superior ao prever fracassos. Isso ocorreu mesmo sob a comparação um pouco injusta de que a conta atuarial foi usada em todos os casos, enquanto os psiquiatras não opinaram sobre as decisões mais difíceis. Em resumo, em uma comparação básica entre a intuição de um especialista e uma calculadora simples, a calculadora ganhou.

Na época da publicação do trabalho de Meehl, existiam menos de duas dúzias de estudos que analisavam a eficácia relativa do julgamento intuitivo e do cálculo estatístico. Como resultado, Meehl não sabia qual sairia vitorioso em longo prazo. Talvez houvesse alguma área em que a subjetividade pudesse vencer a matemática? No seu livro, Meehl se solidarizou com a potencial vantagem do método clínico:

Por exemplo, suponha [...] que estamos tentando prever quando determinado professor vai ao cinema em determinada noite. Com base em [um cálculo hipotético] chegamos a uma probabilidade de 0,90 de que ele irá ao cinema do bairro na noite de sexta-feira. O clínico, no entanto, sabe que, além desses fatos, o Professor A recentemente quebrou a perna. Esse único fato é suficiente para mudar a probabilidade de 0,90 para aproximadamente zero.

Pernas quebradas ocorrem raramente, mas são muito determinantes quando existem. Esse tipo de conhecimento, segundo Meehl, poderia dar ao clínico uma boa vantagem, uma vez que não apareceria em um algoritmo estatístico e permitiria que o clínico fizesse uma previsão mais precisa. Meehl tinha esperança de que um nicho do julgamento clínico fosse procurado, apesar de os cerca de vinte estudos que existiam na época favorecerem o método atuarial.

Infelizmente, o otimismo cauteloso de Meehl não era justificado. Nas décadas subsequentes, mais de mil estudos foram feitos, claramente favorecendo fórmulas simples em detrimento do julgamento intuitivo em uma ampla série de decisões em situações incertas. Quatro décadas depois, Meehl escreveu: "Conforme as evidências se acumularam e superaram a coleção inicial de comparações de pesquisas, ficou claro que conduzir uma investigação em que o julgamento clínico teria um resultado melhor do que a equação seria praticamente impossível". Ele acrescentou que "em cerca de dois quintos dos estudos, os métodos [clínicos *versus* atuariais] tiveram resultados aproximados em precisão, com o método atuarial tendo resultados muito melhores em cerca de três quintos". A parte interessante é que o acréscimo de conversas mais longas com pacientes, gerando uma rica fonte de informações narrativas que não poderiam ser encaixadas com facilidade em uma equação, acabou *piorando* os resultados do método clínico. Levando em consideração esses achados consistentemente pessimistas, Meehl sugere que regras e modelos simples devem substituir o julgamento intuitivo em muitas especialidades. Por exemplo, diagnósticos psiquiátricos deveriam depender do preenchimento de uma lista de sintomas, e não de o terapeuta seguir sua intuição. Nas áreas em que cálculos têm um desempenho melhor do que a intuição, isso poderia aprimorar a precisão das decisões. Nas áreas em que o método clínico tem resultados iguais ao do algoritmo, haveria uma grande economia, uma vez que o processo habitual envolve uma longa deliberação por especialistas que cobram caro, enquanto modelos simples podem ser calculados de forma eficiente apenas com a adição de alguns poucos dados em uma planilha. Os clínicos estudados por Meehl ofereceram um forte contraste com os jogadores de pôquer habilidosos, que, até o recente desenvolvimento do aprendizado profundo e dos algoritmos alimentados por supercomputadores, conseguiam vencer, inclusive, sofisticados softwares de pôquer.

Por que o método clínico tem um resultado tão inferior em comparação com cálculos simples? Uma hipótese é que a intuição funciona muito como a abordagem da soma com peso usada pelo método atuarial, mas é simplesmente menos precisa. Seguindo essa linha, o psiquiatra que toma decisões sobre pedidos de liberdade condicional inconscientemente executa o mesmo tipo de pesagem das evidências coletadas de diferentes fatores, mas é menos exato do que as fórmulas, o que causa dificuldades. Para testar essa hipótese, o pesquisador Eric Johnson analisou transcrições de equipes hospitalares decidindo quais estudantes aceitar em seus programas de residência, seguindo um pedido de explicar seus pensamentos conforme eles ocorriam. "Em vez de serem aproximações falíveis de um modelo linear, esses juízes pareciam usar as informações de forma muito diferente", observou Johnson. Na verdade, eles pareciam usar informações extremamente específicas que teriam poucas chances de serem mencionadas com frequência suficiente para figurar entre os dados representados na abordagem estatística. Para usar o exemplo de Meehl, é como se os especialistas intuitivos preferissem procurar pernas quebradas e ignorassem considerações mais corriqueiras, como o fato de que o professor tende a ir ao cinema às sextas-feiras.

Para observar como intuições que criam uma história podem ser falhas, vejamos um famoso exemplo do fracasso da intuição, demonstrado por Daniel Kahneman e Amos Tversky. Primeiro, leia uma breve passagem sobre Linda:

Linda tem 31 anos, é solteira, extrovertida e muito inteligente. Ela se formou em filosofia. Como estudante, se preocupava muito com questões de discriminação e justiça social, e também participou de protestos contra armas nucleares.

Agora, reflita sobre qual das seguintes afirmações é mais provável:

1. Linda é bancária.
2. Linda é bancária e participante ativa do movimento feminista.

Muitas pessoas acreditam que a segunda resposta é mais provável, apesar de ela ser bem menos possível que a primeira. O conjunto de pessoas que são bancárias ativas no movimento feminista faz parte do conjunto de pessoas que são bancárias. Visto como um diagrama de Venn, um contém completamente o outro, então a probabilidade de ser a primeira opção é maior ou igual à da segunda por uma questão de lógica. Mesmo assim, é comum que a intuição nos dê a resposta oposta, porque a descrição de Linda a faz parecer mais semelhante a uma bancária ativa no movimento feminista. O julgamento subjetivo tende a ter um desempenho pior do que cálculos estatísticos porque a intuição é uma ótima contadora de histórias, capaz de criar uma imagem muito vívida com base em experiências passadas, mas que não agrega informações mundanas mesmo quando elas são mais preditivas.

ESPECIALIDADE INTUITIVA: HABILIDADE OU ARROGÂNCIA?

No Capítulo 4, falamos sobre como a especialização tem o poder incrível de tornar invisível o conhecimento, nos levando a tomar boas decisões sem muita necessidade de reflexão. Agora, estamos tratando de situações em que a especialização perde para uma soma simples. Qual das duas opções é verdadeira? A especialização é real ou uma farsa? Decisões rápidas são mesmo confiáveis ou não passam de bravatas exageradas? Gary Klein e Daniel Kahneman refletiram sobre essas questões em "Conditions for a Intuitive Expertise: A Failure to Disagree". Gary Klein, cuja pesquisa foi debatida no Capítulo 4, trabalhou com bombeiros em situações realistas, observando que eles com frequência tomavam decisões rápidas com uma precisão surpreendente. Kahneman, em contraste, dedicou sua carreira de pesquisador ao estudo do julgamento intuitivo e seus frequentes fracassos. Apesar de programas de pesquisa os colocarem em lados opostos do debate sobre os méritos da intuição especializada, os dois observaram que estavam em consenso sobre as condições necessárias para desenvolver uma especialização verdadeira:

[D]uas condições devem ser verdadeiras para que um julgamento intuitivo (reconhecimento) seja de fato uma questão de habilidade: primeiro, o meio deve oferecer sinais válidos adequados sobre a natureza da situação. Em segundo lugar, as pessoas precisam ter a oportunidade de aprender os sinais relevantes.

O julgamento especializado tende a ter resultados piores do que abordagens estatísticas quando o poder da previsão vem de unir vários sinais diferentes que seriam fracos, se levados em consideração individualmente. "Quando sinais simples e válidos existem, seres humanos os encontram se tiverem experiência suficiente e receberem feedback rápido o suficiente para isso", escreveram Klein e Kahneman. "A análise estatística tem muito mais chances de identificar sinais válidos fracos, e um algoritmo de previsão manterá uma precisão acima da média ao usar esses sinais de forma consistente." Em outras palavras, quando o ambiente apresenta características estáveis e muito preditivas, a intuição de especialistas funciona muito bem para a tomada de decisão. Em contraste, quando decisões reflexivas exigem uma associação constante de muitas características que são apenas um pouco associadas com resultados, regras simples tendem a ter um resultado melhor.

É claro que a especialização não precisa ser limitada a julgamentos intuitivos. Jogadores de pôquer desenvolvem uma intuição voltada para o reconhecimento, derivada da experiência de já terem se deparado com dezenas de milhares de mãos. Mas bons jogadores também conhecem a matemática, sendo capazes de deixar de lado a intuição tentadora quando as probabilidades simplesmente não a justificam. Reconhecer quando a intuição pode ser limitada é uma vantagem poderosa para um verdadeiro especialista que deseja se destacar em relação aos oponentes, já que ele poderá usar os dados nos momentos certos. Hoje em dia, empréstimos bancários são oferecidos com base em fórmulas atuariais, e não de acordo com a intuição dos concessores, e bancos funcionam melhor por causa disso. O uso de fórmulas não acabou com a necessidade de avaliadores, mas diminuiu uma fonte potencial de preconceitos e erros nas políticas bancárias.

É POSSÍVEL DOMAR AMBIENTES DE APRENDIZADO REBELDES?

Segundo Klein e Kahneman, o pôquer, apesar de apresentar mais incerteza do que o xadrez ou damas, apresenta muitas das características que formam um bom ambiente para aprendizado. Os sinais são muito válidos, o feedback é instantâneo, e há fortes teorias matemáticas para interpretar resultados. A maioria das habilidades que gostaríamos de dominar não tem tantos elementos favoráveis assim. Muitos de nós se encaixam em uma situação parecida com a estudada por Meehl, em que experiências de uma vida inteira levaram a uma considerável confiança, mas pouco poder de previsão. Levando em consideração esse contraste, pode ser válido questionar se é possível tornar os momentos de prática um pouco mais parecidos com o pôquer e um pouco menos com os ambientes profissionais dos estudos de Meehl.

Prever o futuro de grandes acontecimentos políticos, com certeza, é uma tarefa que ocorre em um ambiente de aprendizado bem difícil. Os eventos têm causas complexas — não é possível explicar o que aconteceu com apenas um motivo ou fator. A história não se repete — não existe a possibilidade de nos depararmos com a mesma situação várias vezes, aprendendo com nossos erros. Pequenas mudanças podem se transformar em grandes efeitos. Quem poderia prever que o ato de protesto de um vendedor de frutas tunisiano iniciaria a Primavera Árabe? Ou que um surto viral em Wuhan, na China, faria com que estudantes de ensino médio nos Estados Unidos precisassem fazer suas provas em casa dali a um ano? Apesar das dificuldades, a capacidade de fazer prognósticos também é muito importante. Políticos, empresários, corretores de ações e gurus dependem da sua capacidade de enxergar o futuro com certa clareza.

Levando em consideração essa imensa importância, mas sua dificuldade diabólica, como é o desempenho de especialistas? Essa foi a pergunta feita pelo psicólogo Philip Tetlock em seu Expert Political Judgment Project ao longo de uma década. Especialistas em questões variadas foram convidados a participar, avaliando a probabilidade de múltiplos eventos (que ainda não tinham acontecido):

o fim do apartheid na África do Sul, a dissolução da União Soviética, ou se a província de Quebec se tornaria independente do Canadá. Os especialistas tiveram resultados melhores do que as previsões aleatórias, mas por pouco. Enquanto a especialização concedia grande certeza, essa autoconfiança não se traduziu em previsões mais exatas. Tetlock escreve que havia "uma curiosa relação inversa entre como os especialistas acreditavam no próprio desempenho e a qualidade de suas previsões". Em um resultado consistente com o de outras pesquisas sobre especialização em ambientes instáveis, os especialistas tiveram um desempenho melhor do que novatos (eles venceram de forma impressionante os estudantes de psicologia da Universidade da Califórnia, Berkeley), mas foram um fracasso completo em comparação com modelos simples baseados em tendências passadas. Os especialistas do estudo de Tetlock conseguiram ter resultados piores até do que os de não especialistas inteligentes que respondiam a perguntas que não englobavam suas áreas.

Apesar de a pontuação de especialistas típicos ter sido semelhante à da aleatoriedade, Tetlock conseguiu identificar subgrupos de prognosticadores que fizeram previsões surpreendentemente boas. Em específico, uma grande diferença entre os participantes com previsões boas e ruins era quanto conseguiam integrar perspectivas diferentes, conflituosas. Aqueles que tiveram dificuldade em fazer prognósticos tendiam a encaixar todas as situações em uma única visão geral de mundo. Essa confiança e coerência podem ser úteis para escrever textos com opiniões veementes e trabalhos acadêmicos que recebem muitas citações, mas tendem a causar resultados inferiores em tentativas de compreender a complexidade do mundo real. Os especialistas que conseguiram fazer boas previsões, em contraste, tendiam a ser mais parecidos com aqueles sobre quem Harry Truman reclamou ao afirmar que estava cansado de "economistas por um lado" — pessoas que constantemente diziam "Bem, por um lado...".

A expressão evasiva pode ser irritante, mas fazia com que esses prognosticadores fossem mais capazes de cogitar perspectivas diversas e gerava previsões mais precisas. Apesar de a confiança intelectual poder atrair seguidores, a humildade intelectual aumenta a chance de acertar eventos futuros.

Baseando-se em sua pesquisa sobre julgamentos de especialistas políticos, Tetlock quis descobrir se era possível identificar e treinar bons prognosticadores. Competindo em um grande torneio de previsões organizado pela Atividade de Projetos de Investigação Avançada de Inteligência (Intelligence Advanced Research Projects Activity, IARPA) para descobrir como melhorar as previsões políticas da comunidade de inteligência dos Estados Unidos, a equipe de superprognosticadores de Tetlock conseguiu vencer o grupo de controle por uma porcentagem de 60 a 78%, fazendo previsões melhores até do que grupos com acesso a dados confidenciais. Ao longo do projeto, Tetlock identificou algumas estratégias que permitiram que seus prognosticadores fizessem previsões úteis:

1. **Dividir julgamentos maiores em partes menores.** Com frequência, a intuição funciona trocando a pergunta feita por outra parecida e mais fácil de responder. Bons prognosticadores resistiam a essa tentação ao dividir sua conclusão em partes menores. Quando tiveram que prever a detecção de um veneno radioativo nos restos mortais do político palestino Yasser Arafat, um prognosticador ingênuo poderia se basear na própria opinião sobre a possibilidade de ele ter sido envenenado por espiões israelenses. No entanto, um prognosticador inteligente começaria dividindo a questão em partes: como o veneno age? Qual seria a probabilidade de ele ser detectado após tantos anos? De que formas ele poderia ser encontrado no corpo? Ao dissolver uma pergunta complexa em vários pontos, os bons

prognosticadores resistiram à tentação de trocar a questão por uma que "parecesse certa".

2. **Usar taxas básicas.** Um dos principais motivos para fórmulas simples serem superiores à intuição humana é que as pessoas valorizam demais a presença de informações muito vívidas, negligenciando sinais mais rotineiros. Os superprognosticadores de Tetlock batiam de frente com essa tendência ao tentarem entender, de forma explícita, a probabilidade geral de eventos semelhantes acontecerem. Com que frequência golpes militares acontecem? Com que frequência a NASDAQ fecha com valores mais altos no ano seguinte? Ao comparar classes de referência comuns, garantimos que nossas respostas comecem com a estimativa certa antes de fazermos ajustes.

3. **Formar grupos de discussão para debates construtivos.** Tetlock observou que as equipes de prognosticadores tinham resultados melhores do que indivíduos trabalhando sozinhos. Em específico, quando os grupos podem debater e compartilhar informações, é possível agregar mais perspectivas e evitar que um único ponto de vista leve a uma conclusão.

4. **Acompanhar resultados e fazer ajustes.** Usar uma escala precisa de probabilidades não é natural. Mesmo para os gurus que fazem previsões com regularidade, é difícil fazer alegações sobre o futuro associadas a uma porcentagem de plausibilidade. Tetlock faz uma comparação ilustrativa: "Imagine um mundo em que as pessoas adoram correr, mas não têm a menor ideia da velocidade média que alguém consegue alcançar, ou da velocidade alcançada pelos melhores, porque os corredores nunca chegaram a um consenso sobre regras básicas — permanecer na pista, começar quando a pistola for disparada, terminar após uma distância específica — e não existem oficiais de corrida e controladores de tempo

independentes que avaliem os resultados. Qual é a probabilidade de o tempo de corrida melhorar nesse mundo? Pouca". Prognosticadores só conseguirão receber feedbacks valiosos e calibrar decisões futuras ao fugir da vaga loquacidade de pronunciamentos típicos.

Os superprognosticadores de Tetlock não são profetas. Até bons prognosticadores não conseguem fazer previsões que superem uma década. O mundo talvez seja imprevisível demais para esse aprendizado, mesmo com feedbacks melhores e um método disciplinado para evitar o excesso de confiança sobre a intuição. No entanto, o experimento de Tetlock sugere que podemos domar parte da rebeldia de muitos ambientes de aprendizado, desenvolvendo uma especialização verdadeira, mesmo que imperfeita.

ESTRATÉGIAS PARA APRENDER EM AMBIENTES CHEIOS DE INCERTEZA

A experiência pura não garante uma especialização real. Até o ambiente de um jogo de pôquer relativamente amigável para iniciantes pode gerar superstições e julgamentos ruins se não for disciplinado com uma boa compreensão de probabilidades e feedbacks úteis. Apesar de décadas de experiência prática, supostos especialistas podem ser superados por contas simples. Mesmo assim, como indicam os experimentos de Tetlock sobre previsões, a situação não é incorrigível. Podemos raciocinar e tomar decisões melhores se adotarmos a abordagem certa. Vejamos quatro estratégias diferentes para aprender melhor em ambientes cheios de incerteza.

Estratégia nº 1: Use um modelo

A estratégia mais óbvia para evitar as fraquezas do julgamento intuitivo é simplesmente não o utilizar. Não faz sentido tentar avaliar se uma aposta faz sentido quando você não consegue calcular a probabilidade de sua mão vencer e compará-la com a probabilidade necessária para apostar com base no valor total do monte. Da mesma maneira, em muitas áreas profissionais, é provável que nosso conhecimento fosse aprofundado se conseguíssemos substituir os palpites intuitivos por modelos baseados em estatística. Os modelos não precisam ser muito elaborados. Contar fatores contra e a favor de uma decisão é simples, mas com frequência oferece resultados melhores que julgamentos subjetivos. Se a informação for acrescentada a uma planilha, será fácil fazer as contas do que se encaixa melhor nos dados.

Mesmo que você não use um modelo para tomar decisões, ele ainda pode ser um bom ponto de partida para uma análise mais aprofundada. Como mencionado, a intuição humana tende a se apegar a características raras do meio, mas com frequência fracassa em agregar muitas informações preditivas fracas. Sendo assim, um modelo poderia oferecer um bom ponto de partida para um palpite, que então pode ser ajustado quando você acreditar que possui informações adicionais relevantes.

Estratégia nº 2: Consiga mais do que apenas feedback sobre resultados

O feedback sobre resultados costuma não ser suficiente para desenvolver intuições precisas. A diferença entre uma aposta que está 55% a seu favor ou contra você pode exigir centenas de mãos antes de a decisão correta se tornar óbvia. No entanto, essa pequena vantagem não seria irrelevante — ela poderia ser a diferença entre ser um jogador de pôquer bom ou ruim em longo prazo. Da mesma forma, o feedback sobre resultados em muitas profissões é falho. Gerentes se vangloriam de contratar talentos incríveis. Mas com que frequência esses mesmos gerentes refletem sobre os tesouros que recusaram após uma entrevista fraca? Pesquisas mostram que oferecer a prognosticadores apenas feedback sobre resultados não é suficiente para melhorar o desempenho — em um experimento, as pessoas até pioraram após obterem mais experiência.

Para melhorarmos, precisamos elevar a qualidade do feedback. Isso começa ao fazer um acompanhamento de nossas decisões, de forma que nossa memória falha não possa distorcer o que de fato aconteceu. Então, temos que calibrar nossa confiança. Os prognosticadores de Tetlock foram julgados não apenas sobre a direcionalidade de suas decisões (isto é, as coisas que eles acharam que aconteceriam de fato aconteceram com mais frequência do que não aconteceram?), mas também no quanto sua confiança era justificada (por exemplo, a categoria de eventos que eles previram ter 99% de probabilidade realmente ocorreu em 99% dos casos?). Seja prevendo o prognóstico de pacientes, vendas futuras ou eventos mundiais, receber feedback sobre nossa calibragem é importante porque o excesso de confiança pode levar a decisões que não deixam espaço para deslizes na presença de futuros erros.

Estratégia nº 3: Consulte mais opiniões

Mais mentes é melhor do que uma. Montar grupos que permitam uma discussão amigável oferece duas vantagens distintas para melhorar a qualidade de nossas decisões. A primeira é que você conseguirá agregar mais informações. Francis Galton primeiro observou o poder desse efeito durante um jogo de adivinhação para avaliar o peso de um boi durante uma feira de interior. Nenhum dos participantes acertou a resposta, porém a *média* de seus palpites foi quase perfeita. Promover debates permite que você reúna informações que poderia não levar em consideração ao fazer uma escolha. A segunda vantagem é que o debate aguça o raciocínio. Os sociólogos Dan Sperber e Hugo Mercier argumentam que o raciocínio humano é adaptado mais para o ato social de justificar as próprias ações e crenças do que para a arte individual de encontrar respostas verdadeiras para problemas. Em um experimento intrigante, os psicólogos David Moshman e Molly Geil ofereceram a cada participante a tarefa de seleção de Wason, discutida no Capítulo 6. Sendo consistentes com a natureza traiçoeira do desafio, apenas 9% dos participantes acertaram a resposta. A situação mudou, no entanto, quando os grupos puderam debater a resposta. A taxa de sucesso para grupos pequenos pulou para 75%. Se a discussão fosse apenas um processo de criar médias, como aconteceu com os avaliadores do boi de Galton, isso significaria que, após um debate, a resposta errada que foi escolhida com mais frequência provavelmente venceria. Propor a questão no contexto de um grupo fazia com que as pessoas que encontrassem a resposta certa conseguissem convencer as outras, mesmo que elas fossem a minoria. A parte interessante do experimento de Moshman e Geil é que alguns grupos encontraram a resposta certa mesmo sem ninguém sugeri-la. Como os autores relatam, "os resultados sugerem que níveis de compreensão difíceis de alcançar em situações de desempenho individual podem surgir no contexto do raciocínio colaborativo".

Enquanto um debate não garante um consenso sobre a resposta certa — ideologias, pensamento de grupo e participantes dominantes podem afetar a discussão —, há mais chances de que isso aconteça do que quando pensamos completamente sozinhos. Ao formar um grupo de colegas, com perspectivas diferentes, para refletir sobre questões difíceis, é mais fácil seguir o estilo de raciocínio maleável e com várias perspectivas que Tetlock concluiu ser fundamental para fazer previsões bem-sucedidas.

**Estratégia nº 4: Saiba quando confiar (ou não)
nos seus instintos**

Talvez a lição mais valiosa das pesquisas sobre intuição seja a descrição de situações em que ela pode ser bem-sucedida, e nos momentos em que provavelmente significará um excesso de confiança. A intuição funciona melhor quando sinais discerníveis são bons previsores e os executores têm a capacidade de aprender com feedbacks rápidos. Na ausência dessas condições favoráveis, precisamos tomar mais cuidado. A especialização verdadeira exige ir além da intuição e contar mais com estimativas simples baseadas em dados anteriores e raciocínios explícitos que evitem a tentação da propaganda enganosa que a intuição costuma usar ao transformar uma questão difícil em fácil.

EXPERIÊNCIA E REALIDADE

O feedback tem um papel na calibragem dos nossos julgamentos. Mas um papel ainda mais importante em muitas habilidades dinâmicas. Interagir com o meio, tanto físico quanto social, é uma parte essencial para garantir que nossa prática leve ao domínio de habilidades que realmente são usadas no mundo real.

CAPÍTULO 10

A prática deve condizer com a realidade

"Aprendemos a nos comportar como advogados, soldados, comerciantes ou qualquer outra coisa sendo um deles.
A vida, e não o vigário, ensina a conduta."
Oliver Wendell Holmes Jr.

- Qual é a importância da prática realista?
- Por que habilidades aprendidas em sala de aula, com frequência, não se traduzem em proficiência na vida real?
- Como ganhar acesso a situações em que uma habilidade de fato é usada?

A neblina veio descendo das colinas que cercam o aeroporto Los Rodeos, na ilha de Tenerife, no fim da tarde de 27 de março de 1977. O piloto holandês Jacob Veldhuyzen van Zanten estava ansioso para voltar para o ar. A parada em Los Rodeos não tinha sido programada. O destino original era Gran Canaria, parte das ilhas Canárias, território espanhol localizado na costa do Marrocos. Separatistas canarinos haviam detonado uma bomba no aeroporto Gran Canaria, fazendo com que todo o tráfego aéreo fosse transferido para Tenerife, a ilha mais próxima. Após horas de espera, o aeroporto Gran Canaria foi reaberto, e Veldhuyzen van Zanten guiou o avião até a pista para decolar e prosseguir viagem.

O piloto holandês já havia acionado o acelerador quando o copiloto lembrou que ainda não tinham recebido autorização para decolarem. "Não, eu sei disso", foi sua resposta frustrada. A neblina poderia piorar a qualquer instante, deixando a visibilidade menor do que o mínimo permitido para a decolagem, potencialmente mantendo Veldhuyzen van Zanten e sua tripulação, além de todos os 235 passageiros, presos em Tenerife por toda a noite. "Pode perguntar", ordenou ele. O copiloto entrou em contato com a torre, avisando que estavam "prontos para a decolagem". A torre de controle respondeu: "Ok… aguardem para a decolagem, já retorno". Nesse exato momento, outro voo, o Pan Am 1736, usava a mesma frequência de rádio para responder para a torre: "Não… hum, ainda estamos taxiando pela pista". Como resultado, a cabine do voo holandês escutou apenas "Ok" da torre de comando, seguindo por um som agudo de interferência. Erroneamente acreditando terem recebido autorização, um impaciente Veldhuyzen van Zanten voltou a acelerar pela pista. Quando ele viu o Boeing 747 taxiando, já estava indo rápido demais para parar. Ele puxou com força o avião para cima, raspando a traseira na pista. Mas a manobra de última hora não foi suficiente. Os dois aviões bateram, matando 583 pessoas. Até hoje, esse permanece sendo o pior acidente da história da aviação.

O desastre em Tenerife foi uma tragédia. Mas, para aprendermos com ele, primeiro precisamos refletir sobre uma pergunta diferente: por que voar em um avião costuma ser tão seguro? Acidentes catastróficos com aeronaves capturam nossa atenção, em parte, porque voar é algo rotineiro. Se considerarmos os quilômetros viajados, é bem mais provável você se ferir enquanto dirige um carro, anda de ônibus ou viaja de trem. Mas nem sempre foi assim. Os primeiros pilotos encaravam graves perigos quando se lançavam ao céu. Nossa segurança atual deve muito à qualidade dos treinamentos de pilotos, e ao homem que encontrou a melhor maneira de ensiná-los.

O HOMEM QUE ENSINOU O MUNDO A VOAR

Para o bem ou para o mal, muitas novas tecnologias mostram seu valor no campo de batalha. A invenção do estribo revolucionou a sociedade europeia, permitindo que cavaleiros aristocratas dominassem infantarias de camponeses. Canhões à pólvora permitiram que os otomanos saqueassem Constantinopla, colocando fim ao reinado do último imperador romano, 1,5 mil anos após a morte de Júlio César. O avião não foi exceção. Desde o momento de sua invenção, foi iniciada uma nova corrida armamentista para dominar o céu. O mundo não teria que esperar muito para ver a nova tecnologia em ação. Apenas uma década após o lendário voo de Orville e Wilbur Wright, a Grande Guerra eclodiu na Europa.

Fazia muito tempo que a Inglaterra contava com sua poderosa Marinha para proteger suas costas e controlar colônias estrangeiras. Ainda assim, na batalha pelos céus, ela estava perdendo. Parte da desvantagem era técnica. A Alemanha havia ganhado primazia com a introdução da aeronave *Eindecker*, de Anthony Fokker, cujo inovador mecanismo de sincronização permitia que o piloto disparasse uma metralhadora através do arco formado pelas lâminas da hélice em movimento sem atingi-las. Tentativas anteriores de acoplar armas nas asas foram extremamente imprecisas, e a cobertura blindada projetada para proteger o propulsor de saraivadas de balas deixava o piloto exposto a ricochetes. A nova invenção permitia que aviões servissem não apenas como ferramentas de reconhecimento, mas também como armas. O combate aéreo se tornou uma necessidade para a conquista dos céus, e os britânicos estavam muito atrás. Em 1916, mais de um terço dos pilotos do Real Corpo Aéreo já tinha sido perdido, uma das maiores taxas de fatalidades de todas as forças armadas britânicas.

A superioridade técnica era apenas uma pequena parte da vantagem da Alemanha. O maior culpado pela mediocridade inglesa era o treinamento ruim. O currículo, formulado durante anos de paz, enfatizava a operação mecânica da aeronave, sua construção e a teoria do voo. Em contraste, havia pouquíssima experiência prática sobre como pilotar um avião. Instrutores levavam estudantes para fazer voos de teste e mostrar o funcionamento dos controles. Quando não havia um segundo assento livre, o aluno precisava se segurar nas vigas da asa durante a demonstração. Em teoria, quando o aluno era considerado pronto, os dois trocavam de lugar, com o pupilo assumindo o banco do piloto. Na prática, no entanto, muitos instrutores se mostravam relutantes em deixar o estudante pilotar o avião, temendo um acidente. O resultado era que muitos pilotos eram enviados para o front sem jamais terem pilotado os aviões que eram certificados para comandar. Só em abril de 1916, Hugh Trenchard, comandante do Real Corpo Aéreo, escreveu seis cartas para o Ministério Aéreo e o Departamento de Guerra para reclamar do treinamento insuficiente. Outro oficial escreveu no começo de 1916 que havia acabado de receber o terceiro piloto naquela semana que "jamais havia pilotado nenhum dos tipos de aeronaves que tenho neste país". Muitos dos novos recrutas morreram em seu primeiro voo.

Um crítico ferrenho da situação era o major Robert Smith-Barry. Sobrevivente de um acidente em 1914, no qual quebrou as duas pernas e ficou manco para sempre, ele era um defensor de poupar pilotos pouco treinados. "Eles só têm sete horas de voo, senhor — isso é assassinato", escreveu em 1916. "Mal aprenderam a voar, que dirá a lutar." Smith-Barry escreveu uma série de cartas para Trenchard, reclamando que, com os métodos de treinamento da época, os novos recrutas não passavam de "ração para Fokker". Um impaciente Trenchard respondeu: "Não nos aborreça mais com suas reclamações. Se você acha que consegue fazer melhor, fique à vontade para fazê-lo", deixando Smith-Barry encarregado dos treinamento nas instalações de Gosport.

Smith-Barry transformou radicalmente o programa de treino. Ele introduziu sistemas de controle duplo, que permitiam que alunos pilotassem o avião, enquanto os instrutores tinham controles reservas para usarem em caso de emergência. Em vez de voos tranquilos em condições perfeitas, os instrutores propositalmente faziam as aeronaves girarem ou mergulharem, deixando os alunos recuperarem o controle. A comunicação durante o voo era facilitada pelo "tubo Gosport" — uma mangueira que conectava os fones de ouvido do aluno a um funil preso sobre a boca do instrutor. Isso permitia que os treinadores oferecessem instruções mesmo com o barulho ensurdecedor das aeronaves. Smith-Barry também revisou o currículo das aulas, cortando aulas teóricas em prol de mais tempo de voo. Smith-Barry acreditava que os alunos "sempre deviam estar no banco do piloto". A melhor forma de aprender a pilotar um avião era pilotando, e Smith-Barry tinha encontrado uma forma de tornar o ensino seguro.

Suas reformas foram um sucesso tremendo. Antes do sistema Gosport, quase um em cada dez voos de treino terminava em acidente. Smith-Barry reduziu essa proporção para cerca de 3%, ao mesmo tempo que aumentou a dificuldade das manobras ensinadas aos alunos. O treino intensificado aumentou a taxa de sobrevivência dos pilotos. O aumento da ofensiva em 1918 causou um crescimento de 354% na frota aérea, mas um aumento de apenas 65% em fatalidades. Os voos de combate se tornaram mais seguros, mesmo quando os britânicos levaram a ofensiva para o território alemão. Acidentes, quando ocorriam, eram menos graves. Antes das melhorias de Smith-Barry no treinamento, a "maioria dos acidentes era fatal e resultado de grave erro do piloto", documenta o historiador Robert Morley. Em contraste, acidentes posteriores "ocorriam quase apenas durante aterrissagens e tendiam a não ser fatais. Em muitos casos, não eram graves o suficiente nem para danificar a aeronave".

Após a guerra, as melhorias de Smith-Barry no treinamento de pilotos foram amplamente adotadas por países falantes de inglês. "A aeronave com controle duplo e a filosofia de colocar o aluno em primeiro lugar permanecem princípios básicos do treinamento de pilotos civis e militares até hoje", escreve Morley. Apesar de sua irritação inicial com Smith-Barry, Trenchard mais tarde reconheceria as contribuições do colega para o treinamento de pilotos, chamando-o de "o homem que ensinou as forças aéreas do mundo a voar".

AS CONSEQUÊNCIAS DE TENERIFE

Aperfeiçoamentos constantes tanto nos projetos de aeronaves quanto no treinamento de pilotos tornaram os voos comerciais uma das formas mais seguras de viajar. E esses avanços significavam que "a pura habilidade de pilotar um avião não tinha mais um papel significativo em acidentes aéreos", escreveram o piloto e educador Timothy Mavin e o professor Patrick Murray. Na época do acidente, Jacob Veldhuyzen van Zanten era o principal piloto-instrutor da KLM, com mais de onze mil horas de voo. Logo após o desastre, os executivos da empresa até sugeriram que Veldhuyzen van Zanten conduzisse a investigação sobre as causas do acidente, sem se dar conta de que fora o voo dele que causara a colisão.

Tenerife fez com que a postura sobre treinamentos de pilotos mudasse. Além da habilidade individual do piloto, o treinamento passou a enfatizar aspectos interpessoais do voo. Investigadores colocaram a culpa do acidente em problemas de comunicação. Tanto o "Prontos para a decolagem" do copiloto quanto o "Ok" de resposta da torre de comando eram frases fora de padrão e ambíguas, causando um desentendimento mútuo. O voo da Pan Am não deixou a pista na saída indicada, causando confusão sobre sua localização. Acima de tudo, o acidente foi atribuído à decisão desastrosa de Veldhuyzen van Zanten de decolar sem confirmar a permissão. Apesar de o capitão holandês ter mantido um comportamento respeitoso com a tripulação, sua autoridade dentro da empresa provavelmente fazia com que o copiloto tivesse mais dificuldade em externar suas dúvidas sobre a permissão para a partida. Após o acidente, o treinamento de pilotos passou a insistir em protocolos de comunicação padronizados que não deixassem espaço para desentendimentos e em um preparo interpessoal para incentivar pilotos de patente inferior a se expressarem quando percebessem riscos.

Como a experiência de Smith-Barry mostrou, pilotar um avião é algo que só pode ser aprendido em uma cabine, e não em sala de aula. Uma das principais razões para isso é que habilidades de pilotagem são dinâmicas — o raciocínio que impera durante o comando de um avião é um diálogo constante entre piloto e aeronave, que não pode ser praticado de forma eficiente em isolamento. Ao mesmo tempo, o desastre em Tenerife mostra os perigos do treinamento que omite elementos essenciais dessa interação. Pilotar um avião não é apenas o diálogo entre ser humano e máquina, mas entre um piloto e o ambiente social que o cerca. Como o caso de Veldhuyzen van Zanten ilustra, é possível alcançar níveis elevados de proficiência na pilotagem de um avião e ainda assim ter pontos cegos perigosos.

QUAL É A IMPORTÂNCIA DA PRÁTICA REALISTA?

A prática realista pode ser necessária para o aprendizado de habilidades dinâmicas, mas nem sempre é fácil. Instrutores de voo antes das reformas de Smith-Barry podiam até ser negligentes, mas não eram irracionais. Não devia ser confortável entregar o comando para um aluno que tinha uma em dez chances de causar um acidente aéreo. Os custos também não podem ser ignorados. O preparo extensivo em sala de aula talvez não gerasse pilotos proficientes, mas era uma forma eficiente de poupar as outras aeronaves disponíveis. Nenhuma dessas questões são exclusivas da aviação. Médicos encaram o mesmo dilema. A falta de profissionais qualificados na área da saúde se deve mais à falta de vagas de residência em hospitais-escola do que à falta de vagas em salas de aula. Em muitos países, a fluência em inglês é valorizada, mas o acesso a falantes nativos é difícil. O resultado é que a estratégia imersiva que funciona tão bem para bebês não é prática para muitos estudantes do idioma. Levando em consideração que a prática realista com frequência é perigosa, cara ou rara, muitos pesquisadores buscam entender em que situações ela é necessária. Uma área que recebeu considerável atenção no treinamento da aviação foi a de simuladores de voo.

Simuladores de voo foram inventados pouco após a criação do avião. O treinador Antoinette, um dos primeiros modelos, foi construído com um barril cortado na direção do comprimento para alunos conseguirem se sentar lá dentro. Os instrutores balançavam o avião para simular o voo e pediam aos alunos que reagirem fazendo ajustes nos controles conectados a alavancas. Porém, o simulador de voo só foi decolar como indústria em 1929, quando Edward Link desenvolveu o Link Trainer. Preocupado com os custos dos cursos de pilotos, Link criou o simulador usando ar comprimido e foles da fábrica de seu pai. O serviço foi originalmente vendido como um brinquedo operado por moedas. Foi só quando o exército americano entendeu seu potencial para o treinamento de pilotos e começou a comprar milhares de aparelhos que os simuladores se tornaram um grande negócio. Hoje, simuladores de voo são uma indústria multibilionária, com gráficos computadorizados realistas, réplicas de cabines e controles de movimento.

Eles são úteis? As pesquisas apresentam resultados consistentes. Os simuladores tendem a apresentar resultados melhores do que uma aeronave de verdade nos estágios iniciais do aprendizado. Após certa experiência, continua sendo útil passar tempo no simulador, mas menos do que tempo sentado no banco do piloto. Entretanto, levando em consideração que um simulador geralmente custa entre 5 e 20% do valor total de uma aeronave de verdade, até a eficácia reduzida pode representar um bom custo-benefício. Alguns estudos apontam que o tempo dedicado a simuladores eventualmente pode acabar sendo prejudicial, já que os alunos aprendem a contar com características do simulador que não estão presentes em uma aeronave real. Stanley Roscoe, psicólogo especializado nas aplicações de simuladores de voo ao treinamento da aviação, sugeriu a hipótese de que a vantagem de treinos excessivos no simulador seria ilustrada como uma curva em desaceleração. Ao comentar sobre o estado de simuladores em 1971, ele escreveu que "a primeira hora de instrução com um treinador em terra vale mais do que uma hora no treinamento pré-voo solo. A décima quinta hora com um treinador em terra com certeza não vale tanto".

Pesquisas subsequentes confirmam o formato geral da curva dele, mesmo que existam questões sobre os valores exatos. Uma meta-análise conduzida em 1990 por John Jacobs, Carolyn Prince, Robert Hays e Eduardo Salas, observou que mais de 90% dos estudos revisados eram favoráveis ao treinamento com simulador mais aeronave do que ao treinamento apenas na aeronave. Da mesma forma, uma revisão conduzida em 1998 por Thomas Carretta e Ronald Dunlap observou que os simuladores ajudavam, mas que o benefício diminuía após 25 incursões simuladas. Uma análise feita em 2005 por Esa Rantanen e Donald Talleur encontrou uma curva semelhante, com as vantagens do simulador sendo maiores do que a mesma proporção de tempo dedicada ao banco do piloto nas primeiras horas, perdendo a força (mais ainda úteis) depois disso, até se tornarem nulas em comparação com o tempo no banco do piloto.

Por que a prática simulada pode ser mais útil do que em um avião de verdade? No começo, voar é atordoante e estressante. As simplificações criadas pelo simulador podem ajudar a entender os elementos básicos de pilotar um avião. Os pesquisadores William e Brian Moroney escrevem que "apesar da ênfase na grande fidelidade e 'realismo', *simuladores não são realistas*. Em certo sentido, a ausência do realismo pode contribuir para sua eficácia". Evidências sobre os efeitos benéficos da simplificação para iniciantes vêm de um estudo de 1990 que treinou procedimentos de aterrissagem em um simulador. Um grupo treinou com vento cruzado, e outro sem. Apesar de o teste ocorrer com vento cruzado, o grupo que teve o melhor desempenho foi o que treinou sem ele. Parece que a distorção criada pelo vento dificultava a compreensão de como os controles influenciavam os movimentos da aeronave.

O tipo de realismo também faz diferença. Novos pilotos com frequência desejam uma experiência semelhante à de estar no ar, porém pesquisadores observaram que a correspondência funcional entre o simulador e um avião de verdade é mais importante. William e Brian Moroney escreveram que "a réplica exata dos controles, monitores e dinâmicas do ambiente é baseada na crença não comprovada de que uma simulação mais fiel resulta em uma transferência maior do treinamento no simulador para a aeronave de verdade". Em vez de gráficos sofisticados, o que faz diferença é que as informações usadas para tomar decisões e os comportamentos dentro do simulador sejam análogos àqueles oferecidos por um avião real.

Como vimos, no entanto, pilotar um avião vai além de apenas manipular controles. O meio social ao redor não pode ser ignorado. Por mais difícil que seja simular uma aeronave mecânica, é quase impossível simular a cultura de um ambiente de trabalho. Os procedimentos padrão de operação podem ser ensinados, mas a maneira como são usados é sempre um processo que surge de forma orgânica a partir das pessoas que praticam o ofício. A proficiência exige a navegação por um mundo social que tanto facilita o aprendizado quanto restringe o acesso.

COGNIÇÃO SITUADA E A CULTURA DO APRENDIZADO

Assim como a indústria da aviação despertava para a importância de interações mais amplas no desempenho da capacidade de pilotar um avião, alguns psicólogos começavam a questionar o desapego de sua disciplina sobre o pensamento na vida rotineira. Ulric Neisser, cujo livro *Cognitive Psychology* foi precursor da revolução da nova ciência do pensamento, escreveu um livro posterior, *Cognition and Reality*, no qual atacava muitos dos dogmas da nova abordagem da psicologia. Em específico, sua preocupação era de que estudos sobre a resolução de problemas e aprendizagem por listas pudessem, no ar rarefeito de laboratórios, estar ignorando aspectos importantes do pensamento real. A cognição situada começou como um movimento focado não apenas em como as pessoas pensam como indivíduos, mas como esse pensamento é limitado e facilitado pelo mundo físico e social que as cerca.

Um exemplo prático da cognição situada é aprender a pegar uma bola de beisebol. É difícil avaliar a trajetória exata da bola. Fazer isso exige a compreensão de equações diferenciais que consideram gravidade, vento e até a rotação da bola. Calcular exatamente onde a bola vai aterrissar é uma habilidade que está além da capacidade da maioria dos humanos. Então, como jogamos beisebol? A resposta é que usamos um atalho. Ao corrermos atrás da bola e mantermos um ângulo constante entre nós e o projétil em movimento, podemos alcançá-la no seu ponto de aterrissagem sem precisar saber o cálculo. A habilidade exige um ciclo constante de feedback entre nós e o ambiente para conseguirmos ser bem-sucedidos. O aspirante a físico pode treinar calcular a trajetória da bola em sala de aula, mas o jogador no campo, não.

Defensores da cognição situada argumentam que essas transferências interativas, em que o raciocínio exige feedback constante do mundo exterior, não se limitam apenas a pegar bolas e pilotar aviões. O mecânico que liga o motor do carro para escutar um som estranho, o empreendedor que faz um teste de produto antes de acelerar a produção, e o chef de cozinha que prova o molho antes de decidir se deve acrescentar mais tempero participam de um processo de improvisação. De acordo com essa visão, não somos capazes de entender o que o mecânico, o empreendedor ou o chef sabem sem levarmos em consideração o ambiente em que praticam. O conhecimento na cabeça deles pode ser mais parecido com o truque do jogador de beisebol do que com a trajetória do físico — confiando no mundo mais do que em uma teoria explícita.

O processo de improvisação se estende à nossa interação com outras pessoas. Quando um avaliador de sinistros precisa decidir se um caso complicado se enquadra na cobertura do seguro, ele consulta colegas. Com o tempo, essas conversas se tornam uma interpretação coletiva sobre como aplicar os protocolos. Quando um novo avaliador entra para a equipe, precisa se adaptar não apenas aos procedimentos de operação como à interpretação desses procedimentos de colegas com mais tempo de casa. O processo ocorre em todas as profissões, desde cientistas que precisam se submeter às avaliações de pares antes de suas descobertas serem declaradas um fato, a advogados que negociam o significado de termos ambíguos como qual seria o padrão de comportamento de um "cidadão razoável". A natureza embutida desse conhecimento frequentemente dificulta sua extração dos contextos em que ele é gerado.

PARTICIPAÇÃO LEGÍTIMA, PERIFÉRICA

A antropóloga Jean Lave, em colaboração com seu aluno Etienne Wenger, propôs uma teoria de participação legítima, periférica, para o processo pelo qual pessoas se agregam à cultura de uma comunidade de prática. Baseando-se em seu trabalho de campo com alfaiates da África Ocidental, Lave observou que aprendizes raramente aprendiam com as instruções explícitas oferecidas por um mestre. Em vez disso, a introdução gradual ao trabalho verdadeiro permitia que se tornassem, "com pouquíssimas exceções, alfaiates especializados, habilidosos e respeitados".

A legitimação e a transparência são essenciais para o processo. Legitimação se refere à aceitação por membros da comunidade sobre o caminho percorrido até a participação total. Um assistente de pesquisa sem credenciais e um estudante de doutorado podem executar trabalhos semelhantes em um laboratório, mas apenas o último segue um caminho legítimo para se tornar cientista. Da mesma forma, não há quantidade de conhecimento judicial que compense a ausência de um diploma em direito aos olhos de um tribunal. No entanto, credenciais são apenas uma manifestação especialmente visível da legitimação. A empresa que tem uma política informal de só promover funcionários da casa para cargos de autoridade faz uma declaração implícita sobre a legitimação de caminhos alternativos para a execução de funções importantes.

Transparência se refere à capacidade de observar e compreender as práticas culturais presentes na comunidade. Em um caso ilustrativo, Lave e Wenger documentam como cortadores de carne de um mercado eram posicionados no balcão de embalagens, enquanto os açougueiros mais experientes trabalhavam em uma parte diferente da instalação. Um açougueiro aprendiz comentou: "Tenho medo de entrar na sala dos fundos. Eu me sinto tão deslocado ali. Faz tempo que não vou lá, porque fico sem saber o que fazer". Sem poderem enxergar como era a prática real, os aprendizes só tinham acesso a instruções formais, que frequentemente enfatizavam habilidades pouco usadas no trabalho.

Lave e Wenger argumentam que o processo de aprendizagem não pode ser considerado algo que acontece apenas dentro da cabeça. Em vez disso, aprender é uma atividade comunitária que engloba tanto a enculturação de novos membros quanto a evolução das práticas sustentadas por interações entre o grupo e com o mundo exterior. Seguindo essa linha de raciocínio, eles defendem que se tornar um aprendiz é um caminho prático mais interessante do que se dedicar em excesso aos estudos.

AS ARMADILHAS DO APRENDIZADO INFORMAL

É fácil romantizar o aprendizado na prática. Mas aprender fazendo tem tantos lados negativos quanto exercícios fora de contexto em sala de aula. Como já vimos, especialistas costumam ser professores ruins, já que com frequência não conseguem explicar os princípios básicos das habilidades que executam. Mesmo quando são capazes de oferecer orientações, é comum que não tenham tempo para ensinar. Estagiários em grandes empresas frequentemente são explorados como uma fonte de trabalho barata, em vez de receberem a oportunidade de crescerem aos poucos em uma profissão. Os membros de um grupo bem cotado podem criar barreiras para novos participantes. Essas barreiras servem para limitar a competição e manter o prestígio dos membros atuais. Eles também tendem a aumentar preços e restringir acesso a serviços essenciais oferecidos pela profissão. Os economistas Morris Kleiner e Evgeny Vorotnikov estimam que o fardo do licenciamento profissional custe à economia dos Estados Unidos entre 183 e 197 bilhões de dólares por ano. Como George Bernard Shaw secamente observou em sua peça *O dilema do médico*, de 1906, "todas as profissões são conspirações contra a laicidade".

A cultura informal gerada por interações comunais nem sempre é benigna. Bullying e assédio são resultados tão prováveis quanto trabalho em equipe e apoio. Normas de comunicação fracas e uma cultura hierárquica na cabine de comando levaram à decisão desastrosa de Jacob Veldhuyzen van Zanten em Tenerife. Melhorias foram resultado de um foco maior no treinamento formal de pilotos, e não apenas da esperança de que a cultura da aviação se consertasse sozinha.

Apesar dessas preocupações, parece claro que o mundo social não pode ser ignorado, tanto pelos iniciantes que desejam entrar em um mercado quanto pelas autoridades e pelos educadores que almejam garantir que essas práticas sirvam ao bem comum. Como novatos, precisamos prestar atenção não apenas ao conteúdo das habilidades que queremos dominar, mas também ao ambiente social que permite o acesso à prática. Como educadores e empregadores, também precisamos reconhecer que lições formais e procedimentos de operação padrão só virão com a prática, após um processo de negociação e acomodação com as pessoas que eventualmente farão o trabalho.

LIÇÕES PARA APRENDER NA VIDA REAL

A aprendizagem situada sugere uma forte necessidade pela prática real. Lições em sala de aula e simulações podem ser essenciais no começo, mas, com o tempo, todas as habilidades devem ser sustentadas por ações no mundo real. Aqui vão algumas lições que devem ser levadas em consideração ao navegar pelos obstáculos sociais e físicos até a prática.

Lição nº 1: Analise como realmente será começar a prática

A legitimação restringe os caminhos possíveis para chegar à prática. Em alguns casos, essas restrições são bem visíveis — como o diploma necessário para se tornar médico, ou o oficial do exército que precisa se tornar major antes de virar general. Em outros casos, a rota para a participação total é obscura. Jason Brennan, professor titular de filosofia na Universidade Georgetown, revisou dados sobre as pessoas que alcançam sucesso no meio acadêmico em seu livro *Good Work If You Can Get It*. Ele observa que a hierarquia acadêmica deve passar por cima de praticamente todas as outras considerações em decisões sobre onde estudar:

> Se você quiser ter sucesso no meio acadêmico, escolha o melhor programa de pós-graduação, com a melhor colocação profissional possível. Isso vale mais do que qualquer outra coisa, incluindo compatibilidade, se você tem os mesmos interesses de pesquisa que o corpo docente, o valor da bolsa ou a localização da universidade.

Brennan desaconselha dedicar muito foco ao ensino: "Os estudantes de pós-graduação que passam mais tempo 'aperfeiçoando seus métodos de dar aula' com frequência não terminam o curso e nunca seguem carreira como professores universitários. Talvez isso seja injusto, mas é assim que as coisas funcionam". Ele também destaca a importância de ter um orientador acadêmico prestigioso. "Uma boa regra básica: você não conseguirá nenhum emprego que seu orientador não conseguiu. Se o seu orientador não seria cogitado para um emprego em Princeton, você também não será."

Os conselhos de Brennan se aplicam ao mundo acadêmico, porém histórias semelhantes poderiam ser contadas sobre a entrada na elite de qualquer profissão. Atuação, empreendedorismo, jornalismo, música e administração têm caminhos surpreendentes limitados rumo ao sucesso. Se você quiser ser um dos poucos que chega ao topo, precisa fazer o dever de casa e aprender como a área de fato funciona. Nem sempre você vai gostar do que descobrir, mas é impossível superar um obstáculo desconhecido.

Lição nº 2: Diferencie habilidades de sinalizações

Como oportunidades para a prática verdadeira podem ser raras, é natural desejar restringi-las aos melhores aspirantes possíveis. No entanto, isso cria tensão quando as habilidades necessárias para conseguir o trabalho não são as necessárias para executá-lo. A teoria da sinalização na pedagogia argumenta que boa parte de nossa educação extensiva e cara não é elaborada para desenvolver habilidades úteis para o mercado de trabalho ou para gerar cidadãos mais conscientes, mas para funcionar como um filtro que permita que vagas limitadas para bons cargos ou treinamentos práticos sejam direcionadas para os melhores candidatos.

Bryan Caplan escreveu uma defesa acalorada da teoria da sinalização em seu livro *The Case Against Education*. Caplan argumenta que os dados econômicos se encaixam melhor na teoria da sinalização do que em teorias alternativas sobre capital humano (a ideia de que escolas ensinam habilidades e conhecimentos úteis, tornando--nos mais produtivos) e viés de habilidade (a ideia de que pessoas inteligentes se formam na escola, e acabarão sendo bem-sucedidas mesmo que abandonem a faculdade). Uma das fontes que ele cita é o efeito pele de carneiro, em que o lucro de um ano extra de faculdade aumenta dramaticamente para estudantes no seu ano de formatura. Se acreditássemos na história do capital humano, esperaríamos que os estudantes se tornassem gradualmente mais produtivos (e, assim, receberiam salários maiores) com cada ano extra de educação formal. Em vez disso, se acreditarmos que a educação formal gira mais em torno de exibir conhecimentos, ética de trabalho ou conformidade social, então boa parte do valor da educação universitária está no diploma. Outra fonte de evidências vem dos diplomas da Educação para Jovens e Adultos. Os estudantes com essas credenciais deveriam ter as mesmas habilidades acadêmicas que aqueles que terminaram o ensino médio regular, mas o valor agregado à EJA é menor.

Atividades completamente inúteis que têm valor para habilidades genéricas de sinalização são um extremo. Na prática, a maioria das oportunidades de aprimoramento é um misto de melhorar a proficiência com um talento de comunicação plausível. O programador que ganha um certificado de novas tecnologias pode aprender tanto quanto uma pessoa que estuda de maneira informal, porém apenas o primeiro pode acrescentar essa informação a seu currículo. Da mesma forma, o gerente que faz sua equipe alcançar bons resultados em um projeto importante pode ter aprendido alguns conceitos valiosos sobre liderança, porém a visibilidade do seu sucesso é mais importante para eventuais promoções. A teoria da sinalização significa que melhorar não basta: você precisa encontrar uma forma de mostrar que isso aconteceu.

Lição nº 3: Aprenda a doutrina da tribo

No Capítulo 4, falamos sobre como doutrinas, ou o conhecimento informal de comunidades, são necessárias para a execução de uma habilidade. As doutrinas também têm uma função diferente, oferecendo sinais de que alguém pertence a um grupo específico. Bernard Brodie, o pai da farmacologia, debateu a heurística que usava para decidir em quais pesquisas prestar atenção no novo ramo dos neurotransmissores. "Quando os experimentos eram bons, chamávamos de sero*tônicos*", recordou-se Brodie. "Quando eu ouvia sero*cômicos*, já sabia que os experimentos eram ruins e ficava em casa."

O teórico educacional E. D. Hirsch argumentou que absorver as doutrinas da sociedade instruída é uma importante função das escolas. Publicações renomadas como *The New York Times* ou *The Atlantic* presumem um grau mínimo de conhecimento cultural. Esse saber anterior facilita a comunicação entre pessoas instruídas, já que elas podem presumir que os leitores saberão o que é a Proclamação da Emancipação ou por que a Magna Carta foi importante. Sem essas doutrinas, discussões informais do meio costumam ser insondáveis. No entanto, doutrinas não são apenas parte da educação geral, já que toda especialização desenvolve jargões exclusivos para facilitar conversas.

Com textos escritos, uma solução para lidar com novos termos simplesmente é ler devagar e procurar todas as palavras ou expressões desconhecidas. Essa abordagem pode ser cansativa no começo, mas, com o tempo, você aprenderá conceitos básicos suficientes para conseguir ler o material com fluência. Em meios interpessoais, ser a pessoa que faz perguntas bobas sobre o significado de palavras pode ser vergonhoso no começo, mas é um preço que precisa ser pago para compreender o trabalho.

A integração com a prática da vida real é necessária, mas raramente suficiente para a maestria. Melhorias exigem a correção de erros e equívocos. No próximo capítulo, falaremos sobre a importância de receber feedback não apenas ao aprender coisas novas, mas ao desaprender hábitos ruins e ideias errôneas.

CAPÍTULO 11

Melhorar não é um processo uniforme

"Sabedoria não significa saber mais do que é novo, mas menos do que é falso."
Henry Wheeler Shaw

- Quando precisamos piorar antes de melhorar?
- Quais são os riscos do desaprendizado?
- Por que o progresso acaba empacando quando não recebemos feedbacks corretivos?

Poucos atletas dominaram seu esporte tanto quanto Tiger Woods dominou o golfe. Com 10 meses, Woods escapou da sua cadeirinha de alimentação para imitar a tacada de golfe do pai com um taco de plástico. Com 2 anos, ele fez sua estreia em rede nacional, jogando bolas para a plateia incrédula do *The Mike Douglas Show*. Aos 15, foi o campeão mais jovem do torneio US Junior Amateur. E, então, venceu-o por três anos consecutivos. Após abandonar os estudos em Stanford para se tornar jogador profissional, ele venceu o torneio

Masters com doze tacadas. Após sua ascensão vertiginosa, Woods fez algo que poucos esperavam: decidiu mudar completamente a maneira como balançava o taco.

Conhecido por seus drives longos, poderosos, Woods usava um movimento de chicoteio para fazer a bola alcançar velocidades maiores que 300 quilômetros por hora. Para produzir a força, seu quadril girava tão rápido que os braços não acompanhavam o ritmo. Esse atraso significava que a face do taco de Wood ficava apontada para fora. Sem correção, a posição faria a bola disparar para a direita, para longe da *fairway*. A intuição cinestésica de Wood permitia que ele corrigisse a discrepância no meio da tacada — girando de leve as mãos para virar o taco e acertar a bola no centro sempre que seus braços "empacavam". Ainda assim, o improviso dependia de sorte e precisão. "Venci por ter o *timing* perfeito", observou Woods ao analisar sua vitória recorde no Masters. "Se eu não tiver isso, não tenho chance." Pelo menos em teoria, ao mudar o método de tacada, Woods poderia contar com uma execução consistente além da sua genialidade atlética.

Porém, a decisão de mudar tinha riscos. Outros jogadores de golfe tiveram suas ambições profissionais destroçadas após tentativas de mudar suas tacadas. David Gossett era considerado um prodígio do golfe, vencendo o torneio US Amateur aos 19 anos. Após alcançar os profissionais, ele decidiu que sua tacada não era boa o suficiente. A mudança ruim afundou sua carreira. "Almejar a todo-poderosa tacada perfeita não é um objetivo realista", diria ele mais tarde para jornalistas. Chip Beck venceu quatro eventos PGA Tour, mas sentiu a necessidade de um novo movimento para bater mais alto na bola. Alguns anos depois, ele abandonou o golfe para se tornar vendedor de seguros. David Duval, Ian Baker-Finch e Seve Ballesteros foram outros jogadores que resolveram remodelar suas tacadas. Todos pararam de competir. "Há muito entranhada nos lobos frontais das crenças do golfe está a ideia de que toda pessoa tem uma tacada 'natural', ou 'inata'", escreve o jornalista esportivo Scott Eden, e que "mudar sua tacada natural é mudar sua alma". O fato de Woods contemplar algo tão radical, não devido à competição acirrada, mas logo após encontrar um sucesso que quebrava recordes, era considerado praticamente uma insanidade. Um comentarista declarou que era como se Michael Jordan decidisse passar a lançar bolas com a mão esquerda, só por diversão.

Apesar dos riscos, Woods não queria fazer as coisas de qualquer jeito. Em vez de ir incrementando aos poucos as modificações sugeridas por seu treinador, Butch Harmon, ele preferiu aplicar tudo ao mesmo tempo. "Não vai ser fácil fazer essa mudança e continuar jogando enquanto se adapta", alertou Harmon. "Não me importo", foi a resposta de Woods. Ele queria ser o melhor jogador de golfe de todos os tempos. Se isso significava recomeçar do zero, paciência. Após dezoito meses praticando sem parar e de um torneio em que teve um desempenho abaixo da média devido à nova tacada, Woods pegou o jeito do novo movimento. No ano seguinte, ele conquistou oito vitórias em torneios, uma façanha que não era vista desde 1974. Nos anos seguintes, ele se tornou o jogador mais jovem a completar um Grand Slam do golfe, vencendo todos os torneios principais e garantindo sua posição no topo do pódio do esporte.

Desde os anos dourados treinando com Harmon, Woods fez pelo menos três grandes mudanças em sua tacada. Alguns críticos argumentam que as transformações frequentes fizeram Woods perder anos no auge do seu condicionamento físico, impedindo-o de alcançar o intocado recorde de Jack Nicklaus de dezoito vitórias em grandes torneios (Woods tem quinze). Uma visão alternativa é que a habilidade de Woods de mudar sua técnica preservou sua longevidade no esporte. O movimento ágil e contorcido de sua tacada adolescente não funcionaria para um homem musculoso de 30 anos, e um joelho cada vez pior e problemas nas costas tornaram inevitáveis grandes ajustes. Independentemente de você achar que as mudanças de Woods o ajudaram ou o prejudicaram — se são um sinal de perfeccionismo nocivo ou da confiança em se arriscar —, ninguém pode questionar o histórico de Woods como um dos melhores jogadores de golfe de todos os tempos.

DESAPRENDER: PIORAR PARA MELHORAR

Apesar de poucos de nós estarmos expostos ao nível de atenção pública e pressão que Tiger Woods recebe, a vida costuma nos colocar em situações em que temos que piorar antes de melhorar. A mudança de carreira que promete estabilidade financeira, mas que cobra o preço de recomeçar completamente em um novo mercado. A busca por um relacionamento saudável que significa terminar algo que não tem mais futuro. A estratégia de repelir um rival oportunista que exige reduzir o ritmo do seu velho empreendimento. Em todos os casos, alcançar um novo patamar nos exige descer um degrau, criando o risco de nunca mais conseguirmos subi-lo novamente.

A dificuldade de desaprender pode ser facilmente observada com habilidades motoras. Em 1967, os psicólogos Paul Fitts e Michael Posner propuseram uma influente teoria sobre como desenvolvemos a proficiência de movimentos. Eles argumentaram que o aprendizado acontece em três fases:

1. **A fase cognitiva.** Nessa fase, a pessoa tenta compreender a tarefa, o que é necessário e como executar a habilidade. O controle

consciente (proposital) dos movimentos é usado conforme o aprendiz tenta entender a técnica correta.

2. **A fase associativa.** Após alcançar a compreensão básica da habilidade, a pessoa faz experimentos. É nessa fase que erros graves são eliminados aos poucos e o desempenho se torna mais uniforme.

3. **A fase autônoma.** Por fim, depois que os erros foram cortados, a habilidade se torna cada vez mais automática. Nesse estágio, as instruções explícitas usadas na primeira fase podem até ser esquecidas. A habilidade pode se tornar quase um reflexo, sem contar com o controle consciente.

Para um novo jogador de golfe, a tacada ainda está na fase cognitiva. Um bom treinador pode orientá-lo a se aproximar do movimento necessário. Nessa fase, é provável que ele pense nas regras explícitas que orientam seu desempenho, tentando se lembrar de não olhar para cima logo depois de acertar a bola ou certificando-se de girar o suficiente o corpo durante o *backswing*. Conforme ele treina em várias condições, chega à fase associativa. Os movimentos são calibrados para situações diferentes, de forma que ele saiba usar tanto tacos de madeira quanto de ferro e ajustar a força para acertar a bola tanto no *fairway* quanto no *rough*. Por fim, conforme o movimento se torna repetidamente treinado, os detalhes deixam de fazer parte da percepção consciente. Quando isso acontece, pensamentos focados na natureza dos movimentos corporais podem afetar a habilidade autônoma. Em vez disso, o melhor desempenho é alcançado ao manter o foco no objetivo do movimento, e não na maneira como ele é executado.

A teoria de Fitts e Posner ajuda a entender os riscos envolvidos na grande mudança de tacada de Woods. Ao fazer ajustes significativos, ele regrediu para a fase cognitiva da aquisição de habilidade. Para ser bem-sucedido, precisou passar novamente pela fase associativa, solucionando erros em variadas condições de jogo e repetindo a tacada vezes suficientes para que o novo movimento se tornasse tão automático que sua velha tacada não voltaria sem querer, especialmente durante momentos de maior pressão, como torneios.

Ainda assim, as fases da aquisição de habilidade também mostram por que grandes mudanças podem ser necessárias. Nenhum movimento habilidoso é executado com a precisão de uma máquina. Se fosse o caso, o desempenho atlético seria impossível. Uma mudança no vento, na grama ou na firmeza do solo mudaria tanto os movimentos de um jogador de golfe que acertar uma bola de forma consistente se tornaria um desafio. Todas as habilidades envolvem certo grau de flexibilidade, permitindo uma adaptação a condições mutáveis. No entanto, essa flexibilidade não é ilimitada. Uma pessoa pode parar de catar milho em um teclado grande e passar a fazer isso em um teclado pequeno, mas treinar esses movimentos jamais transformará essa pessoa em uma datilógrafa. Encontrar uma nova maneira de executar uma habilidade não é apenas ajustar um programa motor existente, mas criar um novo do zero.

EINSTELLUNG E FIXAÇÃO FUNCIONAL: O CONHECIMENTO ANTIGO INTERFERE EM NOVAS IDEIAS?

Capacidades motoras não são os únicos aspectos do aprendizado em que habilidades antigas podem interferir em novos desempenhos. Abraham Luchins estudou a questão de como sucessos anteriores na resolução de problemas poderiam inibir resultados futuros. Em um desafio, ele pediu a participantes que enchessem um balde de água com recipientes de volumes específicos. Por exemplo, uma questão seria encher 20 litros de água usando apenas recipientes de 29 e 3 litros. A resposta é colocar 29 litros, depois remover 3 litros, três vezes. Para esses desafios, Luchins apresentava uma sequência de problemas que poderiam ser solucionados ao repetir um padrão de acrescentar o segundo recipiente, então remover o primeiro uma vez e o terceiro duas vezes. Após várias repetições do padrão, ele ofereceu aos participantes um desafio que poderia ser solucionado com um método mais complicado do que tinham aprendido (isto é, $B - A - 2C$) ou com uma solução mais simples ($A - C$). No experimento inicial, nenhum dos participantes notou a solução mais simples. Luchins chamou essa persistência de um modo habitual de resolver a questão de *Einstellung*, ou a mentalidade "que predispõe um organismo a um tipo de ato motor ou consciente".

A preservação de velhos hábitos de pensamento não se limita a etapas de resolução de problemas. Karl Dunker, psicólogo gestaltista, criou o termo fixação funcional para descrever como a percepção de um objetivo em uma função pode tornar mais difícil imaginar usos alternativos. Em um experimento famoso, ele pediu que participantes solucionassem o problema de prender velas a uma parede. Em uma condição, os participantes receberam caixas, velas e tachas. Em outra, os materiais eram os mesmos, mas as tachas estavam dentro das caixas. Na primeira condição, todos os participantes conseguiram encontrar a solução, que era usar as tachas para prender as caixas à parede, transformando-as em suportes para as velas. Em contraste, menos da metade dos participantes entenderam isso quando as caixas foram entregues cheias. Enxergar a caixa como um recipiente e não como um potencial suporte influenciou muito a maneira como os participantes encararam o problema.

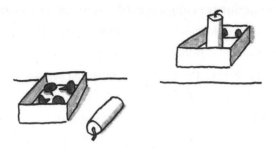

Figura 11
Participantes receberam uma caixa de tachas e uma vela com o propósito de prender a vela a uma parede. Quando as tachas foram apresentadas dentro da caixa, menos participantes cogitaram a solução de usar a caixa como suporte.

A necessidade de desaprender maneiras equivocadas de pensar sobre um problema é uma questão importante na pedagogia. Matérias como economia, física e psicologia fazem alunos encararem formas radicalmente diferentes de pensar sobre assuntos rotineiros. No entanto, pesquisas mostram que muitos alunos não conseguem exportar o raciocínio que aprendem em sala de aula para situações da vida real. Estudantes de física aprendem a calcular força e velocidade de deslocamento como Newton, mas continuam pensando como Aristóteles fora da classe. Estudantes de economia aprendem teorias sobre negócios que aumentam o bem-estar social, mas continuam pensando como mercantilistas ao avaliar políticas públicas. E, como vimos no Capítulo 6, o tradicional conceito psicológico de que a mente funciona como um músculo é amplamente difundido, apesar de existirem muitas provas contrárias.

Em alguns casos, aquilo que precisa ser desaprendido é um equívoco popular. Há poucas evidências que sustentam a ideia de que as pessoas têm estilos de aprendizagem diferentes (por exemplo, visual, auditivo ou cinestésico) e que aprendem melhor quando as instruções combinam com seu estilo preferido, mas ela continua firme e forte na cultura popular. Nesses casos, é improvável que alguém espontaneamente tenha bolado a teoria dos estilos de aprendizagem. Na verdade, é provável que ela seja apenas uma ideia que persiste por parecer plausível de forma intuitiva, e por poucas pessoas conhecerem as pesquisas que a contestam.

Entretanto, equívocos talvez sejam mais profundos em outros casos. Eles podem refletir uma forma mais básica, intuitiva, de lidar com o mundo, desenvolvida fora das instruções, sendo mais difícil de deixar para trás. A teoria do ímpeto do movimento não é um conceito físico muito preciso. Mas pode ser uma aproximação útil do nosso ambiente de alta fricção para propósitos rotineiros. Físicos aspirantes não substituem sua tradicional intuição original sobre o sistema formal baseado na ciência, mas aprendem o sistema mais rigoroso em paralelo. Com o tempo, caso seu conhecimento se aprofunde o suficiente, eles podem conseguir suprimir intuições ingênuas ao se depararem com problemas que exijam um conhecimento de física. Ainda assim, o caminho até a especialização faz muitas curvas. Em um experimento, pesquisadores mostraram uma "corrida" de duas bolas seguindo rotas diferentes. As duas rotas começavam e terminavam na mesma altura, mas tinham declives e aclives diferentes. Em uma simulação, uma das bolas acelerou durante uma subida, alcançando a outra. Poucos estudantes ingênuos sobre a física determinaram o movimento inusitado como realista. No entanto, o mais preocupante foram os participantes que completaram um curso de nível universitário e disseram que o movimento estranho era plausível! Eles erroneamente o justificaram ao evocar a conservação da energia mecânica, que, apesar de exigir que as duas bolas tenham a mesma velocidade ao alcançarem a altura final, não necessita que elas cheguem ao mesmo tempo. Físicos iniciantes podem aplicar os conceitos que aprenderam em aula, mas às vezes têm dificuldade em saber exatamente quando fazê-lo. Assim como uma tacada de golfe bem-praticada, é preciso esforço considerável para substituir as intuições que a natureza nos incentivou a cultivar por toda a vida.

CORTE HÁBITOS RUINS PELA RAIZ

A forma mais fácil de lidar com o problema do desaprendizado é não precisar fazer isso. Aprender a técnica correta, desde o começo, evita a necessidade de voltar e fazer mudanças mais tarde. O acesso a um bom instrutor ou tutor desde o princípio pode prevenir a formação de hábitos ruins que se tornam enraizados. E, em muitos casos, após o melhor método ser aprendido, não há necessidade de novos treinamentos.

A importância de aprender o melhor método pode ser observada no processo de crianças aprendendo cálculos matemáticos, como a subtração com vários dígitos. Os cientistas cognitivos John Seely Brown e Kurt VanLehn observaram que muitos dos erros cometidos por crianças ao aprender esse algoritmo funcionam como bugs em códigos de computador — as crianças não entendem bem como o algoritmo funciona, então usam um procedimento diferente do correto. Por exemplo, um erro comum em questões de subtração é sempre subtrair o número maior do menor. Vejamos o que aconteceria se um estudante cometesse esse erro na questão "$22 - 14 =$?". Em vez de seguir o procedimento apropriado de pegar um emprestado da coluna das dezenas e concluir que "$12 - 4 = 8$", o estudante simplesmente trocaria os dígitos e chegaria à resposta "$4 - 2 = 2$" na coluna das unidades. Praticar mais pode não ser muito eficiente para estudantes que absorveram algoritmos errados, já que eles podem assimilar ainda mais o procedimento incorreto. Uma abordagem mais interessante seria o professor interromper o aluno, explicar o erro e garantir que a técnica seja utilizada da melhor maneira possível. O feedback corretivo pode ser essencial para que alguém não crie hábitos ruins logo no começo.

Para muitas habilidades, não existe um procedimento "correto", mas opções melhores. Professores experientes podem orientar os alunos sobre formas mais promissoras de escrever códigos, bater com um taco de beisebol ou organizar uma redação. Se esses métodos forem praticados com mais frequência, acabarão se tornando automáticos. Caso métodos alternativos menos práticos fiquem enraizados, poderá ser necessário um desaprendizado mais intenso no futuro. Levando em consideração os esforços heroicos que fazer isso exige, o ideal é começar com a abordagem certa.

Só que fugir completamente do desaprendizado nem sempre é possível. Apesar de o uso da técnica correta para fazer subtrações ser apenas uma questão de seguir instruções, há muitas outras habilidades que não têm uma base tão simples. Crianças que têm o inglês como idioma nativo estudam uma sequência regular ao aprender a usar o passado. Elas começam com os verbos irregulares que escutam de adultos (por exemplo, "I went there" [Eu fui lá, em tradução livre], que usa o verbo irregular *go*, "I did it" [Eu fiz isso, em tradução livre], que usa o verbo irregular *do*). Com certa exposição, elas começam a aprender a regra de que podem acrescentar *-ed* a muitos verbos para colocá-los no passado. Isso causa um período de excesso de regularização — em que a regra é aplicada apesar de aquele caso específico ser uma exceção (por exemplo, "I goed there"). Por fim, crianças aprendem a identificar palavras irregulares (por exemplo, *go/went, do/did*) e a usar corretamente o passado de formas regulares e irregulares. Esse tipo de transição é não monotônica, já que as crianças, a princípio, tornam-se menos gramaticalmente corretas ao falar antes de melhorarem. Crianças pequenas também costumam ignorar correções, como muitos pais já notaram ao tentar ajustar a pronúncia dos filhos.

Crianças aprendem gramática de forma automática e não precisam de instruções para falar de forma correta, exceto em raras ocasiões. Tudo que é necessário é exposição e oportunidades para interagir. No entanto, a lógica não monotônica foi observada em outras áreas de aprendizado. Vimla Patel, uma psicóloga especializada em medicina da cognição, observa que o raciocínio de estudantes de medicina frequentemente passa por mudanças semelhantes de qualidade. Por exemplo, tanto estudantes de medicina no começo do curso quanto médicos especialistas tendem a fazer poucas elaborações ao pensar sobre problemas de pacientes. Em contraste, estudantes em nível intermediário tendem a fazer mais suposições e consultar mais informações clínicas do que profissionais iniciantes ou experientes. Esse chamado efeito intermediário ocorre porque novatos têm pouco conhecimento do qual se recordar, então não conseguem elaborar demais o raciocínio quando empacam em algum problema. Especialistas, em contraste, não fazem elaborações por um motivo diferente: é provável que saibam a resposta, então focam apenas as informações essenciais sobre o problema, ignorando aspectos irrelevantes. Seguindo uma linha semelhante, o psicólogo do desenvolvimento Robert Siegler defende uma "hipótese de experiência moderada", que diz que as pessoas têm mais variedade de estratégias (boas e ruins) quando estão em um nível intermediário de experiência em determinada área. Nessa fase, sabemos o suficiente para termos várias opções para lidar com um problema, mas não a ponto de o método ideal suprimir todas as alternativas. A lógica não monotônica significa que o caminho para o domínio nem sempre é uma linha reta. É inevitável que ele tenha altos e baixos.

Em outros casos, desaprender é necessário porque o melhor método simplesmente não está disponível quando começamos.

A nova safra de estudantes de doutorado pode ter mais chances de revolucionar suas respectivas áreas científicas porque não carregam o fardo de raciocínios calcificados sobre velhos problemas. Max Planck, um dos físicos que liderou a revolução quântica, foi astuto ao notar que "a ciência faz um enterro de cada vez". Com frequência, a velha guarda, que passou a vida inteira se acostumando com um paradigma específico, tem dificuldade em fazer a mudança para uma nova perspectiva, mesmo quando as evidências são avassaladoras. Albert Einstein lutou amargamente contra os aspectos não deterministas da mecânica quântica, apesar de vencer seu Prêmio Nobel por descobertas que levaram a ela. Acompanhar as novidades de nossa vida profissional exige ajustes desconfortáveis.

O CONFRONTO DE RACIOCÍNIOS EQUIVOCADOS

Como não nos apegarmos demais aos nossos hábitos? Um método de desaprendizado envolve confrontar pensamentos errôneos com feedback direto. Anders Ericsson argumentou que o segredo para a prática deliberada, seu modelo para como a elite dos especialistas se torna tão hábil, era a presença de feedback imediato e sessões de prática guiada com a ajuda de um treinador. Na sua teoria, o problema da estagnação de nossas habilidades vem da transição para o modelo autônomo de processamento de Fitts e Posner. A parte "deliberada" da prática se refere à necessidade de a pessoa retornar para a fase cognitiva, em que aspectos da habilidade permanecem sob supervisão direta, consciente. Ao misturar esse modo esforçado de processamento com feedback imediato do ambiente, a pessoa pode fazer esforços conscientes para se ajustar. Nesse caso, Woods se encaixa perfeitamente no modelo de prática deliberada. Não apenas ele era conhecido por sua ética de trabalho ao treinar incansavelmente como abordava muitos aspectos da sua tacada com uma perspectiva deliberada — analisando-os e fazendo ajustes conscientes com base em feedbacks.

O feedback também pode ser usado para confrontar equívocos em matérias acadêmicas, como a física. Instruções tradicionais costumam se concentrar na compreensão de equações em problemas bem definidos. Enquanto esse tipo de treinamento, com certeza, é necessário para dominar um assunto, ele pode ser insuficiente para levar um estudante a confrontar diretamente a inadequação de seus conceitos intuitivos. Carl Wieman, físico vencedor do Nobel, argumenta que deveríamos introduzir simulações de física mais práticas. Elas permitiriam que os alunos fizessem previsões sobre o movimento de objetos em experimentos idealizados e que bolassem o modelo mental correto do processo físico que observam. Outros pesquisadores observaram que simulações interativas podem melhorar o conhecimento conceitual quando comparadas com apenas instruções tradicionais. É pouco provável que apenas uma brincadeira com simuladores produza um nível científico de compreensão sobre uma matéria. Mas, quando utilizado em conjunto com exercícios tradicionais com equações, um conjunto grande de atividades pode ajudar a combater a desconexão que muitos alunos sentem entre a física que aprendem em sala de aula e suas observações sobre o movimento de objetos na sua vida diária.

Infelizmente, o feedback direto sobre erros em uma estratégia familiar pode não ser suficiente para consertá-los. Um motivo para isso é que, a menos que a estratégia de substituição seja suficientemente praticada, competir com o velho padrão ainda pode ser trabalhoso demais. Esse é um dos motivos pelos quais jogadores de golfe têm tanta dificuldade em usar uma nova tacada e, sob pressão, com frequência retornam aos velhos hábitos. Mesmo que saibam, no fundo, que o método apresenta erros, talvez a nova maneira de fazer as coisas não funcione tão bem assim! Da mesma forma, muitos novatos na física podem continuar usando raciocínios intuitivos fora de sala de aula, porque raciocinar sobre física é trabalhoso e pode levar a erros. Em contraste, seu sistema intuitivo é fácil e rápido, mesmo que nem sempre leve à resposta correta. Especialistas são mais propensos a se basear em seu treinamento, não apenas porque sabem que não podem confiar em intuições rotineiras, mas também porque o treinamento já está tão praticado que não exige tanto esforço para ser executado. Para desaprendermos estratégias ruins, não apenas precisamos confrontar nossos erros, mas também garantir a aplicação fluente de uma alternativa viável.

ESTRATÉGIAS PARA O DESAPRENDIZADO

Desaprender não é fácil. Não apenas é necessária uma dedicação à prática de novas estratégias até elas conseguirem competir com os velhos hábitos, como também é preciso enfrentar o baque emocional de aceitar um tempo de queda temporária de desempenho. Apesar dessas dificuldades, com frequência encaramos situações em que desaprender é necessário. Hábitos ruins podem ter se enraizado cedo na prática e precisam ser corrigidos; uma mudança de meio, mercado ou no próprio corpo pode exigir que deixemos de lado a maneira como estamos acostumados a fazer as coisas; além disso, o caminho até a proficiência pode causar desvios não monotônicos no desempenho, conforme cambaleamos pela transição desajeitada entre a ingenuidade e a maestria. Aqui vão algumas táticas para facilitar o desaprendizado.

Tática nº 1: Introduza novas limitações

Velhas maneiras de pensar podem ter peso no seu desempenho. Você acaba recorrendo a rotinas mesmo quando tenta fazer algo diferente. É possível prevenir esse retrocesso ao mudar as limitações da tarefa, de forma que executar a habilidade da maneira antiga se torne impossível. Às vezes, essas limitações podem assumir a forma de proibições contra certos atos — escrever um texto sem usar advérbios, ou tentar pintar uma imagem sem usar cores. Em outros casos, elas exigem ações. Lançar saques de tênis com uma raquete menor obriga o jogador a usar o centro dela para bater na bola. Limitações são uma marca de boas práticas de design, em parte porque o espaço de soluções úteis possíveis é tão amplo que, sem restrições, ideias fracas podem acabar sobrecarregando a busca por opções criativas.

Quando criadas por um treinador, limitações podem ser determinadas para combater tendências indesejadas. A instrução deliberada sobre como mover o corpo, voltando para a fase cognitiva do aprendizado, pode ter efeitos colaterais indesejados na fluência do desempenho. No golfe, é comum ocorrer um fenômeno em que a atenção excessiva aos próprios movimentos pode prejudicar uma tacada. Boas limitações, em contraste, conseguem afastar uma pessoa de hábitos ruins sem colocar o foco neles.

Tática nº 2: Encontre um treinador

Um ponto fraco das tentativas autodidatas de melhorar é que pode ser impossível monitorar o próprio desempenho e colocar a habilidade em prática ao mesmo tempo. "Sentir não significa nada" é uma doutrina do aperfeiçoamento no golfe que destaca o fato de que jogadores com frequência avaliam de forma errada a maneira como o próprio corpo se move durante uma tacada. Alguém pode achar que está segurando o taco com leveza, quando, na verdade, quase o estrangula. Um golfista que dá a primeira tacada pode achar que girou o corpo todo, mas acabou levando o taco apenas até metade do caminho necessário. Nossas próprias distorções dificultam uma melhoria.

Aulas e treinos podem fazer muita diferença, mesmo que seus professores não sejam melhores que você. Tiger Woods, por exemplo, trabalhou bastante com treinadores que eram jogadores muito piores que ele. Mas, por eles conseguirem observar o que você faz sem precisar dedicar espaço mental para executar a habilidade em si, conseguem entender melhor seu desempenho.

Tática nº 3: Renove em vez de recriar

No fim das contas, mudanças totais de uma habilidade muito usada costumam ser a exceção, e não a regra. Poucos jogadores de golfe alcançariam a elite do esporte se fizessem revisões tão frequentes em seus movimentos básicos. O fato de Woods ter conseguido superar esse desafio é prova de sua habilidade atlética e ética de trabalho. Na maioria dos casos, provavelmente é melhor aprimorar ou modificar a base que sustenta nosso conhecimento, em vez de destruir tudo e recomeçar do zero. Seja uma tacada de golfe ou uma perspectiva científica, a opção mais segura costuma ser fazer mudanças com tranquilidade — buscar as saliências entre as montanhas em vez de impetuosamente descer até o vale lá embaixo. Assim como o navio de Teseu, cujas tábuas de madeira foram substituídas uma por uma até que não restasse nada da embarcação original, transformações radicais de perspectiva são mais fáceis de alcançar ao ajustarmos uma parte de cada vez, em vez de ameaçarmos jogar fora toda a base.

A necessidade de desaprender não se limita a ideias intelectuais ou habilidades atléticas. No fim das contas, as emoções costumam ser as maiores barreiras para o aprimoramento. Medos e ansiedades nos impedem de aprender. Receber feedback é importante não apenas para corrigir erros, mas para colocar à prova nossas próprias apreensões.

CAPÍTULO 12

Os medos desaparecem com a exposição

"Uma das maiores fraquezas de todas as teorias psicológicas é a presunção de que as pessoas são extremamente vulneráveis a ameaças e estresse. Essas teorias foram criadas para criaturas mais medrosas do que os seres humanos."

Stanley Rachman, psicólogo

- Por que muitas das precauções que tomamos para evitar ansiedades as tornam piores?
- Como podemos sair da zona de conforto?
- Coragem e destemor são a mesma coisa?

Nos anos que precederam a Segunda Guerra Mundial, conforme o conflito com a Alemanha passava a ser visto como inevitável, líderes começaram a encarar a possibilidade de um novo tipo de perigo: aviões que poderiam bombardear grandes centros populacionais. Os ataques aéreos durante a Primeira Guerra Mundial tinham sido limitados. Apenas 300 toneladas de explosivos haviam caído sobre

Londres durante todo o conflito. Nas décadas entre as guerras, a tecnologia havia avançado, gerando a possibilidade de uma nova escala de destruição. Era imaginado que a Alemanha poderia começar com uma *blitzkrieg* repentina, lançando 3,5 mil toneladas nas primeiras 24 horas de ataque, com outras centenas sendo lançadas diariamente durante semanas. Previa-se que as fatalidades estariam na casa de centenas de milhares. Cidades inteiras poderiam ser destruídas após apenas algumas semanas.

Além da devastação física, políticos, líderes e psicólogos estavam em consenso sobre a inevitabilidade de um pânico em massa. Em um discurso na Câmara dos Comuns, o ex-primeiro-ministro britânico, Stanley Baldwin, articulou esses medos: "Acredito que faça sentido que as pessoas na rua entendam que não existe poder neste planeta capaz de protegê-las das bombas. Seja lá o que for dito para elas, os bombardeiros chegarão". Em um discurso público, Winston Churchill previu que entre três e quatro milhões de pessoas poderiam abandonar grandes centros urbanos após ataques. Dezenas de milhares de policiais foram convocados para impedir que multidões se pisoteassem durante o inevitável êxodo. Um grupo de psiquiatras renomados em Londres preparou um relatório em que argumentavam que as baixas psicológicas provavelmente superariam as físicas em uma proporção de três para um. O consenso entre especialistas foi mais bem expresso quando o conhecido diretor de uma clínica de Londres disse que estava "claro para todos que haverá uma inundação imediata de casos de neurose com a declaração da guerra — e com certeza após o primeiro ataque aéreo".

Ainda assim, quando a guerra começou e conforme as bombas eram lançadas, o pânico em massa não aconteceu. "Para a grande surpresa de praticamente todos, as baixas psicológicas foram poucas, apesar das mortes e da destruição causadas pelos ataques", escreve o psicólogo Stanley Rachman. Em um relatório, entre os 578 feridos hospitalizados após um bombardeio pesado, apenas dois sofriam primariamente de sintomas psicológicos. Em outro, só quinze de 1,1 mil pacientes em uma clínica apresentavam sinais óbvios de transtornos mentais. Longe de serem inundados com neuróticos traumatizados, a quantidade de pacientes internada em hospitais psiquiátricos em 1940 se mostrou menor do que em 1938, apresentando outra queda em 1941. "Uma questão fica muito clara", escreveu o psicólogo Irving Janis, "houve um declínio óbvio nas reações de medo intenso conforme os bombardeios aéreos continuaram, apesar de os ataques se tornarem mais intensos e destrutivos."

Testemunhas da vida diária durante a Blitz mostram ainda mais a resiliência de pessoas comuns. Philip Vernon, que analisou dezenas de médicos e psicólogos que trabalharam durante a guerra, observou que "perto do começo do confronto, o mero som de sirenes era suficiente para enviar grandes multidões para abrigos". No entanto, conforme os bombardeios se intensificaram, "os londrinos passaram a ignorar as sirenes, a menos que acompanhadas pelo som de aviões, tiros ou bombas e, em algumas regiões, mencionar que elas estavam soando passou a ser considerado uma grosseria". Outro observador da época relatou: "A tranquilidade do cidadão médio continua surpreendendo. No caminho para o trabalho, moradores de bairros afastados, que até ontem tinham passado por bombardeios piores do que os habitantes do centro de Londres, calmamente se vangloriavam sobre o tamanho das crateras de bombas em suas vizinhanças para outros passageiros do trem matinal, da mesma forma como falariam sobre suas roseiras ou plantações de abóbora em verões mais tranquilos."

A impassividade dos britânicos não era uma característica exclusiva deles. Sobreviventes das bombas atômicas de Hiroshima e Nagasaki também apresentaram taxas surpreendentemente baixas de transtornos mentais. Relatos semelhantes vieram de cidades alemãs bombardeadas, com uma pluralidade de participantes de uma pesquisa indicando que sentiam menos medo após bombardeios sucessivos. Em um exemplo mais recente, por acaso, Philip Saigh estava conduzindo um estudo sobre ansiedade em Beirute, no Líbano, pouco antes da invasão de dez semanas por forças israelenses, em 1982. Ao fazer um acompanhamento com participantes do estudo, ele observou que os níveis de ansiedade permaneciam semelhantes antes e após a invasão. Além disso, as pessoas que não saíram da cidade apresentavam um declínio marcante em suas reações de medo diante de estímulos associados à guerra. O pânico histérico durante desastres é mais comum na imaginação popular do que na realidade. Como avalia Lee Clark em seu artigo "Panic: Myth or Reality?", a imagem hollywoodiana de pessoas se pisoteando durante uma emergência não se baseia em fatos. "Após cinco décadas estudando vários desastres, como enchentes, terremotos e tornados, um dos achados mais constantes é que as pessoas raramente perdem o controle."

A experiência dos britânicos durante a Blitz ilustra um princípio psicológico importante: medos tendem a diminuir com a exposição. A experiência do medo sem sofrer males diretos reduz a sensação em situações semelhantes no futuro. Mesmo diante do terror de bombardeios noturnos, a resposta típica não é aumento de ansiedade, mas adaptação.

O APRENDIZADO DO MEDO E DA SEGURANÇA

O medo costuma lançar uma sombra maior do que qualquer dificuldade intelectual sobre nossos esforços de aprimoramento: a pessoa que dedica anos ao estudo de francês, mas não se sente confortável em praticar o idioma durante uma viagem a Paris. O estudante nervoso para fazer uma prova, que sente o estômago revirar antes de começar a anotar suas respostas. O candidato a uma vaga de emprego que recusa uma oportunidade porque não se sente "pronto" — apesar de ser completamente qualificado para ela. Quantos de nós fogem completamente de certas habilidades ou matérias porque a ideia de praticá-las nos enche de pavor? Apesar dessas dificuldades, é comum não entendermos nossos medos. Mais importante, acabamos não vendo como as estratégias que usamos para reduzir a ansiedade podem piorá-la.

A origem da ansiedade é uma fonte de especulação da psicologia há muito tempo. Sigmund Freud notoriamente alegava que ansiedades eram impulsos infantis, reprimidos no subconsciente. William James acreditava que medos eram inatos, amadurecendo com experiências apropriadas. O pai do behaviorismo, John Watson, argumentava que medos vinham de um processo simples de condicionamento. Em seu infame experimento com o pequeno Albert, ele repetidamente mostrou um rato branco para o menino de 11 meses, ao mesmo tempo que arranhava uma barra de aço às suas costas para produzir um som alto. Conforme o susto causado pelo barulho se tornava associado ao rato, a criança passou a temer não apenas o animal, mas todo tipo de seres brancos e peludos. A teoria do condicionamento do medo ajuda a explicar uma divergência de reações aos bombardeios durante a Blitz. Aqueles que escapavam "por pouco" — que estavam dentro de um prédio que foi bombardeado ou que testemunharam um ferimento fatal — com frequência viam seus medos retornarem temporariamente. Em contraste, os que escapavam "por muito" — que ouviam o estrondo distante de explosões, mas não se feriam — tinham uma propensão maior a sentir menos medo. O aumento ou o alívio de temores dependia, em parte, de quanto o perigo da exposição era direto.

A teoria do condicionamento do medo, no entanto, tem suas questões. Ecoando William James, o psicólogo Martin Seligman argumentou que somos predispostos a ter alguns medos, mas não outros. É muito mais fácil encontrar pessoas com fobia de cobras do que de tomadas elétricas, apesar de mais pessoas terem sofrido choques do que picadas. Os medos também podem chegar sem um episódio explícito de condicionamento. O temor de bombardeios aéreos era maior na Inglaterra antes da guerra — quando ninguém tinha passado por um ataque. Apesar de algumas fobias e ansiedades poderem ser associadas a experiências especialmente traumáticas, outras parecem se desenvolver sem motivo. Medos podem surgir por tabela, ao testemunhar a reação temerosa de outra pessoa, e pela verbalização, como quando tememos um assalto em uma região específica da cidade, após sermos alertados de que ela é perigosa. Evitar perigos é um dever evolutivo. Faz sentido que tenhamos vários caminhos até ele além dos que exigem uma experiência direta. Um animal que só detectasse o perigo após correr o risco de morte não sobreviveria por tempo suficiente para deixar muitos descendentes. Teorias modernas sobre a ansiedade colocam a culpa em uma mistura de fatores, incluindo experiências específicas, estímulos gerais de estresse e predisposições inatas.

Apesar de a teoria do condicionamento do medo não oferecer uma explicação perfeita sobre as origens dos temores, ela é um bom ponto de partida para refletirmos sobre as bases da ansiedade. De acordo com a influente teoria dos dois fatores de Orval Mowrer, ansiedades irracionais persistem porque tentamos fugir delas. Quando nos deparamos com algo que consideramos uma ameaça, a reação natural é encontrar uma maneira de neutralizá-la. A pessoa que tem medo de falar em público encontra uma desculpa para fugir de apresentações de trabalho. O estudante que não gosta de equações evita fazer aulas que utilizem matemática. O introvertido ansioso fica em casa em vez de ir a festas. Fugir do medo, no entanto, causa dois efeitos colaterais que dificultam ainda mais a erradicação da ansiedade.

O primeiro é que, ao evitar os estímulos potencialmente perigosos, não captamos novas informações para entender se a ameaça imaginada de fato é significativa. Ao evitar o feedback, a associação condicionada entre o estímulo temido e o perigo não pode ser abolida. Como um inseto preso em âmbar, nossos medos são preservados porque não nos permitimos encontrar evidências que os desmintam. A segunda dificuldade é que a fuga se torna um reforço. Imagine uma situação que gere ansiedade em você (por exemplo, uma prova, uma apresentação em público ou uma entrevista de emprego). Ao se preocupar sobre essa questão, você toma atitudes para reduzir algo que considera uma ameaça (por exemplo, abandona o curso, pede a outra pessoa que faça a apresentação ou abre mão da oportunidade de trabalho). Agora, a ansiedade passou, e você se sente aliviado. Ainda assim, esse alívio pode funcionar como uma recompensa psicológica, fortalecendo o evitamento no futuro. Esse tipo de condicionamento é chamado de reforço negativo, já que a remoção de um sofrimento em potencial se torna um sinal positivo para o sistema nervoso central. A fuga perpetua a ansiedade.

Fugir não apenas significa escapar literalmente. O transtorno obsessivo-compulsivo é caracterizado pela execução de rituais complexos para evitar consequências temidas. Lavar as mãos quando elas estão sujas é algo positivo, mas lavá-las a cada quinze minutos é excessivo. Nesse caso, a lavagem ritualizada funciona como um evitamento: a pessoa sente ansiedade sobre estar suja, imediatamente lava as mãos várias vezes, e a questão considerada uma ameaça é solucionada. O comportamento de lavar as mãos é reforçado no futuro, e a pessoa não recebe o feedback que mostraria que aquilo é desnecessário. É claro que nem todo evitamento é nocivo. O mesmo processo entra em ação quando nos sentimos ansiosos sobre uma prova importante e começamos a nos dedicar mais aos estudos como reação. Uma pessoa que prefere não chegar perto demais da beira de um penhasco está sendo completamente razoável, não sofrendo de medo de altura. Ansiedade e fuga não são defeitos, mas características muito úteis. O evitamento só se torna um problema quando interfere em nossa vida. Se você tomar passos que pouco neutralizam o perigo, ou se o custo de tomar medidas de prevenção for completamente desproporcional aos riscos reais, a ansiedade é disruptiva, e não adaptativa.

A exposição diminui a ansiedade pelos processos de extinção e habituação. O termo *extinção* vem de pesquisas sobre o processo de aprendizagem de animais. Se tocarmos um sino ao oferecer comida, o cachorro aprenderá a salivar apenas com o som. No entanto, se tocarmos o sino por vezes suficientes sem oferecer comida, a reação aprendida acaba sendo extinguida com o tempo. Da mesma forma, de acordo com a teoria do condicionamento por medo, nossas ansiedades são associações aprendidas entre sinais e perigo. Ao nos expormos ao sinal e não nos depararmos com perigo, revisamos nossas expectativas. Como resultado, o aprendizado do medo é reprimido. O segundo mecanismo da exposição é a habituação. Ela ocorre quando um estímulo que naturalmente causa uma reação específica passa a causar menor impacto conforme nos deparamos mais vezes com ele. Um estrondo pode fazer você pular por instinto, mas, conforme o mesmo som se repete várias vezes, o susto passa. Para entender a diferença entre extinção e habituação, vejamos como seria superar o medo de fazer uma apresentação de comédia stand-up ao participar de um evento de improvisação. Extinção seria subir no palco e perceber que, ao contrário das suas expectativas, as chances de você ser humilhado eram pequenas. A habituação seria perder o incômodo por ser um péssimo comediante após ser vaiado dezenas de vezes.

A exposição ao medo sem perigo real leva ao aprendizado da segurança. Seria tentador presumir que a segurança aprendida funciona ao apagar o condicionamento do medo original. Assim, do mesmo jeito que aprender a temer um estímulo neutro pode ser considerado um processo de condicionamento, sanar esse medo seria visto como um "esquecimento" gradual da associação anterior. Infelizmente, não é bem assim. Na verdade, o aprendizado da segurança parece ser um processo de construção de uma nova memória, usando circuitos neurais distintos, que inibem a reação de medo original. Evidências para a visão das duas memórias vêm de pesquisas que mostram que, apesar de a exposição reduzir medos, os temores adquiridos parecem ser mais gerais e duráveis que a segurança aprendida. O resultado é que temores extintos podem retornar quando encaramos o medo em um novo contexto, após um intervalo de tempo entre episódios de exposição ou até devido a fatores estressantes que não têm qualquer conexão com o medo original. Sendo consistente com essa teoria, Vernon observou que o temor de ataques aéreos tendia a voltar após uma pausa prolongada nos bombardeios, como se a proteção contra a ansiedade tivesse passado. A exposição funciona melhor quando é oferecida em uma ampla variedade de contextos e periodicamente renovada. Algumas pesquisas até sugerem que o reforço ocasional — em que as consequências temidas *ocorrem* durante a exposição — gera benefícios mais duráveis do que a exposição em que o perigo sempre é inexistente, uma vez que isso fortalece mais o aprendizado da segurança em caso de uma experiência aversiva azarada.

A EXPOSIÇÃO BASTA PARA SUPERAR MEDOS?

As vantagens terapêuticas da exposição são observadas há tempos, mesmo que nem sempre tenham sido compreendidas. Em seu tratado *Alguns pensamentos sobre a educação*, o filósofo britânico John Locke prescreveu um regime de aumento gradual de encontros para curar a fobia de animais. Da mesma forma, o poeta alemão Johann Wolfgang von Goethe superou o medo de altura que sentia na juventude ao ficar de pé sobre uma pequena marquise da catedral local repetidas vezes. Após completar esses exercícios, ele passou a gostar de escalar montanhas e deixou de sentir medo de subir em construções altas. Mas foi apenas na década de 1950, quando Joseph Wolpe introduziu seu protocolo de dessensibilização sistemática, que a exposição se tornou uma parte regular do tratamento clínico para a ansiedade.

Wolpe trabalhou com pacientes para que desenvolvessem uma escala de medos. Isso envolveu uma lista ordenada de situações, começando pelas que causavam um leve desconforto e progredindo até as que provocavam pavor extremo. Ao gradualmente passarem por essas situações, com o uso de técnicas de relaxamento, os pacientes foram perdendo os medos. A teoria de Wolpe era que o relaxamento e a ansiedade inibiam-se mutuamente, portanto, ao usar técnicas de respiração para relaxar o paciente enquanto este enfrentava estímulos estressantes, a associação estressante seria neutralizada. Apesar de o protocolo ser muito útil, a teoria da inibição recíproca não se confirmou. Pesquisas subsequentes observaram que o relaxamento, apesar de ter o potencial de ajudar, não era necessário para que o efeito desejado fosse alcançado. A exposição ainda funcionava, mesmo que os níveis de estresse permanecessem elevados durante a experiência.

Por volta da mesma época do desenvolvimento da dessensibilização sistemática de Wolpe, as terapias implosiva e de inundação também usavam a exposição para tratar o medo. Em vez de gradualmente aumentar o contato, a inundação apresentava desde o começo ao paciente a situação que ele mais temia e impedia-o de fugir. Uma pessoa com fobia de cachorros poderia ser trancada em uma sala com um cachorro que latia, sendo impossibilitada de sair até o medo diminuir. A terapia implosiva era semelhante, mas costumava ser executada com situações fantasiosas muito vívidas, guiadas por um terapeuta, em vez de uma exposição real. Ambas seguiam a presunção de que ativar completamente um medo era necessário para combatê-lo e que formas mais leves de exposição não teriam um efeito terapêutico abrangente. Mais uma vez, pesquisas minuciosas confirmaram o valor geral da exposição dentro desses tratamentos, mas foi observado que reações extremas de medo eram desnecessárias. A exposição passou a ser considerada o ingrediente ativo, com o debate sobre mergulhar ou encarar aos poucos o medo, tornando-se menos proeminente.

Conforme abordagens cognitivas se tornaram mais em voga do que o behaviorismo nos departamentos de psicologia, terapias baseadas na análise de pensamentos e crenças ganharam força em detrimento de técnicas apenas comportamentais. A terapia cognitiva enfatizava não apenas o comportamento dos pacientes ao usar a linguagem de estímulos e reações, mas também o conteúdo dos pensamentos deles. A aversão a festas de uma pessoa que sofre de fobia social, por exemplo, não é apenas um evitamento habitual, dependendo também de uma visão de mundo distorcida, como a crença de que a rejeição social é uma probabilidade. Apesar de ter uma base teórica e apelar ao bom senso, há poucas evidências da eficácia adicional da terapia cognitiva além do uso da exposição. Terapias cognitivo-comportamentais, que incluem tanto tratamentos de exposição quanto conversacionais, não costumam apresentar resultados melhores que terapias baseadas apenas na exposição. Mais recentemente, abordagens baseadas em mindfulness para lidar com a ansiedade ganharam popularidade, embora ainda não existam provas de que elas funcionem melhor do que a simples exposição.

Uma explicação para a surpreendente ausência de eficácia de terapias que tentam mudar crenças, induzir o relaxamento ou alterar padrões de pensamento sem exposição é que ameaças são processadas por circuitos neurais diferentes daqueles usados por nossas memórias e crenças acessadas de forma consciente. "A terapia conversacional exige uma recuperação proposital de memórias e a racionalização de suas origens e/ou consequências, dependendo assim dos circuitos de memória de trabalho do córtex pré-frontal lateral. Em contraste, terapias de exposição dependem de áreas pré-frontais mediais que contribuem para a extinção, processo no qual a exposição é modelada", explica o neurocientista Joseph LeDoux. "O fato de as áreas frontais mediais se conectarem com a amídala, ao contrário das outras, pode ser responsável pela facilidade e a rapidez com que abordagens expositivas tratam medos, fobias e ansiedade." Em outras palavras, dissecar suas crenças pode não ajudar se a ansiedade for mantida pelo circuito neural de uma parte diferente do seu cérebro. Apesar dessa distinção neuroanatômica, LeDoux observa que a relação entre a exposição praticada em contextos terapêuticos e os estudos de extinção feitos com animais é complicada. Incentivar alguém a se expor a uma situação temida costuma exigir conversas. Sendo assim, pode ser que a explicação para a eficácia da exposição dependa de crenças e expectativas conscientemente acessíveis, mas que a melhor forma de mudá-las seja por meio de experiências diretas, e não por debates. Ajustar crenças conscientes pode ser útil para manter as vantagens terapêuticas da exposição, protegendo contra recaídas. Mesmo assim, segundo a visão de que o medo é motivado em parte por circuitos neurais inconscientes, pesquisadores observaram que a exposição subliminar, quando os estímulos temidos são mascarados para não serem notados de forma consciente, pode reduzir evitamentos. Apenas falar sobre ansiedades quase nunca é suficiente para superá-las.

Apesar das dificuldades para encontrar formas consistentes de melhorar a exposição, o protocolo básico permanece notavelmente bem-sucedido. Uma meta-análise sobre o uso de tratamentos de exposição para fobias específicas identificou grandes efeitos em comparação com condições de placebo ou nenhum tratamento. Além disso, os autores observaram que terapias de exposição apresentam resultados melhores do que terapias alternativas. Outras meta-análises chegaram a conclusões semelhantes com fobias sociais, ansiedade generalizada, pânico e transtorno obsessivo-compulsivo — com efeitos mais ou menos iguais aos encontrados com intervenções farmacológicas. A exposição tem sido usada de forma bem-sucedida no tratamento do transtorno de estresse pós-traumático, algo notável diante da crença difundida de que a exposição piora o trauma. Pacientes não apresentam uma propensão maior a abandonar terapias que utilizam a exposição, e muitos pacientes a consideram úteis e legítimas. Apesar das fortes evidências científicas sobre as vantagens do método, os pesquisadores Jonathan Abramowitz, Brett Deacon e Stephen Whiteside relatam que "a maioria dos pacientes com qualquer transtorno de ansiedade não recebe psicoterapia baseada em evidências; na verdade, a terapia psicodinâmica é oferecida com a mesma frequência que [terapias cognitivo-comportamentais]". A exposição funciona, mesmo que seja pouco usada.

MEDO E MAESTRIA

O medo causa um desfalque duplo no processo de aprendizagem. Primeiro, porque, como o impulso natural diante da ansiedade é o evitamento, tendemos a não praticar habilidades que nos assustam. O motorista tímido, o apresentador inseguro ou a pessoa com fobia de matemática costumam fazer questão de evitar situações em que teriam que usar essas habilidades. Mas não ter prática suficiente também garante que essas habilidades permaneçam pouco desenvolvidas e trabalhosas — incentivando a ideia de que é preciso evitar usá-las. Pior, a ansiedade ocupa o espaço da mente ao ficar remoendo o problema. Habilidades complexas são mais difíceis de aprender quando estamos muito agitados com preocupações distrativas que lotam a capacidade limitada da memória de trabalho.

Não é fácil passar por cima da ansiedade, mas a exposição pelo menos oferece uma escapatória. Se pudermos nos expor às nossas apreensões, em situações em que os riscos são modestos, o medo diminuirá com o tempo. É mais fácil praticar quando estamos menos apavorados. A prática melhora nosso desempenho e reduz o esforço necessário, expandindo ainda mais a variedade de situações em que faz sentido usar a habilidade. O que antes era um padrão autorreforçante de ansiedade e evitamento pode ser substituído por um aumento de confiança e entusiasmo.

A dificuldade, é claro, é sair do padrão do evitamento e passar para a mentalidade entusiasmada da pessoa disposta a encarar os próprios medos. Apesar de o processo de exposição poder ser desanimador, acredito que aceitar e compreender completamente o raciocínio teórico pode nos incentivar a praticá-lo. Os medos parecem completamente objetivos quando estamos sob seu controle. A ideia de falar em público *é* assustadora mesmo, e não apenas uma reação subjetiva a uma situação ambígua. A partir desse ponto de vista, é difícil ter noção de como seria fácil e natural fazer isso se apenas subíssemos no palco por vezes suficientes.

Aceitar a lógica da exposição não torna a coragem desnecessária. Como vimos, falar sobre medos não os elimina. No entanto, se refletirmos sobre como até situações indiscutivelmente assustadoras, como o bombardeio da Blitz durante a guerra, podem se tornar normais com exposições contínuas, talvez possamos desenvolver a coragem de tomar medidas que confrontem os medos muito menores que nos limitam.

ESTRATÉGIAS PARA SUPERAR O MEDO

A coragem não se limita apenas a sobreviventes de combates. A vida nos desafia com inúmeros medos e ansiedades corriqueiros. Nessas situações, podemos escolher como reagir — procurando experiências para testar a realidade de nossos medos, ou fugir e deixá-los para sempre no escuro. Para superar temores, precisamos de feedback. Não apenas uma compreensão intelectual de que nossas preocupações são exageradas, mas o feedback visceral da experiência direta.

Vejamos algumas estratégias para usar a exposição em nossos medos.

Estratégia nº 1: Crie sua escala de medos

A prática de Wolpe de pedir a pacientes que construíssem uma escala de medos continua sendo usada em tratamentos cognitivo--comportamentais da ansiedade nos dias de hoje. Apesar de o debate sobre inundação ou exposição gradual ter sido considerado teoricamente irrelevante, ainda podem existir motivos práticos para que seja melhor ir aos poucos. Um motivo é apenas que talvez você não consiga aguentar a exposição se o medo for intenso demais! Isso pode acontecer mais nos casos em que a exposição é feita por conta própria, quando a voz autoritária do terapeuta não está lá para oferecer incentivos.

Abramowitz enfatiza a necessidade de imitar os aspectos situacionais, cognitivos e fisiológicos do medo tanto quanto possível. "A importância de usar os mesmos aspectos do medo do paciente é essencial: uma pessoa que teme cachorros precisa confrontar os tipos de cachorro que a assustam. Alguém que tem medo de germes hospitalares deve confrontar elementos *dentro de um hospital*. Alguém que ache que pode colocar fogo na casa se sair e deixar uma luz acesa precisa acender o máximo possível de luzes e ir para a rua, e assim por diante." Aplicar os mesmos aspectos situacionais durante a exposição significa identificar exatamente de quais cenários a pessoa acha que sentirá medo. Expor-se a situações que são apenas superficialmente semelhantes, mas não causam desconforto, é inútil.

A criação de uma escala de medos também pode ser o primeiro passo para questionar a validade de algumas das presunções em que eles se baseiam. Assim como até o pesadelo mais apavorante pode parecer uma tolice quando o repetimos em voz alta, a base de nossos medos pode parecer menos plausível quando colocamos no papel aquilo que tememos e o que esperamos que aconteça. Apesar de já termos visto que a mudança de uma crença por si só é insuficiente para impedir nosso circuito inconsciente de detecção de ameaças, isso pode incentivar a exposição. A eficácia moderada da terapia cognitiva sem exposição talvez seja justificada pelo fato de que as pessoas executam exposições por conta própria após questionarem a validade de suas crenças sobre as ameaças.

Estratégia nº 2: Não diga "Vai dar tudo certo"

Diante de uma preocupação, é natural buscar tranquilização. Infelizmente, isso pode causar exatamente o mesmo problema que os comportamentos de fuga já mencionados. "É importante observar que o propósito da terapia de exposição não é persuadir nem tranquilizar o paciente de que ele está completamente seguro ou que as consequências temidas são impossíveis", escreve Abramowitz, acrescentando que "o terapeuta jamais deve garantir ao paciente que 'vai dar tudo certo'." A presença de um terapeuta, paradoxalmente, pode tornar a exposição menos eficiente, se o paciente entender que a presença dele o manterá em segurança.

Assim como pode ser interessante fazer uma lista de medos, é útil listar evitamentos comuns. Podem incluir fugas de verdade, como a pessoa que evita falar em reuniões devido à ansiedade social, ou envolver recursos que aumentam a sensação de segurança. Uma pessoa que se preocupa em passar vergonha por transpirar demais talvez use antitranspirantes fortes em excesso. Apesar de o comportamento "funcionar" para reduzir a ansiedade, ele pode fazer com que a pessoa passe a depender da tranquilização, mesmo em momentos inconvenientes. Ir a uma festa com a intenção de suar o máximo possível seria uma forma mais adequada de superar a crença de que suor visível atrairá julgamentos sociais muito negativos.

Por fim, o processo de exposição se trata de testar nossas expectativas temerosas. Não podemos fazer isso se minarmos o experimento, buscando maneiras de neutralizar potenciais ameaças. Uma pessoa que tem medo de falar em público pode ficar com vergonha no palco. O objetivo da exposição não é provar que a humilhação é impossível, mas reconhecer que ela é menos provável do que parece e que, mesmo que ocorra, teremos mais facilidade de lidar com ela do que imaginamos. Testar medos exige o enfrentamento de riscos aceitáveis, e não tentativas de eliminar todos os perigos possíveis de forma imprudente e inútil.

Estratégia nº 3: Encare medos em conjunto

É mais fácil ter coragem em grupo do que sozinho. "Existem evidências consistentes de que fazer parte de um pequeno grupo coeso pode ser importante para o controle do medo", escreve o psicólogo Stanley Rachman; "a maioria das pessoas parece mais suscetível ao medo nos momentos em que está sozinha". Ter um propósito social protegeu bombeiros, especialistas em resgate e enfermeiros de alguns dos piores efeitos psicológicos da Blitz. Vernon argumenta que as pessoas que moravam sozinhas eram as mais propensas a apresentar pioras após bombardeios contínuos. Parte da explicação para a resiliência impressionante observada durante desastres se deve ao fato de as pessoas não encararem seus medos sozinhas.

O medo de falar em público provavelmente faz mais diferença do que uma capacidade retórica quando se trata da habilidade da maioria das pessoas de fazer apresentações. Ainda assim, muitos de nós têm pouca oportunidade de praticar a atividade. A exposição limitada e infrequente faz com que o medo de falar em público permaneça intenso. Participar de grupos de estudo de matemática ou clubes de conversação para praticar um idioma também pode ser vantajoso por oferecer exposição à situação causadora de ansiedade na presença de outras pessoas.

Estratégia nº 4: Diferencie coragem de destemor

Coragem não é a mesma coisa que agir sem medo. "O medo não é uma bobagem", explica Rachman. Em vez disso, ele argumenta que o temor pode ser visto como, pelo menos, três componentes diferentes que interagem entre si: um componente fisiológico da excitação (por exemplo, batimentos cardíacos acelerados, suor nas mãos), um componente subjetivo de crenças e sentimentos, e um componente comportamental de evitamento e busca por segurança. Apesar de os três sistemas geralmente apontarem na mesma direção, eles não são idênticos. As pessoas costumam se ver em situações em que os estados fisiológico e subjetivo do medo estão muito elevados, mas conseguem persistir em suas tarefas mesmo assim. A coragem não é agir sem medo, mas agir apesar do medo.

É pouco provável que a exposição seja amplamente generaliza-da para vários medos diferentes. Como debatemos, o aprendizado da segurança tende a ser mais específico do que o aprendizado do medo, então a exposição é necessária em vários contextos para ter efeito, recebendo reforços regulares. No entanto, pensar na coragem como uma postura e uma filosofia de vida pode ser mais justificável. "Pessoas temerosas têm a forte tendência a superestimar o medo que acreditam que sentirão ao se depararem com o objeto ou a situação que as aflige", explica Rachman. Ele revisou evidências de várias áreas que mostram que as pessoas superestimam o pavor que sentirão durante eventos e subestimam a própria capacidade de manter a compostura. Por fim, o conhecimento que adquirimos ao encararmos nossos medos não se limita à realidade sobre o perigo, mas também nos mostra a realidade sobre nós mesmos.

O CAMINHO PARA O APRIMORAMENTO

Observar exemplos, praticar e receber feedback são essenciais para melhorarmos em qualquer coisa. Só que aprender é mais do que um processo intelectual. As emoções, do medo ao entusiasmo, têm um papel no mínimo igual ao determinar quais habilidades conseguimos aprimorar. Na conclusão, vamos resumir as várias perspectivas debatidas neste livro, encerrando com conselhos práticos para trilhar o caminho até o aprimoramento.

A prática que leva à perfeição

Uma velha lenda conta sobre um lenhador que recebeu um machado e três horas para cortar uma grande árvore. O lenhador decidiu passar as primeiras duas horas e meia amolando o machado. Da mesma forma, dedicamos inúmeras horas da nossa vida a coisas que queremos fazer bem. Desejamos ser melhores pais, profissionais, artistas e atletas. Em comparação com toda a madeira que precisamos cortar, é comum passarmos apenas uma pequena fração do nosso tempo tentando amolar o machado. Comecei a escrever este livro com um leitor específico em mente: alguém que se interessa em saber como a aprendizagem funciona. Alguém que deseja se tornar melhor, seja tirando notas máximas em provas, tornando-se especialista no seu ramo ou se sentindo confiante ao praticar determinado esporte ou hobby. Ou talvez alguém que esteja mais interessado em ajudar os outros a melhorar. Um treinador, um professor, um empregador ou um pai que deseja entender como auxiliar as pessoas ao redor a adquirir habilidades valiosas. Apesar de serem ossos do ofício fazer declarações abrangentes sobre o próprio público quando se é escritor, eu me sinto bem confiante em afirmar que, se você chegou até aqui, é porque sabe que afiar seu machado faz diferença.

Ao longo deste livro, compartilhei histórias e pesquisas sobre como o aprendizado funciona. Nós falamos sobre a importância de exemplos e como nossos esforços para solucionar problemas se baseiam no conhecimento dos outros, analisamos o gargalo da mente e como ele limita o caminho para a maestria, refletimos sobre a importância de desenvolver habilidades a partir de uma base sólida, e vimos como extrair conhecimento de especialistas que frequentemente se esquecem de como era ser um iniciante. Nós nos aprofundamos no poder da prática: a importância da resolução progressiva de problemas e a dosagem dos níveis de dificuldade em nosso treinamento, por que a mente não é um músculo e como deveríamos ser mais precisos em nossas tentativas de melhorar, além do valor da variação no desenvolvimento de habilidades flexíveis e por que conquistas na vanguarda da criatividade são tão correlacionadas com a produtividade geral. Por fim, examinamos o papel crucial do feedback: por que as estimativas de muitos especialistas são excessivamente confiantes em ambientes cheios de incerteza, como o meio físico e social dita as habilidades que precisamos dominar, o papel do desaprendizado em uma eventual maestria, e como podemos superar medos e ansiedades saindo da zona de conforto para aprender algo novo. Em cada um desses capítulos, tentei sintetizar uma perspectiva proeminente oferecida por pesquisas e sugerir algumas observações práticas. A ciência da aprendizagem é diversa e, com frequência, controversa. Apesar de eu ter certeza de que nem todo mundo concordará com todas as minhas conclusões, espero que as citações listadas nas notas de fim sejam um ponto de partida para leitores sérios analisarem algumas dessas ideias por conta própria.

Neste capítulo, quero me afastar das pesquisas e tentar reunir todas essas perspectivas diversas, oferecendo conselhos gerais. Meu foco principal será você como uma pessoa que está aprendendo.

Também tentarei refletir sobre as diretrizes de pesquisas sobre como podemos nos tornar professores, treinadores e mentores melhores para aqueles que dependem de nós.

TRÊS QUESTÕES SOBRE A MAESTRIA

O economista e escritor Tyler Cowen gosta de perguntar para as pessoas: "O que você treina que pode ser comparado com a prática de escalas por um pianista?". As pessoas que não têm uma boa resposta para essa pergunta, segundo ele, talvez não levem muito a sério o aperfeiçoamento de seu ofício. O mundo está mudando rápido. Habilidades que poderiam sustentar uma profissão durante uma vida inteira estão se tornando obsoletas conforme novas tecnologias conseguem executá-las de maneira automática. O aprendizado vitalício deixou de ser apenas uma máxima simpática e tornou-se uma necessidade. Levando em consideração a relevância dele, creio que seja importante fazer a si mesmo três perguntas sobre os objetivos que você almeja.

Pergunta nº 1: Como posso melhorar a maneira como aprendo com os outros?
Exemplos, como vimos, têm um papel essencial no aprendizado de habilidades complexas. Ser capaz de aprender com os outros é uma característica que distingue nossa espécie. Enxergamos mais longe ao nos apoiarmos nas percepções conquistadas com muito esforço por aqueles que nos antecederam. Ao buscar materiais para o aprendizado:

1. **Encontre exemplos que incluam todos os passos necessários para solucionar o problema.** Apesar de podermos facilmente observar os atos físicos de outra pessoa ao executar uma

habilidade, a movimentação mental é invisível. Na verdade, o problema de aprender com especialistas é que a fluência deles em uma habilidade faz com que pulem etapas. Um bom exemplo trabalhado pode mostrar os passos para solucionar um problema de forma que toda ação seja compreensível para a pessoa que a estuda.

2. **Certifique-se de ter aprendido conhecimentos básicos suficientes para os exemplos fazerem sentido.** Compreender não é uma questão de tudo ou nada, então precisamos usar o bom senso. Explicações de menos tornam o problema uma resposta decorada sem qualquer aplicação geral. Explicações de mais nos jogam em um turbilhão de reflexões intermináveis.

3. **Procure exemplos variados para generalizar padrões de resolução de problemas.** A habilidade de formar analogias e conceitos abstratos a partir de situações concretas é essencial para nossa flexibilidade enquanto pensadores. Apesar disso, novatos em uma área tendem a encarar problemas mais em termos de situações superficiais do que como princípios profundos. Oferecer vários exemplos com ampla variação facilita o entendimento daquilo que eles têm em comum. Para evitar o excesso de generalizações, também costuma ser interessante apresentar contraexemplos: situações aparentemente semelhantes que não funcionam por um motivo sutil.

O ponto de partida óbvio para procurar exemplos é em cursos bem-estruturados. Eles têm a vantagem de sequenciar exemplos, certificando-se de que o conhecimento básico seja disponibilizado e revelando etapas mentais invisíveis executadas por especialistas. Como vimos no Capítulo 3, começar com uma boa base pode fazer uma grande diferença para a maestria e a motivação. Aulas presenciais, grandes cursos abertos virtuais, livros-texto e até vídeos no

YouTube podem oferecer um bom ponto de partida para muitas habilidades. Se você tiver condições e houver a possibilidade de procurar ajuda, aulas particulares também são muito úteis — principalmente se houver pouco material disponível sobre o assunto.

Conforme ganhamos experiência em uma área, aulas cheias de exemplos trabalhados tendem a ser menos comuns. Isso acontece em parte por uma questão de economia. A maioria das pessoas é iniciante quando se trata de alguma habilidade, então existe um mercado maior para aquelas que estão começando. Além disso, o conhecimento tende a se dividir em especializações conforme progredimos em uma habilidade. Isso torna muito difícil encontrar materiais confiáveis conforme progredimos. No entanto, estar em um patamar mais elevado não significa que aprender com exemplos seja inútil. Lembre-se de que, no Capítulo 1, Andrew Wiles, apesar de ter um PhD em matemática necessário para solucionar o Último Teorema de Fermat, precisou passar dois anos aprendendo novas informações para se preparar para a demonstração. Na verdade, é apenas uma questão de precisarmos recorrer a recursos mais informais conforme progredimos para além dos exemplos organizados em cursos.

Participar de comunidades que praticam a habilidade que desejamos dominar pode ser essencial para um progresso contínuo, indo além das etapas apresentadas em recursos para iniciantes. Isso vale especialmente para habilidades profissionais, em que bons exemplos costumam ser difíceis de encontrar sem acesso ao ambiente de trabalho. Para profissões que dependem de conhecimento de ponta, como ciências ou tecnologia, o acesso a comunidades que trabalham na vanguarda pode ser essencial se você quiser fazer suas próprias contribuições. Mesmo no caso de profissões que não dependem da geração de novos conhecimentos, o acesso a um meio com padrões rigorosos e problemas de trabalho variados pode ajudar a impulsionar suas habilidades. Consultores de gerenciamento encaram uma variedade de problemas mais ampla ao lidar com várias empresas do que as pessoas que trabalham em uma única. Um estudo até observou que consultores tinham desempenho melhor do que gerentes de restaurante quando questionados sobre questões de negócios de um restaurante, apesar de terem níveis semelhantes de estudo geral. Mapear uma rota para a participação nesses ambientes de aprendizado acelerados não garante acesso a eles, mas é um primeiro passo importante.

Entretanto, conviver com pessoas habilidosas geralmente não basta. Pode ser complicado extrair conhecimento de especialistas, mas podemos assimilar as lições como uma análise de tarefa cognitiva. Pedir que solucionem problemas na sua frente, escutar suas histórias com atenção para entender a linha do tempo de eventos ou apenas perguntar quem eles consideram ser uma pessoa especialista em questões específicas podem ser formas de revelar aquilo que a experiência esconde.

Pergunta nº 2: Como posso tornar minha prática mais eficiente?

O acesso a exemplos de boa qualidade é apenas o primeiro passo para a aprendizagem eficiente. Qualquer maestria exige muita prática. Infelizmente, nossa intuição é um guia falível quando se trata dos tipos de práticas mais eficientes. Estudantes tendem a achar que dificuldades desejáveis, como a recuperação de memórias, o espaçamento dos estudos ou a intercalação, são ineficientes, mesmo quando elas os ajudam a aprender melhor. Ainda que o tipo correto de prática raramente seja óbvio, podemos usar os princípios mencionados aqui para aprimorar nossos esforços.

O primeiro aspecto a ser considerado é a complexidade. A memória de trabalho é limitada, porém a carga cognitiva para determinada tarefa depende muito de nossas experiências anteriores com ela. Isso significa que o tipo mais eficiente de prática muda o tempo todo no processo de aprendizagem. No começo, é vantajoso receber mais orientações, fazer repetições e estudar exemplos de resolução de problemas. No entanto, conforme vamos ganhando experiência, esse conselho muda, e encontramos mais benefícios com problemas menos estruturados, prática variada e desafios cada vez mais complexos. Uma forma de pensar sobre essa tensão é que, no começo, o desafio principal é levar o conhecimento para sua cabeça. Apesar de ser possível aprender por meio da experiência direta, os espaços potencialmente vastos da busca pela resolução dos problemas e a carga cognitiva pesada de análises de meios e resultados com frequência tornam mais eficiente estudar exemplos. No entanto, depois que o conhecimento entra na sua cabeça, o problema passa a ser extraí-lo nos momentos certos! Isso exige prática conforme você vai entendendo quais padrões de resolução de problema aprendidos no começo se aplicam a situações ambíguas. Uma forma de evitar as armadilhas de não conseguir absorver o conhecimento certo ou de não usá-lo no momento necessário é criando um ciclo de prática. Ao juntar a observação de um exemplo, a tentativa de prática e o recebimento de feedback, começamos a assimilar os padrões do desempenho especializado.

Outra consideração é a proporção da prática. Nosso ciclo deve se focar em um componente específico da habilidade — como o fichamento de vocabulário, saques de tênis ou problemas de matemática? Ou deve ser mais amplo — digamos, diálogos inteiros, partidas de tênis ou a aplicação de princípios matemáticos em uma situação real? Os defensores do primeiro método tendem a se concentrar no valor da prática parcial como uma maneira de reduzir a carga cognitiva, beneficiando aprendizes que poderiam ter dificuldade em aplicar toda a habilidade. Também pode ser mais fácil inserir treinos

repetitivos em uma sessão de prática. Um jogador de basquete pode realizar mais passes de bandeja durante um treino do que em uma partida. Defensores da tarefa completa argumentam que repetir um exercício até ele se tornar totalmente automático não necessariamente se traduz em fluência como um todo. Uma pessoa que usa fichamentos para estudar vocabulário pode reconhecer as palavras instantaneamente, mas ainda assim parar para pensar ao ouvi-las no contexto de uma conversa. A prática da tarefa completa também é mais significativa, uma vez que as ações são compreendidas em um contexto útil. Assim como acontece com a tensão entre observar exemplos e resolver problemas por conta própria, acredito que treinos repetitivos e a prática realista são igualmente importantes.*
Os treinos repetitivos podem ajudar a realização de pontos problemáticos em uma habilidade complexa e reduzir a carga cognitiva em situações difíceis. Mas também precisamos de muita prática com tarefas completas para que essas habilidades se tornem integradas e sejam bem-compreendidas. Podemos solucionar a tensão ao alternar entre os métodos, fazendo um ciclo de treinos repetitivos e prática realista além dos ciclos básicos de prática que reúnem observar, fazer e receber feedback.

Como uma reflexão final, também devemos ser realistas ao pensarmos sobre o que é uma habilidade. A mente não é um músculo, então capacidades com descrições vagas, como se tornar mais hábil em solucionar problemas, pensar de forma estratégica ou ser mais criativo, provavelmente não são coisas que possam ser aprimoradas ou praticadas no geral. Em vez disso, nos tornamos mais hábeis em

---

* Para um resumo mais abrangente sobre a literatura científica que compara as vantagens da prática parcial ou de tarefas completas, recomendo que o leitor interessado consulte as revisões de WICKENS et al.; WIGHTMAN e LINTERN; e FABIAN. Também recomendo a influente teoria de James Naylor e George Briggs, que argumentava que tarefas se beneficiam mais da prática parcial conforme se tornam mais complexas, e se beneficiam mais da prática total conforme se tornam mais integradas.

solucionar problemas quando acumulamos mais métodos fortes para resolver questões específicas. Conseguimos pensar de forma estratégica ao aprendermos estratégias e modelos mentais aplicáveis a certas situações. Ficamos mais criativos ao sermos expostos a conhecimentos úteis e encontrarmos um ambiente seguro para explorá-los de formas desconhecidas. Não há problema algum em ter objetivos mais amplos. Tornar-se completamente fluente em todos os aspectos de um idioma é uma ótima aspiração. Mas também é verdade que esse objetivo exigiria o acúmulo de muitas palavras e expressões individuais, além da prática de habilidades de pronúncia, leitura, escrita e escuta. Ambições grandiosas de nos tornarmos comunicadores, programadores, investidores, escritores ou artistas melhores devem ser acompanhadas do reconhecimento de que isso é alcançado com a construção e a integração de muitos conhecimentos e habilidades específicos. Uma sinfonia só pode ser tocada com notas musicais.

Pergunta nº 3: Como posso melhorar a qualidade do meu feedback?

Por fim, receber feedbacks realistas, de qualidade, é essencial. Alguns feedbacks são apenas exemplos, apresentados após o desempenho. Se você der uma resposta errada em uma prova de matemática, seu professor pode apresentar a solução na forma de um exemplo trabalhado, mostrando o que deveria ter sido feito. Esse tipo de feedback é especialmente valioso, porque une as vantagens de observar um exemplo com o fato de que você se mostrará mais propenso a prestar atenção e analisar a resposta certa após errá-la pouco tempo antes. Isso funciona bem quando existe uma única resposta correta e é relativamente fácil comparar o que você fez com a solução tradicional.

No entanto, a maioria das áreas não é assim. Há muitas formas de escrever uma redação, projetar um prédio, liderar uma equipe ou dar um discurso — ainda que algumas maneiras sejam melhores do que outras. O feedback corretivo nesses casos ainda pode ser valioso. Um professor, mentor ou treinador sábio sugere ajustes à abordagem usada, em vez de apenas compará-la com a única resposta correta. O valor informativo do feedback é óbvio, mas receber feedback de outra pessoa introduz consequências sociais e motivacionais que nem sempre são positivas. O feedback corretivo com frequência se mistura a julgamentos avaliatórios. A nota que você tira em uma redação não é apenas um incentivo para melhorar sua escrita, mas também uma pontuação que determina se você passará na aula e se formará. O feedback pode ser desmotivante, como bem sabe todo mundo que já se deparou com uma reação especialmente cruel a algo a que se dedicou muito. Porém feedbacks positivos também podem desmotivar o aprendizado. Pesquisas mostram que elogios generalizados — "Você é tão inteligente!" — também reduzem o esforço, já que incentivam as pessoas a acreditar que não precisam melhorar. Essas considerações sociais e motivacionais podem facilmente acabar com a vantagem esperada do feedback. Um bom ambiente de feedback é aquele usado para auxiliar o aprendizado, e não para recompensar ou punir desempenhos, concentrando-se em oferecer correções sobre a tarefa em vez de julgar o indivíduo, tendo como base uma relação de confiança e respeito mútuos.

E as habilidades para as quais não existe uma resposta certa ou um professor que possa facilmente nos orientar para uma solução melhor? Como vimos no Capítulo 9, muita experiência não significa especialização. Se o ambiente de aprendizado for incerto e recebermos feedbacks inconsistentes, podemos acabar ganhando um excesso de confiança e nos tornar medíocres. Melhorar a qualidade do feedback oferecido naturalmente pelo ambiente é importante para o desenvolvimento verdadeiro da habilidade. Algumas estratégias para isso incluem:

1. **Acompanhar resultados e o desempenho.** Para habilidades em que os resultados são muito variáveis, é fácil nos enganarmos sobre a precisão em longo prazo de nossas decisões. Acompanhar resultados pode ferir o ego quando isso nos faz perceber que não somos tão proficientes quanto pensávamos, mas é algo necessário para calibrar nossa abordagem. Números não contam a história toda, mas nos ajudam a manter os pés no chão.

2. **Faça relatórios após a atividade.** Como discutido na introdução, relatórios sobre a execução de missões foram essenciais para os pilotos de caça do programa Top Gun aprenderem com o feedback de suas simulações. Uma grande dificuldade em aprender com a experiência é que quase não nos resta espaço para refletir ou avaliar a própria performance quando a capacidade de nossa memória de trabalho é dedicada à execução de uma habilidade. Registros de tentativas de prática que possam ser analisados posteriormente são uma forma de notar a necessidade de melhorias que talvez sejam imperceptíveis no momento da execução.

3. **Consulte mais opiniões.** As pessoas têm muitos pontos cognitivos cegos. Apesar de grupos não resolverem essas questões por si só, eles podem reduzi-las. Juntar-se a uma equipe em que os membros dissecam e debatem o trabalho uns dos outros é uma ferramenta poderosa para destacar pontos fracos que poderiam passar despercebidos.

O feedback não é apenas a correção de erros. A vida é dinâmica e exige interações contínuas entre nós mesmos e o mundo físico e social ao nosso redor. A prática realista vai ganhando importância conforme progredimos, porque o feedback gerado pelo contato com o ambiente se torna incorporado em nossas habilidades. O ambiente social também tem um papel importante, já que práticas surgem informalmente na atividade constante de grupos que trabalham juntos, com frequência sendo implícitas e diferentes da prática visível descrita por livros e na sala de aula. Isso não significa que a prática mais realista seja sempre melhor. Carga cognitiva, custos, acesso e feedbacks melhores são fatores que podem tornar simuladores mais eficientes do que uma experiência real. Mas é quase impossível alcançar a maestria verdadeira sem a interação direta com os ambientes em que uma habilidade de fato é usada.

Apreensões e medos também são moldados pelo feedback. Nossas ansiedades sobre aprender um novo idioma, estudar matemática, subir no palco ou trabalhar em uma nova área costumam ser determinantes maiores da nossa capacidade de progredir do que a memória ou o raciocínio. Ainda assim, é difícil dispensar medos apenas com a força do pensamento. Na verdade, é a exposição aos sinais do ambiente de que determinadas ameaças são exageradas que ajusta não apenas nossas crenças, mas nossas emoções.

ALGUMAS REFLEXÕES FINAIS SOBRE NOSSA CAPACIDADE DE MELHORAR

O processo de melhorar pode ser tanto empolgante quanto frustrante. Finalmente, conseguir "entender" um assunto, descer uma montanha de esqui sem cair, completar uma pintura bonita, falar outro idioma ou publicar algo que seus colegas respeitem — poucas coisas conseguem competir com a sensação de dominar uma habilidade difícil. Mas aprender também pode causar frustrações. Podemos passar anos praticando algo e ainda nos sentirmos hesitantes. Nós desistimos de hobbies, esportes, oportunidades profissionais e áreas de estudo porque não nos sentimos capazes de aprendê-los. Meu interesse resistente pelo aprendizado como matéria se deve, em parte, porque nossas tentativas de melhorar englobam dois extremos.

Quando comecei este livro, eu já tinha passado duas décadas escrevendo e pensando sobre aprendizagem. Minha carreira como escritor se iniciou na faculdade, publicando dicas de estudo em um blog pessoal. Após me formar, mergulhei de cabeça em projetos longos para aprender programação, idiomas, desenho, entre outras coisas. Os sucessos e os tropeços formaram a base para o meu livro anterior, *Ultra-aprendizado*. Na época, achei que tinha escrito tudo o que era possível sobre o assunto e estava pronto para seguir para novas questões. No entanto, duas coisas me levaram à pesquisa para este livro. A primeira foi encontrar a história sobre o Tetris que contei na introdução. Enquanto *Ultra-aprendizado* havia documentado conquistas individuais impressionantes sobre habilidades de aprendizado, a história do Tetris não falava sobre um jogador específico, mas sobre uma cultura que possibilitou melhorias. Isso fez com que eu me interessasse por vários sistemas de aprendizado, desde o sistema de aprendizes de arte da Renascença até a prática informal dos músicos de jazz, as oficinas de escrita para escritores de ficção científica, o treinamento de pilotos e as instruções fonéticas na alfabetização. Neste livro, quis ir além das histórias de algumas pessoas impressionantes que aprenderam rápido e me concentrar nos fatores básicos da aprendizagem como um todo.

O segundo fator que me fez escrever este livro foi uma questão não resolvida no meu livro anterior. Em *Ultra-aprendizado*, escrevi sobre pesquisas decepcionantes sobre a transferência de aprendizado — isto é, como boa parte dos avanços em uma habilidade geram melhorias em outras. Na época, parecia óbvio para mim que, se a taxa de transferências era menor do que imaginávamos, deveríamos dedicar mais tempo à prática das habilidades que desejamos aprimorar. Como costuma ser o caso quando aprendemos mais sobre um assunto, minha intuição original não foi confirmada nem negada, mas complicada. Como mostro no Capítulo 6, muitas pesquisas observam que habilidades tendem a ser relativamente específicas. No entanto, a ciência também se distanciou da ideia de que apenas praticar uma habilidade específica sempre causará uma melhora nela. O trabalho de John Sweller sobre a teoria da carga cognitiva, a teoria do aprendizado social de Albert Bandura e o sucesso da Instrução Direta mostraram a importância de ter bons exemplos e explicações claras. O trabalho de Paul Meehl sobre intuição clínica complicou a crença de que anos de experiência necessariamente geravam avaliações precisas. A necessidade de aprender com os outros complica minha intuição original, porque mesmo que habilidades sejam relativamente específicas, podemos não ter acesso ao mentor perfeito para nos ensinar aquilo que precisamos saber. A forma final deste livro foi, em muitos sentidos, uma tentativa de reconciliar essas duas limitações conflitantes — a necessidade de aprendermos com os outros e a importância de conhecimento e prática específicos para o aprimoramento.

Em *Ultra-aprendizado*, escrevi que a preparação para aquele livro era um reflexo do seu tema: um projeto de aprendizagem autodidata intenso para escrever um livro sobre pessoas autodidatas intensas. Também me sinto assim sobre este livro. Escrevê-lo foi um processo de mergulhar em comunidades fechadas de especialistas — de tentar entender descobertas e teorias divergentes. De tentar entender aquilo que especialistas que dedicaram a vida inteira a esse assunto pensam sobre as questões (e por que com frequência discordam entre si), mas também de formar uma opinião própria, refletindo sobre a minha experiência ao aprender habilidades e assuntos diferentes. Espero ter conseguido mostrar certa diversidade de visões, assim como áreas amplas de consenso, demonstrando um ponto de vista coerente. Deixo ao leitor a tarefa de decidir se tive ou não sucesso.

UM POUCO MAIS DE CHÃO NO CAMINHO PARA A MAESTRIA

A maestria pode ser assustadora. Sempre há um pouco mais a aprender do que teremos tempo de abordar durante a vida. Durante as pesquisas para este livro, fui constantemente lembrado de algo. Para cada questão que parecia ser respondida, dezenas de outras surgiam para ocupar seu lugar. A busca pela maestria pode ser impossível. Ela se afasta quando você chega perto demais. Cada montanha escalada mostra apenas todas as outras que ainda restam ser exploradas.

Ao nos compararmos com talentos mundialmente renomados, a maioria de nós nunca se tornará mestre em nada na vida. Nunca seremos investidores tão sagazes quanto Warren Buffett, músicos tão talentosos quanto Miles Davis nem matemáticos tão espertos quanto Andrew Wiles. Se o objetivo da maestria for alcançar o auge da proficiência, então todos nós estamos fadados ao fracasso. Mas almejá-la e fracassar em alcançá-la é um bom fracasso. Pois mesmo quando não podemos nos tornar os melhores, ainda podemos melhorar um pouco nas coisas que mais valorizamos. E melhorar um pouco com frequência é suficiente.

AGRADECIMENTOS

Este livro não existiria sem a ajuda de muitas pessoas. Quero agradecer à minha agente, Laurie Abkemeier, que o guiou desde sua concepção original (e durante as muitas mudanças subsequentes); minha editora, Hollis Heimbouch, por sua confiança em mim e suas orientações; e a toda a equipe da Harper Business, que trabalharam muito para transformar este livro em realidade. Quero agradecer a Vatsal Jaiswal, Megan Young, Barbara Oakley, Cal Newport, Tristan de Montebello e Kalid Azad pelas muitas conversas interessantes enquanto as ideias tomavam forma. Também quero agradecer aos muitos cientistas e pesquisadores que conversaram comigo sobre seu trabalho, ajudando-me a entender a formidável literatura científica: Paul Kirschner, John Sweller, Carl Bereiter, Vimla Patel, Fred Paas, Stephen Reed, Jeffrey Karpicke, Richard Mayer, Arthur Reber, Robert Bjork, Pedro de Bruyckere, Richard Clark, David Perkins, Alan Schoenfeld, Richard Nisbett, Bruce Rawlings, Halszka Jarodzka, David Klahr, Manu Kapur, Robert DeKeyser, John Shea, Philip Tetlock, David Moshman, Jose Mestre, Carl Wieman, Dean Simonton e Jeroen van Merriënboer. Quaisquer erros cometidos na explicação de conceitos científicos com certeza são culpa minha, e não deles. Quero agradecer aos meus pais, Marian e Douglas Young, que são educadores e ensinaram-me que aprender é uma recompensa por si só. Por último, e não menos importante, quero agradecer à minha esposa maravilhosa, Zorica, por seu apoio, paciência e orientação infinitos. Eu não teria conseguido sem você.

NOTAS

Introdução: Como funciona o aprendizado

10 Joseph Saelee começou uma partida de Tetris (SAELEE, 2020a).

11 Tinha alcançado o nível 34 (SAELEE, 2020b).

11 A primeira "quebra de limite" documentada (ECSTASY, 2011).

11 Durante o mesmo torneio (SCHONBRUN, 2021).

11 Como um jogo. Estou devendo uma a John Green por ter compartilhado essa história (GREEN, 2018).

12 Cientista da computação russo Alexey Pajitnov (GAMING, 2018).

12 "Temos o melhor desempenho no *Tetris*" (ECSTASY, 2011).

12 Alucinar com blocos caindo (GOLDSMITH, 1994).

14 Inventou a técnica (ECSTASY, 2011).

15 Um documentário de 2010 (ECSTASY, 2011).

15 Essa lacuna de conhecimento (ECSTASY, 2011).

17 "O segredo do sucesso da nossa espécie" (HENRICH, 2015).

17 Uma versão modificada da mesma tarefa for apresentada a crianças de 5 anos (RAWLINGS, 2022).

17 A exceção gritante estava no aprendizado social (HERRMANN et al., 2007).

19 Muitos se esforçaram para desenvolver: Jan Baptista van Helmont, por exemplo, tirou medidas cuidadosas do peso de alguns dos seus primeiros estudos, primeiro ao provar que o peso de uma árvore não vem do solo, e então quando demonstrou que a massa da areia não muda quando ela é transformada em vidro (PRINCIPE, 2013).

19 "As principais fontes da alquimia" (PRINCIPE, 2013, p. 2).

19 O experimento de Robert Boyle (BOYLE, R., 1660).

20 "Não existe uma única pessoa no mundo" (FRIEDMAN, 1980).

21 Pesquisadores observaram a atividade cerebral (HAIER et al., 2009).

22 A recuperação é melhor do que a revisão (ROWLAND, 2014).

23 Ainda assim, os estudantes preferem (CLARK, R., 1982).

23 Apesar de três mil repetições da atividade (THORNDIKE, 1931).

23 O conceito da prática deliberada (ERICSSON; KRAMPE; TESCH-RÖMER, 1993).

23 Pesquisadores observaram que a qualidade do atendimento (CHOUDHRY; FLETCHER; SOUMERAI, 2005).

24 Uma proporção seis vezes maior (ERICSSON, 2009, p. 49).

24 Experimento conduzido com operadores da bolsa de valores (ERICSSON, 2009, p. 49).

25 A invenção do papel foi criticada por Sócrates (PLATÃO, *Fedro*).

25 Cerca de 60% dos empregos (AUTOR et al., 2022).

Capítulo 1: Solucionar problemas é uma questão de pesquisa

33   "Quando não for possível sair" (DUNCKER, 1945).

34   Euler implorou para um amigo (SINGH, 1998).

34   Ele fez de bobos os matemáticos Augustin Cauchy e Gabriel Lamé (SINGH, 1998).

34   Paul Wolfskehl anunciou um prêmio (SINGH, 1998).

35   "Parecia algo tão simples" (SINGH, 1998).

35   Gerhard Frey sugeriu uma conexão (SINGH, 1998).

37   "Parecia ser exatamente o que eu precisava" (SINGH, 1998).

37   "Teria que usar um maquinário muito sofisticado" (SINGH, 1998).

37   "Nada nunca chegará aos pés disso" (SINGH, 2018).

38   Cientistas os analisam para descobrir (KLAHR, 1998).

39   Mais de 43 quintilhões de configurações (KIERSZ, 2019).

39   "Talvez os modelos de que eu precisasse" (SINGH, 1998).

41   Setenta anos depois, matemáticos provaram (DAVIS; MATIJASEVIČ; ROBIN-SON, 1976).

41   Pertencem a esse grupo: cientistas da computação estudam a complexidade de problemas ao determinar se existe um algoritmo eficiente para solucioná-los. Um cubo mágico, por exemplo, é fácil de solucionar (se você souber como), e o cubo padrão de 3x3x3 exige apenas vinte movimentos, no máximo. Em contraste, o Sudoku e o Tetris são NP-completos, o que sugere que não existem algoritmos eficientes (presumindo que a conjuntura P≠NP, amplamente usada, esteja correta). O xadrez é pior ainda, pertencendo à classe EXP, sobre a qual sabemos não existirem procedimentos eficientes para encontrar uma solução.

42   Tabuleiro de xadrez quebrado: como proposto por Max Black em 1946.

44   Simon e Newell as chamaram de métodos fracos (LANGLEY *et al.*, 1987).

45   "Quero levar meu filho" (NEWELL; SIMON, 1972, p. 416).

47   Os psicólogos André Tricot e John Sweller argumentam (TRICOT; SWELLER, 2014).

50   Os psicólogos especializados em Gestalt também estudavam o processo de resolução de problemas. Exemplos incluem DUNCKER, 1945, e WERTHEIMER, 1959.

50   Podem encontrá-la: solução para o desafio dos nove pontos:

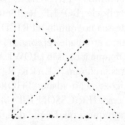

Figura 12

Solução para o desafio dos nove pontos da p. 50. Resolver a questão depende da compreensão de que as linhas podem ser estendidas além dos pontos.

52   "A melhor forma de descrever minha experiência" (SINGH, 2018).

Capítulo 2: A criatividade começa pela cópia
54   "Regras não limitam" (ARISTIDES, 2011).
54   Era mais do que o dobro (POGREBIN; REYBURN, 2017).
55   "Saiba que o mínimo de tempo" (CENNINI, 1954).
55   O primeiro passo era copiar obras-primas (ARISTIDES, 2011).
56   "Sobre a ordem do aprendizado do desenho" (DA VINCI, 2013, p. 290).
56   Poesia e filosofia eram os estudos apropriados (EFLAND, 1990, p. 8).
57   "Quando o artista foi elevado" (EFLAND, 1990, p. 26).
57   "Portanto tomarei providências" (EFLAND, 1990, p. 53).
57   "Cižek foi comparado" (EFLAND, 1990, p. 197).
57   "No clima artístico atual" (ARISTIDES, 2011).
58   "Um dos primeiros princípios não reconhecidos" (SKINNER, 1956).
58   "Conduzindo um estudo sobre resolução de problemas" (SWELLER, 2016). O experimento mencionado vem de SWELLER; MAWER; HOWE, 1982.
59   "Seria melhor mostrarmos" (SWELLER, 2016).
59   Uma série de experimentos: SWELLER; LEVINE, 1982; SWELLER; MAWER; WARD, 1983; e OWEN; SWELLER, 1985.
60   Os resultados foram muito diferentes (OWEN; SWELLER, 1985).
61   Diante de um novo formato de pergunta (COOPER; SWELLER, 1987).
61   "Boa parte da área" (SWELLER, 2016).
61   "Fui perseguido" (MILLER, 1956).
62   Modelo modal da memória humana (BADDELEY, 1997).
64   Anders Ericsson e Walter Kintsch propuseram (ERICSSON; KINTSCH, 1995).
64   Participantes leram uma história (KINTSCH, 1998).
65   Distinção central na teoria da carga cognitiva: um terceiro tipo de carga — a carga ideal — foi proposto para refletir os experimentos em que maiores esforços geram maior aprendizado (mas apenas se os estudantes tiverem capacidade extra). No entanto, mais recentemente, Sweller e outros teóricos da carga cognitiva sugeriram que a terceira categoria é desnecessária, sendo melhor descrita, talvez, como um tipo de carga intrínseca (KALYUGA, 2011).
67   "A redundância está longe de ser inofensiva" (SWELLER, 2016).
67   Estudos com um software de rastreamento de olhar (JARODZKA *et al.*, 2012).
67   "Sempre que alguém ensina a uma criança" (PIAGET, 1970).
68   David Klahr e Milena Nigam analisaram essa questão (KLAHR; NIGAM, 2004).
69   A divisão de exemplos trabalhados em objetivos paralelos (CATRAMBONE, 1998).
69   Que incentivar os alunos a encontrar uma explicação para os exemplos (CHI *et al.*, 1989).
70   Os cadernos de Da Vinci são lotados (DA VINCI, 2013).
71   O efeito de reversão por especialização (KALYUGA, 2007).
72   A falácia da epistemologia confusa (KIRSCHNER, 2009).

Capítulo 3: O sucesso é a melhor escola
75   "É dever do aprendiz" (KELLY, 2022).
75   Comemoraria duas datas de aniversário (HERMANN, 1998, p. 208).

75 Com apenas 19 meses (HERMANN, 1998, p. 9).

76 "Às vezes, eu parava" (HERMANN, 1998, p. 13).

76 "O dia mais importante" (KELLER, 1903, p. 24).

76 "Fiquei imediatamente interessada" (KELLER, 1903, p. 25).

77 "Deixei o poço" (KELLER, 1903, p. 26).

77 Incluindo Leonard Dowdy (HERMANN, 1998, p. 342).

77 Haben Girma (GIRMA, 2019).

78 Cerca de cinquenta pessoas (HERMANN, 1998, p. 11).

78 A habilidade precoce de leitura está muito conectada: Keith Stanovich foi o
    primeiro a propor essa teoria sobre a conexão entre a leitura e o subsequente
    desenvolvimento da inteligência (STANOVICH, 1986).

78 Observaram a capacidade de leitura e níveis de inteligência (RITCHIE; BATES;
    PLOMIN, 2015).

79 "Completar tarefas que exigem comparar" (US DEPARTMENT OF EDUCA-
    TION, NCES, 2019).

79 Menos de 15% das pessoas foram classificadas nos dois níveis superiores de
    leitura (IES, NCES, 2019).

79 Quase um terço a menos (JONES, 2022).

79 A percepção fonológica (ADAMS, 1994, p. 70).

80 "Em níveis avassaladores" (ADAMS, 1994, p. 69).

81 Prestar atenção nas combinações de letras (ADAMS, 1994, p. 223).

81 Especialmente talentosos em pronunciar pseudopalavras (ADAMS, 1994, p. 178).

81 Compararam a capacidade de reconhecimento de palavras (JUEL; ROPER-
    -SCHNEIDER, 1985).

83 Extensos benefícios que aulas particulares (BLOOM, 1984).

84 A aprendizagem para o domínio divide o currículo (GUSKEY, 2023).

84 Uma presunção central do método (BLOOM, 1968).

86 Meta-análises sistemáticas concluíram que esse é um dos métodos de intervenção
    (HATTIE, 2008, p. 170).

86 Uma abordagem semelhante, a instrução direta (HATTIE, 2008, p. 205).

86 DISTAR (ADAMS, 1994).

87 Um cálculo de vantagens esperadas (ATKINSON; BIRCH, 1978, p. 16).

88 Um raciocínio quase circular (BANDURA, 1977, p. 4).

88 Bandura ajudou a esclarecer a questão (BANDURA, 1977, p. 78).

90 "Conquistas são a fonte" (BANDURA, 1977, p. 81).

93 Instruções extensas de George Starkey (NEWMAN; PRINCIPE, 2002).

93 Foi aluno de Paul Erdős (BERNSTEIN, 2019).

94 Leitores especialistas se focam em quase todas as palavras (ADAMS, 1994, p. 176).

Capítulo 4: A experiência torna o conhecimento invisível

96 "Nós sabemos mais" (POLANYI, 2010).

98 "É igual a meleca!" (MADDOX, 2003, p. 161).

99 "Entre as fotografias com raio X mais belas" (MADDOX, 2003, p. 14).

99 Havia uma quantidade insuficiente (MADDOX, 2003, p. 169).

99 Quando o renomado químico (MADDOX, 2003, p. 203).

100 Definiu o termo "conhecimento tácito" (POLANYI, 2010).

101 "As combinações infrutíferas" (POINCARÉ, 1913, p. 181).

101 Elite dos mestres do jogo com o de pessoas que jogavam por recreação em clubes (DE GROOT, 1946).

102 Os jogadores não apresentavam muita diferença em termos de profundidade de busca: estudos modernos sobre a habilidade no xadrez conduzidos por Neil Charness usando grupos maiores que de Groot e uma variedade mais ampla de níveis de proficiência observaram diferença na profundidade da busca. Mas essa profundidade aparenta se estabilizar em um nível intermediário de habilidade, tornando-a inadequada para explicar a capacidade dos bons jogadores (ERICS-SON; SMITH, 1991, p. 44).

102 Costumam demonstrar pouca habilidade em problemas (CHI; GLASER; FARR, 1988, p. xvii).

102 Replicaram e estenderam o trabalho realizado por de Groot (CHASE; SIMON, 1973).

103 Especialistas em medicina, programação, eletrônica, atletismo e música: para exemplos em medicina, atletismo e música: ERICSSON; SMITH, 1991; programação: CHI; GLASER; FARR, 1988; e eletrônica: EGAN; SCHWARTZ, 1979.

103 "Não passa de reconhecimento" (SIMON, 1992).

103 Uma pesquisa em campo com bombeiros experientes (KLEIN; CALDERWOOD; CLINTON-CIROCCO, 1986).

104 O primeiro movimento gerado (KLEIN *et al.*, 1995).

104 "Geralmente sei o que vou fazer" (FARNDALE, 2013).

104 A especialização adaptativa (HATANO; INAGAKI, 1986).

104 Escolher jogadas melhores (ERICSSON; SMITH, 1991, p. 43).

105 Inconscientemente criar várias representações (ERICSSON; SMITH, 1991, cap. 12).

105 O modelo Construção-Integração (KINTSCH, 1998).

106 Isso era óbvio para Franklin: James Watson era biólogo e alegava evitar estudar química depois de quase ter colocado fogo no laboratório de química orgânica durante sua graduação. Francis Crick, físico, certa vez passou vergonha na frente do bioquímico Erwin Chargaff ao esquecer a estrutura química dos ácidos nucleicos do DNA — os componentes básicos da molécula que tentavam analisar (WATSON, 2014).

106 É natural que a comunicação omita (GRICE, 1975).

107 O livro-texto que os dois usavam simplesmente estava errado (WATSON, 2014).

108 Em bactérias inofensivas (WATSON, 2014).

108 Sempre parecia estranhamente semelhante (WATSON, 2014).

108 Os resultados de Chargaff estavam incorretos (WATSON, 2014).

108 Estudos que não usavam citosina (WATSON, 2014).

108 Mais da metade teve uma relação (ZUCKERMAN, 1977, p. 113).

109 "Se torna mais valiosa" (BETH; KLEIN; HOFFMAN, 2006, p. 167).

109 Uma revisão lista (BETH; KLEIN; HOFFMAN, 2006, p. 11).

110 "Métodos de autoavaliação presumem" (BETH; KLEIN; HOFFMAN, 2006, p. 14).

110 O Método das Decisões Críticas (BETH; KLEIN; HOFFMAN, 2006, p. 71).

111 O método PARI (ZSAMBOK; KLEIN, 1997, p. 136).

112 Aprender com exemplos é melhor do que com instruções explícitas (LEFEVRE; DIXON, 1986).

112 A sociogrametria é outro método (BETH; KLEIN; HOFFMAN, 2006, p. 229).

112 "Quando surge uma questão" (SIMON, 1970).

Capítulo 5: A dificuldade tem um ponto ideal

117 "Esta é uma verdade fundamental" (ERICSSON; POOL, 2017).

117 Receber uma bolsa MacArthur para "gênios" (CONSUELA, 2009, p. ix).

118 "Querida, negros não podem ser escritores" (CANAVAN, 2016, p. 37).

118 "Não havia ninguém para me ajudar" (CONSUELA, 2009, p. 3).

118 "Eu não tinha exemplos" (CONSUELA, 2009, p. 52).

118 "Uma questão de não parar nunca" (BUTLER, 2005).

118 "Porque, com trabalhos de escritório" (CONSUELA, 2009, p. 221).

119 "Eu tinha uma máquina de escrever extra" (CONSUELA, 2009, p. 137).

119 "As coisas que eu aprendia" (CONSUELA, 2009, p. 53).

119 "Terminar alguns contos" (CONSUELA, 2009, p. 20).

120 O trabalho mais bem-sucedido (CANAVAN, 2016, p. 84).

121 Crianças costumam escrever com uma fluência digna de especialistas (BEREITER, SCARDAMALIA, 1987).

122 "Os contos que eu enviava" (CONSUELA, 2009, p. 52).

122 "Não, é trabalhoso" (CONSUELA, 2009, p. 37).

123 "São todos aprendizes": apesar de essa versão da citação ser muito difundida, não consegui encontrar uma fonte exata. Hemingway supostamente fez a declaração durante uma entrevista para o finado *New York Journal-American* em 1961. No entanto, um de seus primeiros biógrafos, Charles Andrew Fenton, relata uma conversa em que o grande escritor expressou um sentimento semelhante para um amigo, ainda que usando termos menos artísticos, dizendo "Sou um aprendiz da [escrita]... até morrer. Idiotas podem dizer que a dominam. Mas sei que ninguém a domina nem pode fazer melhor" (FENTON, 1954).

124 "Frustrante, frustrante" (CONSUELA, 2009, p. 3).

124 Prática mais complexa causa uma melhoria maior (BJORK; BJORK, 2020).

124 Fortalece mais a memória do que visualizá-los (ROEDIGER III; BUTLER, 2011).

124 Dificuldade desejável é a prática espaçada (DEMPSTER, 1988).

125 Compreendidas como uma adaptação racional (ANDERSON, 2005).

125 "Não se trata de imitar" (CONSUELA, 2009, p. 77).

126 Tendem a somente analisar exemplos trabalhados (CARROLL, 1994).

126 "Ele lia tudo que era escrito" (CONSUELA, 2009, p. 53).

127 Deveria haver uma "regra de três chances" (MAYER, 2004).

127 "Após meio século de defesas" (KIRSCHNER; SWELLER; CLARK, 2006).

127 "Nada é tão rebatido" (ANDERSON; REDER; SIMON, 2000).

128 O paradigma do "fracasso produtivo" (KAPUR, 2008).

128 Uma meta-análise feita em 2021 por Kapur (SINHA; KAPUR, 2021).

128 Permitir que os alunos inventem os próprios métodos (SCHWARTZ; MARTIN, 2004).

129 Compararam dois planos de uma aula de ciências (ASHMAN; KALYUGA; SWELLER, 2020).

129 "Um exemplo trabalhado é mais eficiente" (GLOGGER-FREY *et al.*, 2015).

129 "Aprenderam e fizeram transferências relativamente bem" (MATLEN; KLAHR, 2013).

130 Por uma zona de desenvolvimento proximal (OXFORD, "Zone of Proximal Development").

130 Uma zona de aprendizagem (KINTSCH, 1998, p. 324).

130 Textos menos organizados (McNAMARA; KINTSCH, 1996).

130 O efeito reverso da especialização proposto (KALYUGA, 2007).

131 "Oficinas são formas" (CONSUELA, 2009, p. 217).

131 "Receber uma carta de rejeição" (BUTLER, 2005).

132 Problemas de conclusão ajudam (VAN MERRIËNBOER; PAAS, 1990).

133 "Talvez ninguém acredite nisso" (BEREITER; SCARDAMALIA, 1987).

Capítulo 6: A mente não é um músculo
134 "Fortalecer um músculo é uma tarefa" (SINGLEY; ANDERSON, 1989, p. 26).

135 "Desempenho melhor no trabalho e nos estudos" (FEDERAL TRADE COMMISSION, 2016).

135 "Melhora o desempenho na escola" (UNITED STATES DISTRICT COURT, 2016).

135 A habilidade intelectual é associada (RITCHIE, 2016).

135 "Não foram encontradas evidências de efeitos transferidos" (OWEN *et al.*, 2010).

135 Outro estudo avaliou alunos do nono ano (WATRIN; HÜLÜR; WILHELM, 2022).

135 "Não encontrou melhorias gerais" (NOACK *et al.*, 2009).

135 "Programas de treinamento da memória de trabalho parecem" (MELBY-LERVAG, REDICK; HULME, 2016).

136 Tornaria a mente mais ágil (PLATÃO, 2018).

136 Da melhoria geral das faculdades mentais: Locke é frequentemente apresentado como o ancestral intelectual da disciplina formal (veja DEWEY, 1979, por exemplo). No entanto, as visões de Locke sobre educação eram mais complicadas (Veja HODGE, 1911).

137 Conduziram uma série de experimentos (WOODWORTH; THORNDIKE, 1901).

137 Geometria e latim auxiliavam na compreensão (THORNDIKE, 1924).

137 Aprendiam a estimar o tamanho (THORNDIKE, 1903, p. 90).

137 Crianças que treinavam a diferenciação (THORNDIKE, 1906, p. 240).

137 A capacidade de detectar verbos em inglês (THORNDIKE, 1906, p. 241).

137 "A mente é tão especializada" (THORNDIKE, 1906, p. 246).

137 Vantagens cognitivas gerais do aprendizado de xadrez e música (SALA; GOBET, 2017).

138 "A lógica por trás do ensino da programação" (VANLENGEN; MADDUX, 1990).

138 "Aprender a pregar um prego" (MEIKELJOHN, 1908).
139 Os voluntários que participaram da primeira tarefa (WOODWORTH; THORN-DIKE, 1901).
139 Em experimentos com equações matemáticas (THORNDIKE, 1922).
139 Charles Judd pediu a garotos que praticassem (JUDD, 1908).
139 O psicólogo Max Wertheimer, especializado em Gestalt, demonstrou (WER-THEIMER, 1959).
141 Unidades atômicas chamadas de regras de produção (ANDERSON; LEBIERE, 2014).
142 Ensinou aos estudantes a regra para integração (ANDERSON, 2005).
142 Praticaram repetidas vezes a regra para criar (DEKEYSER, 1997).
143 Pesquisas mostram que estudantes de escolas bilíngues (SWAIN, 1985).
143 Parte das regras de produção mais gerais (ANDERSON, 2014, p. 195).
143 Sistemas conexionistas modelam habilidades (McCLELLAND; RUMELHART, 1986).
143 Teorias de esquemas representam (BREWER, 2000).
143 Relatos baseados em exemplos (LOGAN, 1988).
144 Experimento conduzido por Mary Gick e Keith Holyoak (1980).
145 A tarefa de seleção de Wason (SINGLEY; ANDERSON, 1989, p. 23).
146 Os participantes não apresentam um desempenho melhor (CHENG *et al.*, 1986).
146 Temos a habilidade de notar violações de regras (CHENG *et al.*, 1986).
146 Alunos em uma turma de álgebra (REED; DEMPSTER; ETTINGER, 1985).
147 Lamentou a questão do "conhecimento inerte" (WHITEHEAD, 2021).
147 Estudantes que aprendiam heurísticas da estatística (FONG; KRANTZ; NIS-BETT, 1986).
147 Variações superficiais do desafio da Torre de Hanói (SINGLEY; ANDERSON, 1989, p. 23).
147 Pesquisas com físicos mostram (CHI; FELTOVICH; GLASER, 1981).
148 Não é amplamente apreciado por estudantes (KARPICKE, 2009).
149 Experimentos controlados demonstraram repetidas vezes (KARPICKE; BLUNT, 2011).
150 No contexto de uma aula de álgebra (BASSOK; HOLYOAK, 1993).
151 Compensadas com o aprendizado mais acelerado (ANDERSON; REDER; SIMON, 1996).
152 Feitas de conhecimento: Greg Ashman propôs a seguinte metáfora sobre a mente: "Em vez de considerar a mente como um conjunto de prateleiras de biblioteca e o conhecimento como vários livros organizados que as preenchem, talvez devêssemos imaginá-los como um conjunto de ferramentas *feitas de* conhecimento. O conhecimento é o que usamos para pensar. O conhecimento é a mente (ASHMAN, 2020, p. 12).
153 "Mas nunca é desonesta" (THORNDIKE, 1906, p. 247-248).

Capítulo 7: Prefira variações a repetições
154 "Eu costumava pensar" (BERLINER, 2009, p. 20).
155 "Você levava seu trompete" (DAVIS; TROUPE, 2024).
155 "Toque alguma coisa diferente, cara" (BERLINER, 2009, p. 390).

155 "Após ser apresentada ao coral" (BERLINER, 2009, p. 57).
156 Charlie Parker improvisava vários solos (OWENS, 1996, p. 12).
156 Todo seu talento de improvisação (BERLINER, 2009, p. 305).
156 "Energizados por sua vitalidade" (BERLINER, 2009, p. 20).
156 "O jazz não é só" (BERLINER, 2009, p. 99).
156 "Um grito no meio de uma rua calma" (BERLINER, 2009, p. 155).
157 "Meu professor nos pedia" (BERLINER, 2009, p. 165).
158 "Eu nunca me cansava" (BERLINER, 2009, p. 242).
158 "Exaurir todas as possibilidades" (BERLINER, 2009, p. 239).
158 Aprendeu a tocar todos os tons (BERLINER, 2009, p. 248).
158 "Princípio um tanto paradoxal" (BATTIG, 1966).
158 Estenderam as observações iniciais de Battig (SHEA; MORGAN, 1979).
159 As vantagens da prática variável eram relativamente duráveis (MAGILL; HALL, 1990).
159 Treinar estudantes de engenharia em uma simulação (MERRIËNBOER; CROOCK; JELSMA, 1997).
160 Foram observados no estudo de segundas línguas (PAN *et al.*, 2019).
160 Japoneses que aprendem a gramática do inglês (NAKATA; SUZUKI, 2019).
161 O professor batia nos potes (BERLINER, 2009, p. 240).
162 Erros sejam cometidos no começo (BERLINER, 2009, p. 141).
162 "Não sentia quando eles mudavam" (BERLINER, 2009, p. 115).
162 "Um ingrediente essencial no aprendizado" (BERLINER, 2009, p. 120).
162 "Descobrir que certos versos" (BERLINER, 2009, p. 207).
162 "Licks de Charlie Parker" (BERLINER, 2009, p. 155).
162 Estudantes de medicina que aprendiam como analisar eletrocardiogramas (HATALA; BROOKS; NORMAN, 2003).
163 Moléculas de química orgânica (EGLINGTON; KANG, 2017).
163 Estilos de pintura de artistas diferentes (KANG; PASHLER, 2012).
163 Espécies variadas de pássaros e borboletas (BIRNBAUM *et al.*, 2013).
163 Exemplos aparentemente diferentes (GOLDSTONE, 1996).
163 A metodologia de ensino bem-sucedida (ENGELMANN; CARNINE, 1982, p. 123).
164 "Quanto mais formas você tem de refletir" (BERLINER, 2009, p. 214).
164 "Sabia quais notas não se encaixavam" (BERLINER, 2009, p. 232).
164 Bartz tinha dificuldade em sessões (BERLINER, 2009, p. 232).
164 "Foi só quando ele mergulhou" (BERLINER, 2009, p. 166).
165 "A descoberta de escalas" (BERLINER, 2009, p. 236).
165 "Escala menor harmônica sol no quinto grau" (BERLINER, 2009, p. 238).
165 "Imagine que você tem duas teorias" (FEYNMAN, 2012).
166 Scrabble usando números (NEWELL; SIMON, 1972, p. 59).
167 "Não existe nada tão prático" (MARROW, 1969, p. viii).
168 Habilidades motoras mais complexas (WULF; SHEA, 2002).
169 Estudantes do inglês com mais experiência (GAO *et al.*, 2013).
169 Variação de práticas na matemática (LIKOUREZOS; KALYUGA; SWELLER, 2019).

169 Duvivier desenvolveu uma técnica de dedilhados inusitada (BERLINER, 2009, p. 159).
169 Supostamente se recolheu em longas sessões de prática (Bebop Explained, 2019).
171 "Na pesquisa com os bombeiros" (BETH; KLEIN; HOFFMAN, 2006, p. 134).
172 "Eu ia à biblioteca" (DAVIS; TROUPE, 2024).
173 Os participantes costumavam acreditar (KORNELL; BJORK, 2008).

Capítulo 8: Qualidade vem de quantidade
175 "Bom, é só você ter muitas ideias" (PAULING, 1977).
176 Registrou incríveis 1.093 patentes ao longo da vida (HISTORY, 2009).
176 Quando Edison morreu, em 1931 (JOSEPHSON, 1959, p. 401).
177 Menos de duas dúzias de trabalhos (HEYDENREICH, 2024).
177 Mais de treze mil pinturas originais (BROWN, 2020).
177 Primeiros investigadores a refletir sobre essa questão (QUETELET, 1842).
177 A produtividade pessoal e a criatividade social são extremamente conectadas (Dean Simonton, comunicação pessoal).
178 "A proporção de sucessos em comparação" (SIMONTON, 1994, p. 184).
178 Potencial semelhante de causar um impacto: originalmente, Simonton propôs uma "regra" de chances iguais, mas desde então a atualizou para um parâmetro de probabilidades iguais para refletir análises mais recentes sobre dados históricos. A potencialidade igual do sucesso criativo fica mais evidente em áreas que seguem um padrão de "unidade menos publicável", como trabalhos científicos, ao contrário daquelas cujas contribuições podem ter escopos muito diferentes (por exemplo, um poema e uma ópera).
178 Produção acadêmica de uma área (PRICE, 1963).
179 A maioria dos cientistas muito citados escreve (ZUCKERMAN, 1977, p. 145).
179 Neurocirurgiões mais citados em trabalhos (DAVIS, 1987).
179 "É o 'raciocínio em grande escala'" (SIMON, 1986).
180 "Refinamento do raciocínio diário" (EINSTEIN, 1936).
181 76 compositores famosos (HAYES, 1989).
181 "Meu refúgio" (JOSEPHSON, 1959, p. 35).
182 "Questão de época" (BACON, 1620).
183 Longa e surpreendente lista de descobertas (OGBURN; THOMAS, 1922).
183 Merton conta dezoito ocasiões (MERTON, 1961).
183 Criatividade não pode ser julgada (STERNBERG; KAUFMAN, 1999, capítulo "Implications of a Systems Perspective for the Study of Creativity", p. 313-35.
184 Análises computacionais de composições (SIMONTON, 1994, p. 110).
184 "Se algo não vai vender" (EDISON, 2020).
184 "Meu principal objetivo na vida" (EDISON, 2020).
185 Animais de carga nativos (DIAMOND, 2017).
185 "A crença popular diz que" (CSIKSZENTMIHALYI, 1988).
186 Pensamento criativo pode ser compreendido (CAMPBELL, 1960).
186 Um longo histórico de invenções (GREENWALD, 2018).
186 "Le principe de l'invention" (SOURIAU, 1881, p. 45).
187 "Ao fazer experimentos, encontro" (JOSEPHSON, 1959, p. 235).

187 "Ora, homem, consegui" (JOSEPHSON, 1959, p. 345).

187 "Se Edison precisasse encontrar uma agulha" (JOSEPHSON, 1959, p. 199).

188 Originalmente desenvolvida para diabetes (HENDERSON, 2023).

188 Tinha o objetivo de tratar a hipertensão (GHOFRANI; OSTERLOH; GRIM-MINGER, 2006).

188 Carl Gauss, de 6 anos (WERTHEIMER, 1959).

189 Do criativo como alguém que faz apostas (STERNBERG; KAUFMAN, 1999, p. 10).

189 "Pelo menos eu não ficava entediado" (JOSEPHSON, 1959, p. 79).

190 Contato com outro inventor (HOWES, 2021).

191 "Meia-noite! Que coisa": a história verdadeira é um pouco menos dramática, já que fica parecendo que Edison foi direto do casamento para resolver um problema no laboratório, mas o próprio Edison se lembrava de ir para lá por volta do horário do jantar (JOSEPHSON, 1959, p. 87).

191 Cem horas por semana (SIMONTON, 1994, p. 139).

192 Teve problemas de estômago (ISAACSON, 2007, p. 217).

192 Escreveu seus 85 romances (SIMONTON, 1994, p. 139).

192 Com poucas férias (SIMONTON, 1994, p. 139).

192 Intensa personalidade "tipo A" (MATTHEWS; HELMREICH; BEANE, 1980).

192 "Genialidade é 1% inspiração" (JOSEPHSON, 1959, p. 364).

193 Organizar a roteirização de novos episódios (ARMSTRONG, 2017, p. 191).

194 "Tinha quase um sexto sentido" (KANIGEL, 1993, p. 190).

195 Sobre indicados ao Nobel (ZUCKERMAN, 1977, p. 229).

196 Estratégia de fingir que era irresponsável (FEYNMAN, 1985).

196 Ao redor do "trabalho profundo" (NEWPORT, 2018).

Capítulo 9: Experiência não necessariamente gera especialização

201 "A especialização intuitiva real" (KAHNEMAN, 2011).

201 Vencedora mais jovem (WORLD, 2007).

202 Ganhava mais dinheiro (POKERLISTINGS, 2021).

202 Com uma fita adesiva grudada (POTOCKI, 2021).

202 Obrestad começou a jogar (OBRESTAD, 2018).

202 Obrestad tinha ganhado mais de 3,9 milhões de dólares (NORWAY, 2023).

203 Se vangloriou de suas trapaças (MAGYAR, 2021, p. 18).

203 "Todo mundo sabia" (MAGYAR, 2021, p. 22).

203 "Há poucas coisas tão imperdoavelmente negligenciadas" (TWAIN, 1977).

204 Roosevelt jogava partidas regulares (MAGYAR, 2021, p. 44).

204 Patrocinar parte de uma campanha para o congresso (KIGER, 2019).

204 "Os verdadeiros sentimentos de um homem" (BRUNSON, 1978).

204 39 dólares em um campeonato virtual (POKERLISTINGS, 2011).

205 "Um cara como Doyle Brunson" (NEGREANU, 2020).

209 Três mil decisões sobre pedidos de liberdade condicional (GROVE; MEEHL, 1996).

209 "Estamos tentando prever" (MEEHL, 1954, p. 24).

210 "Dois quintos dos estudos" (GROVE; MEEHL, 1996).

211 Transcrições de equipes hospitalares (CHI; GLASER; FARR, 1988, capítulo "Expertise and Decision Under Uncertainty").
212 Famoso exemplo do fracasso da intuição (TVERSKY; KAHNEMAN, 1982).
213 "Condições devem ser verdadeiras" (KAHNEMAN; KLEIN, 2009).
215 Expert Political Judgment Project (TETLOCK, 2006).
216 Melhores do que as previsões aleatórias (TETLOCK, 2006, p. xx).
216 "Uma curiosa relação inversa" (TETLOCK, 2006, p. xi).
216 "Economistas por um lado" (QUOTE INVESTIGATOR, 2019).
217 Por uma porcentagem de 60 a 78% (TETLOCK; GARDENER, 2016).
217 Prognosticadores resistiam a essa tentação (TETLOCK; GARDENER, 2016).
218 Equipes de prognosticadores (TETLOCK; GARDENER, 2016).
218 "Pessoas adoram correr" (TETLOCK; GARDENER, 2016).
219 Bons prognosticadores não conseguem (TETLOCK; GARDENER, 2016).
221 Oferecer a prognosticadores apenas feedback sobre resultados (BENSON; ÖNKAL, 1992).
221 Francis Galton primeiro observou (YONG, 2013).
222 Ato social de justificar as próprias ações (MERCIER; SPERBER, 2017).
222 David Moshman e Molly Geil ofereceram a cada participante a tarefa (MOSHMAN; GEIL, 1998).

Capítulo 10: A prática deve condizer com a realidade
224 "Aprendemos a nos comportar" (HOLMES, 1992, p. 45).
225 "Pode perguntar" (ASN, 1977).
225 Acidentes catastróficos com aeronaves (NSC 2023).
226 Invenção do estribo (WHITE, 1962).
226 Canhões a pólvora (CROWLEY, 2007).
226 Batalha pelos céus (MORLEY, 2006).
226 Tentativas anteriores de acoplar armas (MORLEY, 2006, p. 53).
227 Um terço dos pilotos (MORLEY, 2006, p. 81).
227 Se segurar nas vigas da asa (MORLEY, 2006, p. 44).
227 Escreveu seis cartas (MORLEY, 2006, p. 73).
227 "Jamais havia pilotado nenhum" (MORLEY, 2006, p. 72).
227 Sobrevivente de um acidente (MORLEY, 2006, p. 94).
228 "Mal aprenderam a voar" (McKENNA, 2013).
228 "Ração para Fokker" (MORLEY, 2006, p. 95).
228 "Não nos aborreça mais" (MORLEY, 2006, p. 95).
228 "Sempre deviam estar no banco do piloto" (MORLEY, 2006, p. 97).
228 Antes do sistema Gosport (MORLEY, 2006, p. 111).
229 Um aumento de apenas 65% (MORLEY, 2006, p. 111).
229 "Ocorriam quase apenas durante aterrissagens" (MORLEY, 2006, p. 117).
229 "A aeronave com controle duplo" (MORLEY, 2006, p. 118).
229 "O homem que ensinou as forças aéreas" (McKENNA, 2013).
229 "A pura habilidade de pilotar" (MAVIN; MURRAY, 2010).
229 Os executivos da empresa até sugeriram (REIJNOUDT; STERK, 2002).
231 Falta de vagas de residência (BOYLE, 2020).

231 O treinador Antoinette (WISE; HOPKIN; GARLAND, 2009, p. 440).
232 Desenvolveu o Link Trainer (WISE; HOPKIN; GARLAND, 2009, p. 440).
232 Exército americano entendeu seu potencial (US AIR FORCE, 2022).
232 Melhores do que uma aeronave de verdade (WISE; HOPKIN; GARLAND, 2009, p. 443).
232 "A primeira hora de instrução" (ROSCOE, 1971).
233 Treinamento com simulador mais aeronave (JACOBS *et al.*, 1990).
233 25 incursões simuladas (CARRETTA; DUNLAP, 1998).
233 Encontrou uma curva semelhante (RANTANEN; TALLEUR, 2005).
233 "Ênfase na grande fidelidade" (WISE; HOPKIN; GARLAND, 2009, p. 442).
233 Treinou com vento cruzado (LINTERN; ROSCOE; SIVIER, 1990).
233 "A réplica exata dos controles" (WISE; HOPKIN; GARLAND, 2009, p. 441).
235 Um avaliador de sinistros (WENGER, 1999).
236 "Cidadão razoável" (SPAETH, 1999).
236 Participação legítima, periférica (LAVE; WENGER, 1991).
236 "Pouquíssimas exceções" (LAVE; WENGER, 1991, p. 30).
237 "Medo de entrar na sala dos fundos" (LAVE; WENGER, 1991, p. 78).
238 Fardo do licenciamento profissional (KLEINER; VOROTNIKOV, 2018).
238 "Todas as profissões são conspirações", declamado por Sir Patrick na peça *O dilema do médico*, de Shaw.
239 "Sucesso no meio acadêmico" (BRENNAN, 2020, p. 56).
240 "Os estudantes de pós-graduação" (BRENNAN, 2020, p. 67).
240 "Você não conseguirá nenhum emprego" (BRENNAN, 2020, p. 68).
241 EJA é menor (HECKMAN; HUMPHRIES; KAUTZ, 2013).
242 "Quando os experimentos eram bons" (KANIGEL, 1993, p. 99).
242 Doutrinas da sociedade instruída (HIRSCH, 1988).

Capítulo 11: Melhorar não é um processo uniforme
244 "Sabedoria não significa" (QUOTE INVESTIGATOR, 2015).
244 Escapou da sua cadeirinha de alimentação (EDEN, 2013).
244 Sua estreia em rede nacional (DETHIER, 2020).
245 Movimento de chicoteio (HARMON; EUBANKS, 2006, p. 161).
245 "Venci por ter o *timing* perfeito" (HARMON; EUBANKS, 2006, p. 163).
246 Lançar bolas com a mão esquerda (EDEN, 2013).
246 "Não vai ser fácil" (EDEN, 2013).
246 Dezoito meses praticando sem parar (HARMON; EUBANKS, 2006, p. 166).
247 Propuseram uma influente teoria (FITTS; POSNER, 1967).
248 Manter o foco no objetivo do movimento (WULF; LAUTERBACH; TOOLE, 1999).
249 A precisão de uma máquina (BERNSHTEĬN, 1967).
249 Como sucessos anteriores (LUCHINS, 1942).
250 Criou o termo fixação funcional (DUNCKER, 1945).
251 Não conseguem exportar o raciocínio (GARDENER, 1991).
251 Aristóteles fora da classe (DISESSA, 1982).
251 Estudantes de economia aprendem (VOSS *et al.*, 1986).

251 Estilos de aprendizagem diferentes (WILLINGHAM; HUGHES; DOBOLYI, 2015).

252 Intuitiva, de lidar com o mundo (KUBRICHT; HOLYOAK; LU, 2017).

252 O movimento inusitado como realista (THADEN-KOCH; DUFRESNE; MESTRE, 2006).

253 Funcionam como bugs em códigos de computador (BROWN; VANLEHN, 1980).

254 O professor interromper o aluno (ROSENSHINE; STEVENS, 1986).

254 Estudam uma sequência regular (MARCUS *et al.*, 1992).

255 Aprendem gramática de forma automática (PINKER; MOREY, 1994).

255 O raciocínio de estudantes de medicina frequentemente (PATEL; GROEN, 1991).

255 "Hipótese de experiência moderada" (SIEGLER, 1998).

256 "A ciência faz um enterro de cada vez" (PLANCK, 2020).

256 Einstein lutou amargamente (BRITANNICA, "Albert Einstein's perspective").

256 O segredo para a prática deliberada (ERICSSON; POOL, 2017).

256 Estagnação de nossas habilidades (ERICSSON, 2009, p. 417).

257 Simulações de física mais práticas (WIEMAN; PERKINS, 2005).

257 Simulações interativas podem melhorar (JIMOYIANNIS; KOMIS, 2001).

258 Muitos novatos na física (KAHNEMAN, 2012).

259 É comum ocorrer um fenômeno (MASTERS; MAXWELL, 2008).

Capítulo 12: Os medos desaparecem com a exposição
262 "Uma das maiores fraquezas de todas" (RACHMAN, 1990, p. 38).

262 Ataques aéreos durante a Primeira Guerra Mundial (TITMUSS, 1950, p. 4).

263 Começar com uma *blitzkrieg* (TITMUSS, 1950, p. 6).

263 "As pessoas na rua entendam" (BALWIN, 1932).

263 Entre três e quatro milhões de pessoas poderiam abandonar (TITMUSS, 1950, p. 9).

263 O inevitável êxodo (TITMUSS, 1950, p. 19).

263 "Claro para todos" (TITMUSS, 1950, p. 20).

263 "Para a grande surpresa" (RACHMAN, 1990, p. 20).

264 Só quinze de 1,1 mil pacientes (VERNON, 1941).

264 Quantidade de pacientes internada em hospitais psiquiátricos (STOKES, 1945).

264 "Uma questão fica muito clara" (JANIS, 1951, p. 112).

264 "Passaram a ignorar" (VERNON, 1941).

264 "A tranquilidade do cidadão médio" (PANTER-DOWNES, 1971).

264 Sobreviventes das bombas atômicas (JANIS, 1951, p. 65).

264 Cidades alemãs bombardeadas (JANIS, 1951, p. 112).

265 Pessoas que não saíram da cidade (SAIGH, 1984).

265 "Após cinco décadas" (CLARK, 2022).

266 Medos eram inatos (JAMES, 1890, v. 2, p. 704).

266 Escapavam "por pouco" (JANIS, 1951, p. 123).

267 Argumentou que somos predispostos (SELIGMAN, 1971).

267 Teorias modernas sobre a ansiedade (MINEKA; ZINBARG, 2006).

267 Influente teoria dos dois fatores (MOWRER, 1960).

270 A visão das duas memórias (BOUTON, 2002).

270 Que temores extintos podem retornar (VERVLIET; CRASKE; HERMANS, 2013).

270 Temor de ataques aéreos tendia a voltar (VERNON, 1941).

270 Benefícios mais duráveis (CRASKE *et al.*, 2014).

270 Regime de aumento gradual (LOCKE, 2019).

271 Medo de altura que sentia na juventude (MARKS, 1987, p. 457).

271 Protocolo de dessensibilização sistemática (WOLPE, 1958).

271 Observaram que o relaxamento (MARKS, 1987, p. 459).

271 Terapias implosiva e de inundação (ABRAMOWITZ; DEACON; WHITESIDE, 2011, p. 15).

272 O ingrediente ativo (MARKS, 1987, p. 459).

272 Não costumam apresentar resultados (FOA *et al.*, 1999; RAMNERÖ, 2012; FESKE; CHAMBLESS, 1995; MARKS, 1987).

272 Abordagens baseadas em mindfulness (HOFMANN; ASMUNDSON, 2008).

273 "Áreas pré-frontais mediais" (LEDOUX, 2015, p. 259).

273 Dependa de crenças e expectativas conscientemente acessíveis (HOFMANN, 2008).

273 Não serem notados de forma consciente (SIEGEL; WARREN, 2013).

273 Tratamentos de exposição para fobias específicas (WOLITZKY-TAYLOR *et al.*, 2008).

274 Conclusões semelhantes com fobias sociais (GOULD *et al.*, 1997).

274 Ansiedade generalizada (GOULD *et al.*, 1997).

274 Pânico (GOULD; OTTO; POLLACK, 1995).

274 Transtorno obsessivo-compulsivo (VAN BALKOM *et al.*, 1994).

274 Tratamento do transtorno de estresse pós-traumático (VAN ETTEN; TAYLOR, 1998).

274 Uma propensão maior a abandonar (ABRAMOWITZ; DEACON; WHITESIDE, 2011, p. 353). Dados sobre atritos também podem ser encontrados em meta-análises já citadas.

274 "A maioria dos pacientes com qualquer transtorno" (ABRAMOWITZ; DEACON; WHITESIDE, 2011, p. 351).

276 "A importância de usar os mesmos aspectos" (ABRAMOWITZ; DEACON; WHITESIDE, 2011, p. 87).

277 "É importante observar que" (ABRAMOWITZ; DEACON; WHITESIDE, 2011, p. 82).

277 "Jamais deve garantir" (ABRAMOWITZ; DEACON; WHITESIDE, 2011, p. 115).

277 Presença de um terapeuta (ABRAMOWITZ; DEACON; WHITESIDE, 2011, p. 119).

278 "Fazer parte de um pequeno grupo" (RACHMAN, 1990, p. 59).

278 Pessoas que moravam sozinhas (VERNON, 1941).

279 "O medo não é uma bobagem" (RACHMAN, 1990, p. 7).

279 "Pessoas temerosas têm a forte tendência" (RACHMAN, 1990, p. 225).

Conclusão: A prática que leva à perfeição
283 "O que você treina" (COWEN, 2019).
284 Situações superficiais do que como princípios profundos (CHI; FELTOVICH; GLASER, 1981).
286 Tinham desempenho melhor do que gerentes de restaurante (BARNETT; KOWSLOWSKI, 2002).
287 Valor da prática parcial (AYRES, 2006).
288 Se traduz em fluência como um todo (CARLSON; KHOO; ELLIOT II, 1990).
290 Elogios generalizados (KLUGER; DENISI, 1996).

BIBLIOGRAFIA

ABRAMOWITZ, Jonathan S.; DEACON, Brett J.; WHITESIDE, Stephen P. H. *Exposure Therapy for Anxiety: Principles and Practice.* Nova York: Guilford, 2011.

ADAMS, Marilyn Jager. *Beginning to Read: Thinking and Learning about Print.* Massachusetts: Bradford Books, 1994.

ANDERSON, John. *Aprendizagem e memória: Uma abordagem integrada.* Rio de Janeiro: LTC, 2005.

ANDERSON, John. *Rules of the Mind.* Nova York: Psychology Press, 2014.

ANDERSON, John; LEBIERE, Christian J. *The Atomic Components of Thought.* Nova York: Psychology Press, 2014.

ANDERSON, John R.; REDER, Lynne M.; SIMON, Herbert A. "Applications and Misapplications of Cognitive Psychology to Mathematics Education." *Texas Education Review,* v. 1, 2000. Disponível em: https://files.eric.ed.gov/fulltext/ED439007.pdf. Acesso em: 6 mai. 2024.

ANDERSON, John R.; REDER, Lynne M.; SIMON, Herbert A. "Situated Learning and Education." *Educational Researcher,* v. 25, n. 4, pp. 5-11, 1996.

ARISTIDES, Juliette. *Classical Drawing Atelier: A Contemporary Guide to Traditional Studio Practice.* Nova York: Watson-Guptill, 2011.

ARMSTRONG, Jennifer Keishin. *Seinfeldia: How a Show about Nothing Changed Everything.* Nova York: Simon & Schuster, 2017.

ASHMAN, Greg. *The Power of Explicit Teaching and Direct Instruction.* Califórnia: Corwin, 2020.

ASHMAN, Greg; KALYUGA, Slava; SWELLER, John. Problem-Solving or Explicit Instruction: Which Should Go First When Element Interactivity Is High? *Educational Psychology Review,* v. 32, n. 3, pp. 229-47, 2020.

ATKINSON, John William; BIRCH, David. *Introduction to Motivation.* 2. ed. Nova York: Van Nostrand, 1978.

AUTOR, David; CHIN, Caroline; SALOMONS, Anna M.; SEEGMILLER, Bryan. New Frontiers: The Origins and Content of Work 1940-2018. *NBER Working Paper Series,* 2022.

AVIATION SAFETY NETWORK (ASN). "Accident Description, Boeing 747-121, 27 mar. 1977." Disponível em: http://aviation-safety.net/database/record.php?id=19770327-0. Acesso em: 6 mai. 2024.

AYRES, Paul. "Impact of Reducing Cognitive Load on Learning in a Mathematical Domain." *Applied Cognitive Psychology,* v. 20, n. 3, pp. 287-98, 2006.

BACON, Francis. *Novum Organon.* 1620.

BADDELEY, Alan. *Human Memory: Theory and Practice.* Hove: Psychology Press, 1997.

BALDWIN, Stanley. *A Fear for the Future: Speech Before the House of Commons of the United Kingdom,* 10 nov. 1932.

BANDURA, Albert. *Social Learning Theory.* Nova Jersey: Prentice-Hall, 1977.

BARNETT, Susan M.; KOWSLOWSKI, Barbara. "Adaptive Expertise: Effects of Type of Experience and the Level of Theoretical Understanding It Generates." *Thinking & Reasoning,* v. 8, n. 4, pp. 237-67, 2002.

BASSOK, Miriam; HOLYOAK, Keith. "Pragmatic Knowledge and Conceptual Structure: Determinants of Transfer Between Quantitative Domains." *In*: DETTERMAN, Douglas K; STERNBERG, Robert J. *Transfer on trial: Intelligence, cognition, and instruction.* Nova Jersey: Ablex, 1993. pp. 68-98.

BATTIG, William F. "Facilitation and Interference." *In*: BILODEAU, Edward A. (ed.). *Acquisition of Skill.* Nova York: Academic Press, 1966. pp. 215-45.

Bebop Explained. 2019. Vídeo (17min54s). Publicado pelo canal Walk That Bass. Disponível em: www.youtube.com/watch?v=gEwWjJ7c0u4. Acesso em: 1 mai. 2024.

BENSON, P. George; ÖNKAL, Dilek. "The Effects of Feedback and Training on the Performance of Probability Forecasters." *International Journal of Forecasting,* v. 8, n. 4, pp. 559-73, 1992.

BEREITER, Carl; SCARDAMALIA, Marlene. *The Psychology of Written Composition.* Nova Jersey: Erlbaum, 1987.

BERLINER, Paul. *Thinking in Jazz: The Infinite Art of Improvisation.* Chicago: University of Chicago Press, 2009.

BERNSHTEĬN, Nikolaĭ Aleksandrovich. *The Co-ordination and Regulation of Movements.* Nova York: Pergamon Press, 1967.

BERNSTEIN, Mark F. "The Mind of a Mathematician." *Princeton Alumni Weekly,* 13 nov. 2019. Disponível em: https://paw.princeton.edu/article/mind--mathematician. Acesso em: 4 mai. 2024.

BETH, Crandall; KLEIN, Gary A.; HOFFMAN, Robert R. *Working Minds: A Practitioner's Guide to Cognitive-Task Analysis.* Massachusetts: MIT Press, 2006.

BIRNBAUM, Monica; KORNELL, Nate; BJORK, Elizabeth L.; BJORK, Robert A. "Why Interleaving Enhances Inductive Learning: The Roles of Discrimination and Retrieval." *Memory & Cognition,* v. 41, n. 3, pp. 392-402, 2013.

BJORK, Robert; BJORK, Elizabeth L. "Desirable Difficulty in Theory and Practice." *Journal of Applied Research in Memory and Cognition,* v. 9, pp. 475-79, 2020.

BLOOM, Benjamin. "Learning for Mastery." *Evaluation Comment,* v. 1, n. 2, 1968.

BLOOM, Benjamin. "The 2 Sigma Problem: The Search for Methods of Group Instruction as Effective as One-to-One Tutoring." *Educational Researcher,* v. 13, n. 6, pp. 4-16, 1984.

BOUTON, Mark. "Context, Ambiguity and Unlearning: Sources of Relapse After Behavioral Extinction." *Biological Psychiatry*, v. 52, n. 10, pp. 976-86, 2002.

BOYLE, Patrick. "Medical School Enrollments Grow, but Residency Slots Haven't Kept Pace." Association of American Medical Colleges, 3 set. 2020. Disponível em: www.aamc.org/news/medical-school-enrollments-grow-residency-slots--haven-t-kept-pace. Acesso em: 2 mai. 2024.

BOYLE, Robert. *New Experiments Physico-Mechanicall: Touching the Spring of Air, and Its Effects.* Oxford: H. Hall, for T. Robinson, 1660.

BRENNAN, Jason. *Good Work If You Can Get It: How to Succeed in Academia.* Baltimore: Johns Hopkins University Press, 2020.

BREWER, William F. "Bartlett's Concept of the Schema and Its Impact on Theories of Knowledge Representation in Contemporary Cognitive Psychology." *In*: SAITO, Akiko (ed.). *Bartlett, Culture and Cognition.* Londres: Psychology Press, 2000. pp. 69-89.

BRITANNICA. "Understand Albert Einstein's Perspective of Disagreement About the Element of Uncertainty of Quantum Theory." Disponível em: www.britannica.com/video/186825/indeterminacy-element-interpretation--quantum-mechanics-objections-Niels. Acesso em: 9 mai. 2024.

BROWN, Forrest. "Famous Picasso Paintings: 7 Works That Captured Our Imagination." *CNN*, 3 fev. 2020. Disponível em: www.cnn.com/style/article/famous-picasso-paintings/index.html. Acesso em: 9 mai. 2024.

BROWN, John Seely; VANLEHN, Kurt. "Repair Theory: A Generative Theory of Bugs in Procedural Skills." *Cognitive Science*, v. 4, n. 4, pp. 379-426, 1980.

BRUNSON, Doyle. *Doyle Brunson's Super System: A Course in Power Poker.* Nevada: B&G, 1978.

BUTLER, Octavia E. "Positive Obsession." *In*: _____. *Bloodchild and Other Stories.* 2. ed. Nova York: Seven Stories, 2005. pp. 125-35.

CAMPBELL, Donald. "Blind Variation and Selective Retention in Creative Thought as in Other Knowledge Processes." *Psychological Review*, v. 67, n. 6, pp. 380-400, 1960.

CANAVAN, Gerry. *Octavia E. Butler.* Urbana: University of Illinois Press, 2016.

CAPLAN, Bryan. *The Case Against Education: Why the Education System Is a Waste of Time and Money.* Nova Jersey: Princeton University Press, 2018.

CARLSON, Richard A.; KHOO, Boo Hock; ELLIOT II, Robert G. "Component Practice and Exposure to a Problem-Solving Context." *Human Factors: The Journal of the Human Factors and Ergonomics Society*, v. 32, n. 3, pp. 267-86, 1990.

CARRETTA, Thomas R.; DUNLAP, Ronald D. "Transfer of Training Effectiveness in Flight Simulation 1988 To 1997." United States Air Force Research Laboratory, 1998.

CARROLL, William. "Using Worked Examples as an Instructional Support in the Algebra Classroom." *Journal of Educational Psychology*, v. 86, n. 3, pp. 360-67, 1994.

CATRAMBONE, Richard. "The Subgoal Learning Model: Creating Better Examples So That Students Can Solve Novel Problems." *Journal of Experimental Psychology: General*, v. 127, n. 4, pp. 355-76, 1998.

CENNINI, Cennino A. *The Craftsman's Handbook:* Il libro dell'arte. Trad. de Daniel V. Thompson. Nova York: Dover, 1954.

CHASE, William G.; SIMON, Herbert A. "Perception in Chess." *Cognitive Psychology*, v. 4, n. 1, pp. 55-81, 1973.

CHENG, Patricia W.; HOLYOAK, Keith J.; NISBETT, Richard E.; OLIVER, Lindsay M. "Pragmatic Versus Syntactic Approaches to Training Deductive Reasoning." *Cognitive Psychology*, v. 18, n. 3, pp. 293-328, 1986.

CHI, Michelene T. H.; BASSOK, Miriam; LEWIS, Matthew W.; REINMANN, Peter; GLASER, Robert. "Self-Explanations: How Students Study and Use Examples in Learning to Solve Problems." *Cognitive Science*, v. 13, n. 2, pp. 145-82, 1989.

CHI, Michelene; FELTOVICH, Paul; GLASER, Robert. "Categorization and Representation of Physics Problems by Experts and Novices." *Cognitive Science*, v. 5, n. 2, pp. 121-52, 1981.

CHI, Michelene; GLASER, Robert; FARR, Marshall. *The Nature of Expertise.* Nova Jersey: Erlbaum, 1988.

CHOUDHRY, Niteesh K.; FLETCHER, Robert H.; SOUMERAI, Stephen B. "Systematic Review: The Relationship Between Clinical Experience and Quality of Health Care." *Annals of Internal Medicine*, v. 142, n. 4, pp. 260-73, 2005.

CLARK, Lee. "Panic: Myth or Reality?" *Contexts*, v. 1, n. 3, pp. 21-6, 2022.

CLARK, Richard E. "Antagonism Between Achievement and Enjoyment in ATI Studies." *Educational Psychologist*, v. 17, n. 2, pp. 92-101, 1982.

CONSUELA, Francis. *Conversations with Octavia Butler.* Jackson: University Press of Mississippi, 2009.

COOPER, Graham; SWELLER, John. "Effects of Schema Acquisition and Rule Automation on Mathematical Problem-Solving Transfer." *Journal of Educational Psychology*, v. 79, n. 4, pp. 347-62, 1987.

COWAN, Nelson. "The Magical Number 4 in Short-Term Memory: A Reconsideration of Mental Storage Capacity." *Behavioral and Brain Sciences*, v. 24, n. 1, pp. 87-114, 2001.

COWEN, Tyler. "Learn Like an Athlete, Knowledge Workers Should Train." *Marginal Revolution*, 12 jul. 2019. Disponível em: https://marginalrevolution.com/marginalrevolution/2019/07/learn-like-an-athlete-knowledge-workers--should-train.html. Acesso em: 9 mai. 2024.

CRASKE, Michelle G.; TREANOR, Michael; CONWAY, Christopher C.; ZBOZINEK, Tomislav; VERVLIET, Bram. "Maximizing Exposure Therapy: An Inhibitory Learning Approach." *Behavioral Research and Therapy*, v. 58, pp. 10-23, 2014.

CROWLEY, Roger. The Guns of Constantinople. *HistoryNet*, 30 jul. 2007. Disponível em: www.historynet.com/the-guns-of-constantinople/. Acesso em: 9 mai. 2024.

CSIKSZENTMIHALYI, Mihalyi. "Creativity and Genius: A Systems Perspective." *In*: STEPTOE, Andrew (ed.). *Genius and the Mind: Studies of Creativity and Temperament*. Nova York: Oxford University Press, 1988. pp. 39-66.

DA VINCI, Leonardo. *Leonardo's Notebooks: Writing and Art of the Great Master*. Editado por H. Anna Suh. Nova York: Black Dog & Leventhal, 2013.

DAVIS, Martin; MATIJASEVIČ, Yuri; ROBINSON, Julia. "Hilbert's Tenth Problem. Diophantine Equations: Positive Aspects of a Negative Solution." *American Mathematical Society*, pp. 323-78, 1976.

DAVIS, Miles; TROUPE, Quincy. *Miles Davis: A autobiografia*. Osasco: Belas--Letras, 2024.

DAVIS, Richard. "Creativity in Neurosurgical Publications." *Neurosurgery*, v. 20, n. 4, pp. 652-63, 1987.

DE GROOT, Adrianus Dingeman. *Het denken van den schaker*. Amsterdam: N.V. Noord-Hollandsche Uitgevers Maatschappij, 1946.

DeKEYSER, Robert. "Beyond Explicit Rule Learning: Automatizing Second Language Morphosyntax." *Studies in Second Language Acquisition*, v. 19, n. 2, pp. 195-221, 1997.

DEMPSTER, Frank N. "The Spacing Effect: A Case Study in the Failure to Apply the Results of Psychological Research." *American* Psychologist, v. 43, n. 8, pp. 627-34, 1988.

DETHIER, Dylan. "What Tiger Woods' First-Ever TV Appearance (at age 2!) Really Taught Us." *Golf*, 24 mar. 2020. Disponível em: https://golf.com/news/tiger-woods-youtube-project-first-tv-appearance/. Acesso em: 6 mai. 2024.

DEWEY, John. *Democracia e educação*. São Paulo: Companhia Editora Nacional, 1979.

DIAMOND, Jared. *Armas, germes e aço: Os destinos das sociedades humanas*. Rio de Janeiro: Record, 2017.

DISESSA, Andrea A. "Unlearning Aristotelian Physics: A Study of Knowledge--Based Learning." *Cognitive Science*, v. 6, n. 1, pp. 37-75, 1982.

DUNCKER, Karl. "On Problem Solving." *Psychological Monographs*, v. 58, n. 5, pp. i–113, 1945.

ECSTASY of Order: the Tetris Masters. Direção: Adam Cornelius. 2011. Documentário (93min).

EDEN, Scott. "Stroke of Madness." *ESPN*, 13 jan. 2013. Disponível em: www.espn.com/golf/story/_/id/8865487/tiger-woods-reinvents-golf-swing-third--career-espn-magazine. Acesso em: 9 mai. 2024.

EDISON Innovation Foundation. "Famous Quotes by Thomas Edison." 2020. Disponível em: www.thomasedison.org/edison-quotes. Acesso em: 9 mai. 2024.

EFLAND, Arthur D. *A History of Art Education*. Nova York: Teachers College Press, 1990.

EGAN, Dennis; SCHWARTZ, Barry. "Chunking in Recall of Symbolic Drawings." *Memory & Cognition*, v. 7, pp. 149-58, 1979.

EGLINGTON, Luke; KANG, Sean. "Interleaved Presentation Benefits Science Category Learning." *Journal of Applied Research in Memory and* Cognition, v. 6, n. 4, pp. 475-85, 2017.

EINSTEIN, Albert. "Física e realidade." *Journal of the Franklin Institute*, v. 221, n. 3, pp. 349-82, 1936.

ENGELMANN, Siegfried; CARNINE, Douglas. *Theory of Instruction: Principles and Applications*. Nova York: Irvington, 1982.

ERICSSON, K. Anders. *Development of Professional Expertise: Toward Measurement of Expert Performance and Design of Optimal Learning Environments*. Cambridge: Cambridge University Press, 2009.

ERICSSON, K. Anders; KINTSCH, Walter. "Long-Term Working Memory." *Psychological Review*, v. 102, n. 2, pp. 211-45, 1995.

ERICSSON, K. Anders; POOL, Robert. *Direto ao ponto: Os segredos da nova ciência da expertise*. Belo Horizonte: Gutenberg, 2017.

ERICSSON, K. Anders; SMITH, Jacqui (ed.). *Toward a General Theory of Expertise: Prospects and Limits*. Cambridge: Cambridge University Press, 1991.

ERICSSON, K. Anders; KRAMPE, Ralf T.; Tesch-Römer, Clemens. "The Role of Deliberate Practice in the Acquisition of Expert Performance." *Psychological Review*, v. 100, n. 3, pp. 363-406, 1993.

FABIANI, Monica; BUCKLEY, Jean; GRATTON, Gabriele; COLES, Michael G. H.; DONCHIN, Emanuel; LOGIE, Robert. "The Training of Complex Task Performance." *Acta* Psychologica, v. 71, n. 1-3, pp. 259-99, 1989.

FARNDALE, Nigel. "Magnus Carlsen: Grandmaster Flash." *Guardian*, 19 out. 2013. Disponível em: www.theguardian.com/sport/2013/oct/19/magnus--carlsen-chess-grandmaster. Acesso em: 2 mai. 2024.

FEDERAL TRADE COMMISSION (FTC). "Lumosity to Pay $2 Million to Settle FTC Deceptive Advertising Charges for Its 'Brain Training' Program." *FTC*, 5 jan. 2016. Disponível em: www.ftc.gov/news-events/news/press--releases/2016/01/lumosity-pay-2-million-settle-ftc-deceptive-advertising--charges-its-brain-training-program. Acesso em: 7 mai. 2024.

FENTON, Charles Andrew. *The Apprenticeship of Ernest Hemingway*. Nova York: Farrar, Straus & Young, 1954.

FESKE, Ulrike; CHAMBLESS, Dianne L. "Cognitive Behavioral versus Exposure Only Treatment for Social Phobia: A Meta-Analysis." *Behavior Therapy*, v. 26, n. 4, pp. 695-720, 1995.

FEYNMAN, Richard. *Surely You're Joking, Mr. Feynman!: Adventures of a Curious Character*. Nova York: Norton, 1985.

FEYNMAN. "Knowing versus Understanding." 2012. Vídeo (5min36s). Publicado pelo canal TehPhysicalist. Disponível em: www.youtube.com/watch?v=NM--zWTU7X-k. Acesso em: 9 mai. 2024.

FITTS, Paul Morris; POSNER, Michael. *Human Performance*. Belmont, CA: Brooks/ Cole, 1967.

FOA, Edna B.; DANCU, Constance V.; HEMBREE, Elizabeth A.; JAYCOX, Lisa H.; MEADOWS, Elizabeth A.; STREET, Gordon P. "A Comparison of Exposure Therapy, Stress Inoculation Training, and Their Combination for Reducing Posttraumatic Stress Disorder in Female Assault Victims." *Journal of Consulting and Clinical Psychology*, v. 67, n. 2, pp. 194-200, 1999.

FONG, Geoffrey T.; KRANTZ, David H.; NISBETT, Richard E. "The Effects of Statistical Training on Thinking About Everyday Problems." *Cognitive Psychology*, v. 18, n. 3, pp. 253-92, 1986.

FRIEDMAN, Milton. *Free to Choose: A Personal Statement*. Nova York: Harcourt Brace Jovanovich, 1980.

GAMING Historian. "A história do Tetris." 2018. Vídeo (59min30s). Publicado pelo canal Gaming Historian. Disponível em: www.youtube.com/watch?v=_fQtxKmgJC8. Acesso em: 9 mai. 2024.

GAO, Yuan; LOW, Renae; JIN, Putai; SWELLER, John. "Effects of Speaker Variability on Learning Foreign-Accented English for EFL Learners." *Journal of Educational* Psychology, v. 105, n. 3, pp. 649-65, 2013.

GARDENER, Howard. *The Unschooled Mind: How Children Think and How Schools Should Teach*. Nova York: Basic Books, 1991.

GHOFRANI, Hossein; OSTERLOH, Ian; GRIMMINGER, Friedrich. "Sildenafil: From Angina to Erectile Dysfunction to Pulmonary Hypertension and Beyond." *Nature Reviews Drug Discovery*, v. 5, n. 8, pp. 689-702, 2006.

GICK, Mary; HOLYOAK, Keith. "Analogical Problem Solving." *Cognitive Psychology*, v. 12, n. 3, pp. 306-55, 1980.

GIRMA, Haben. *Haben: The Deafblind Woman Who Conquered Harvard Law*. Nova York: Twelve, 2019.

GLOGGER-FREY, Inga; FLEISCHER, Corinna; GRÜNY, Lisa; KAPPICH, Julian; RENKL, Alexander. "Inventing a Solution and Studying a Worked Solution Prepare Differently for Learning from Direct Instruction." *Learning and Instruction*, v. 39, n. 4, pp. 72-87, 2015.

GOLDSMITH, Jefferey. "This Is Your Brain on Tetris." *Wired*, 1 mai. 1994. Disponível em: www.wired.com/1994/05/tetris-2. Acesso em: 29 abr. 2024.

GOLDSTONE, Robert. "Isolated and Interrelated Concepts." *Memory & Cognition*, v. 24, n. 5, pp. 608-28, 1996.

GOULD, Robert A.; BUCKMINSTER, Susan; POLLACK, Mark H.; OTTO, Michael W.; YAP, Liang. "Cognitive-Behavioral and Pharmacological Treatment for Social Phobia: A Meta-Analysis." *Clinical Psychology: Science and Practice*, v. 4, n. 4, pp. 291-306, 1997.

GOULD, Robert A.; OTTO, Michael W.; POLLACK, Mark H. "A Meta-Analysis of Treatment Outcome for Panic Disorder." *Clinical Psychology Review*, v. 15, n. 8, pp. 819-44, 1995.

GOULD, Robert A.; OTTO, Michael W.; POLLACK, Mark H.; YAP, Liang. "Cognitive Behavioral and Pharmacological Treatment of Generalized Anxiety Disorder: A Preliminary Meta-Analysis." *Behavior Therapy*, v. 28, n. 2, pp. 285-305, 1997.

GREEN, John. "Why Are Humans Suddenly Getting Better at Tetris?" 2018. Vídeo (3min50s). Publicado pelo canal vlogbrothers. Disponível em: www.youtube.com/watch?v=twS0SrDg-fc. Acesso em: 10 mai. 2024.

GREENWALD, Morgan. "30 Life-Changing Inventions That Were Totally Accidental." *BestLife*, 25 set. 2018. Disponível em: https://bestlifeonline.com/acidental-inventions/. Acesso em: 10 abr. 2020.

GRICE, H. P. "Logic and Conversation." *In*: COLE, Peter; MORGAN, Jerry L. (ed.). *Speech Acts*. Nova York: Academic Press, 1975. v. 3, pp. 41-58.

GROVE, William M.; MEEHL, Paul E. "Comparative Efficiency of Informal (Subjective, Impressionistic) and Formal (Mechanical, Algorithmic) Prediction Procedures: The Clinical-Statistical Controversy." *Psychology, Public Policy, and Law*, v. 2, n. 2, pp. 293-323, 1996.

GUSKEY, Thomas R. *Implementing Mastery Learning*. 3. ed. Califórnia: Corwin, 2023.

HAIER, Richard J; KARAMA, Sherif; LEYBA, Leonard; JUNG, Rex E. "MRI Assessment of Cortical Thickness and Functional Activity Changes in Adolescent Girls Following Three Months of Practice on a Visual-Spatial Task." *BMC Research Notes*, v. 2, n. 174, 2009.

HARMON, Claude "Butch" Jr.; EUBANKS, Steve. *The Pro: Lessons from My Father About Golf and Life*. Nova York: Crown, 2006.

HATALA, Rose M.; BROOKS, Lee R.; NORMAN, Geoffrey R. "Practice Makes Perfect: The Critical Rolet Acquisition of ECG Interpretation Skills." *Advances in Health Sciences Education*, v. 8, n. 1, pp. 17-26, 2003.

HATANO, Giyoo; INAGAKI, Kayoko. "Two Courses of Expertise." *In*: STEVENSON, H. W.; AZUMA, H.; HAKUTA, K. (ed.). *Child Development and Education in Japan*. Nova York: W. H. Freeman/Times Books/ Henry Holt, 1986. pp. 262-72.

HATTIE, John. *Visible Learning: A Synthesis of Over 800 Meta-Analyses Relating to Achievement*. Nova York: Routledge, 2008.

HAYES, John. "Cognitive Processes in Creativity." *In*: GLOVER, John A.; RONNING, Royce R.; REYNOLDS, Cecil R. (ed.). *Handbook of Creativity*. Nova York: Plenum, 1989. pp. 135-45.

HECKMAN, James J.; HUMPHRIES, John Eric; KAUTZ, Tim. *The Myth of Achievement Tests: The GED and the Role of Character in American Life*. Chicago: University of Chicago Press, 2013.

HENDERSON, Laura. "Semaglutide: A Medical Expert's Guide." *myBMI*, 23 jan. 2023. Disponível em: https://my-bmi.co.uk/medical-therapy/history-of--semaglutide. Acesso em: 13 mai. 2024.

HENRICH, Joseph. *The Secret of Our Success: How Culture is Driving Human Evolution, Domesticating Our Species, and Making Us Smarter.* Nova Jersey: Princeton University, 2015.

HERMANN, Dorothy. *Helen Keller: A Life.* Nova York: Knopf, 1998.

HERRMANN, Esther; CALL, Josep; HERNÀNDEZ-LLOREDA, María Victoria; HARE, Brian; TOMASELLO, Michael. "Humans Have Evolved Specialized Skills of Social Cognition: The Cultural Intelligence Hypothesis." *Science*, v. 317, n. 5843, pp. 1360-66, 2007.

HEYDENREICH, Ludwig Heinrich. "Leonardo da Vinci: Italian Artist, Engineer, Scientist." *Britannica*, 30 abr. 2024. Disponível em: www.britannica.com/biography/Leonardo-da-Vinci. Acesso em: 9 mai. 2024.

HIRSCH, Jr., Eric Donald. *Cultural Literacy: What Every American Needs to Know.* Nova York: Vintage, 1988.

HISTORY. Thomas Edison. 9 nov. 2009. Disponível em: www.history.com/topics/inventions/thomas-edison. Acesso em 13 mai. 2024.

HODGE, Frederick Arthur. *John Locke and Formal Discipline.* Virgínia: Bell, 1911.

HOFMANN, Stefan G. "Cognitive Processes During Fear Acquisition and Extinction in Animals and Humans: Implications for Exposure Therapy and Anxiety Disorders." *Clinical Psychology Review*, v. 28, n. 2, pp. 199-210, 2008.

HOFMANN, Stefan G.; ASMUNDSON, Gordon J. G. "Acceptance and Mindfulness Based Therapy: New Wave or Old Hat?" *Clinical Psychology Review*, v. 28, n. 1, pp. 1-16, 2008.

HOLMES, Oliver Wendell, Jr. *The Essential Holmes.* Editado por Richard A. Posner. Chicago: University of Chicago Press, 1992.

HOWES, Anton. "Age of Invention: Upstream, Downstream." *Age of Invention*, 21 jan. 2021. Disponível em: www.ageofinvention.xyz/p/age-of-invention--upstream-downstream. Acesso em: 13 mai. 2024.

INSTITUTE OF EDUCATION SCIENCES (IES). "National Center for Education Statistics. What PIAAC Measures." 2019. Disponível em: https://nces.ed.gov/surveys/piaac/measure.asp. Acesso em: 1 mai. 2024.

ISAACSON, Walter. *Einstein: Sua vida, seu universo.* São Paulo: Companhia das Letras, 2007.

JACOBS, John W.; PRINCE, Carolyn; HAYS, Robert T.; SALAS, Eduardo. "A Meta-Analysis of the Flight Simulator Training Research." Technical report. Naval Training Systems Center, Human Factors Division. ago. 1990.

JAMES, William. *The Principles of Psychology.* Nova York: Henry Holt, 1890. v. 2.

JANIS, Irving. *Air War and Emotional Stress*: Psychological Studies of Bombing and Civilian Defense. Nova York: McGraw-Hill, 1951.

JARODZKA, Halszka; BALSLEV, Thomas; HOLMQVIST, Kenneth; NYSTRÖM, Marcus; SCHEITER, Katharina; GERJETS, Peter; EIKA, Berit. "Conveying Clinical Reasoning Based on Visual Observation via Eye-Movement Modelling Examples." *Instructional Science*, v. 40, n. 5, pp. 813-27, 2012.

JIMOYIANNIS, Athanassios; KOMIS, Vassilis. "Computer Simulations in Physics Teaching and Learning: A Case Study on Students' Understanding of Trajectory Motion." *Computers & Education*, v. 36, n. 2, pp. 183-204, 2001.

JONES, Jeffrey M. "Americans Reading Fewer Books Than in Past." *Gallup*, 10 jan. 2022. Disponível em: https://news.gallup.com/poll/388541/americans--reading-fewer-books-past.aspx. Acesso em: 3 mai. 2024.

JOSEPHSON, Matthew. *Edison: A Biography*. Nova York: McGraw-Hill, 1959.

JUDD, Charles Hubbard. "The Relation of Special Training and General Intelligence." *Educational Review*, v. 36, pp. 28-42, 1908.

JUEL, Connie; ROPER-SCHNEIDER, Diane. "The Influence of Basal Readers on First Grade Reading." *Reading Research Quarterly*, v. 20, n. 2, pp. 134-52, 1985.

KAHNEMAN, Daniel. "Don't Blink! The Hazards of Overconfidence." *The New York Times*, 19 out. 2011. Disponível em: www.nytimes.com/2011/10/23/magazine/dont-blink-the-hazards-of-confidence.html. Acesso em: 13 mai. 2024.

KAHNEMAN, Daniel. *Rápido e devagar: Duas formas de pensar*. Rio de Janeiro: Objetiva, 2012.

KAHNEMAN, Daniel; KLEIN, Gary. "Conditions for Intuitive Expertise: A Failure to Disagree." *American Psychologist*, v. 64, n. 6, pp. 515-26, 2009.

KALYUGA, Slava. "Cognitive Load Theory: How Many Types of Load Does It Really Need?" *Educational Psychology Review*, v. 23, n. 1, pp. 1-19, 2011.

KALYUGA, Slava. "Expertise Reversal Effect and Its Implications for Learner--Tailored Instruction." *Educational Psychology Review*, v. 19, n. 4, pp. 509-39, 2007.

KANG, Sean; PASHLER, Harold. "Learning Painting Styles: Spacing Is Advantageous When It Promotes Discriminative Contrast." *Applied Cognitive Psychology*, v. 26, n. 1, pp. 97-103, 2012.

KANIGEL, Robert. *Apprentice to Genius: The Making of a Scientific Dynasty*. Baltimore: Johns Hopkins University Press, 1993.

KAPUR, Manu. "Productive Failure." *Cognition and Instruction*, v. 26, n. 3, pp. 379-425, 2008.

KARPICKE, Jeffrey. "Metacognitive Control and Strategy Selection: Deciding to Practice Retrieval During Learning." *Journal of Experimental Psychology: General*, v. 138, n. 4, p. 469, 2009.

KARPICKE, Jeffrey; BLUNT, Janelle. "Retrieval Practice Produces More Learning Than Elaborative Studying with Concept Mapping." *Science*, v. 331, n. 6018, pp. 772-75, 2011.

KELLER, Helen. *The Story of My Life*. Nova York: Doubleday, 1903.

KELLY, Kevin. "103 Bits of Advice I Wish I Had Known." *The Technium*, 28 abr. 2022. Disponível em: https://kk.org/thetechnium/103-bits-of-advice-i-wish--i-had-known/. Acesso em: 6 mai. 2024.

KIERSZ, Andy. "Any Rubik's Cube Can Be Solved in 20 Moves, But It Took Over 30 Years for Anyone to Figure That Out." *Business Insider*, 18 jan. 2019. Disponível em: www.businessinsider.com/rubiks-cube-gods-number-steps--to-solve-any-cube-2019-1. Acesso em: 1 mai. 2024.

KIGER, Patrick J. "How Nixon's WWII Poker Game Helped Bankroll His First Run for Congress." History.com, 19 fev. 2019. Disponível em: www.history.com/news/richard-nixon-campaign-funds-wwii-poker. Acesso em: 27 jun. 2023.

KINTSCH, Walter. *Comprehension: A Paradigm for Cognition*. Cambridge: Cambridge University Press, 1998.

KIRSCHNER, Paul A. "Epistemology or Pedagogy, That Is the Question." *In*: TOBIAS, Sigmund; DUFFY, Thomas M. *Constructivist Instruction: Success or Failure?* Nova York: Routledge, 2009. pp. 144-58.

KIRSCHNER, Paul; SWELLER, John; CLARK, Richard E. "Why Minimal Guidance During Instruction Does Not Work: An Analysis of the Failure of Constructivist, Discovery, Problem-Based, Experiential, and Inquiry-Based Teaching." *Educational Psychologist*, v. 41, n. 2, pp. 75-86, 2006.

KLAHR, David. *Exploring Science: The Cognition and Development of Discovery Processes*. Massachusetts: Massachusetts Institute of Technology, 2000.

KLAHR, David; NIGAM, Milena. "The Equivalence of Learning Paths in Early Science Instruction: Effects of Direct Instruction and Discovery Learning." *Psychological Science*, v. 15, n. 10, pp. 661-667, 2004.

KLEIN, Gary A.; CALDERWOOD, Roberta; CLINTON-CIROCCO, Anne. "Rapid Decision Making on the Fire Ground." *Proceedings of the Human Factors Society Annual Meeting*, v. 30, n. 6, pp. 576-80, 1986.

KLEIN, Gary; WOLF, Steve; MILITELLO, Laura; ZSAMBOK, Caroline. "Characteristics of Skilled Option Generation in Chess." *Organizational Behavior and Human Decision Processes*, v. 62, n. 1, pp. 63-69, 1995.

KLEINER, Morris M.; VOROTNIKOV, Evgeny S. *At What Cost? State and National Estimates of the Economic Costs of Occupational Licensing*. Institute for Justice, 2018.

KLUGER, Avraham; DENISI, Angelo. "The Effects of Feedback Interventions on Performance: A Historical Review, a Meta-Analysis, and a Preliminary Feedback Intervention Theory." *Psychological Bulletin*, v. 119, n. 2, pp. 254-84, 1996.

KORNELL, Nate; BJORK, Robert. "Learning Concepts and Categories: Is Spacing the 'Enemy of Induction'?" *Psychological Science*, v. 19, n. 6, pp. 585-92, 2008.

KUBRICHT, James R.; HOLYOAK, Keith; LU, Hongjing. "Intuitive Physics: Current Research and Controversies." *Trends in Cognitive Science*, v. 21, n. 10, pp. 749-59, 2017.

LANGLEY, Pat; SIMON, Herbert A.; BRADSHAW, Gary L.; ZYTKOW, Jan M. *Scientific Discovery: Computational Explorations of the Creative Processes.* Massachusetts: Massachusetts Institute of Technology, 1987.

LAVE, Jean; WENGER, Etienne. *Situated Learning: Legitimate, Peripheral Participation.* Cambridge: Cambridge University Press, 1991.

LEDOUX, Joseph. *Anxious: Using the Brain to Understand and Treat Fear and Anxiety.* Nova York: Penguin, 2015.

LEFEVRE, Jo-Anne; DIXON, Peter. "Do Written Instructions Need Examples?" *Cognition and Instruction*, v. 3, n. 1, pp. 1-30, 1986.

LIKOUREZOS, Vicki; KALYUGA, Slava; SWELLER, John. "The Variability Effect: When Instructional Variability Is Advantageous." *Educational Psychology Review*, v. 31, pp. 479-97, 2019.

LINTERN, Gavan; ROSCOE, Stanley; SIVIER, Jonathan. "Display Principles, Control Dynamics, and Environmental Factors in Pilot Training and Transfer." *Journal of Human Factors and Ergonomics Society*, v. 32, n. 3, pp. 299-317, 1990.

LOCKE, John. *Alguns pensamentos sobre a educação.* Coimbra: Edições 70, 2019.

LOGAN, Gordon. "Toward an Instance Theory of Automatization." *Psychological Review*, v. 95, n. 4, pp. 492-527, 1988.

LUCHINS, Abraham S. "Mechanization in Problem Solving: The Effect of Einstellung." *Psychological Monographs*, v. 54, n. 6, pp. i-95, 1942.

MADDOX, Brenda. *Rosalind Franklin: The Dark Lady of DNA.* Nova York: Harper Perennial, 2003.

MAGILL, Richard A.; HALL, Kellie. "A Review of the Contextual Interference Effect in Motor Skill Acquisition." *Human Movement Science*, v. 9, n. 3-5, pp. 241-89, 1990.

MAGYAR, Màrton. *The 50 Greatest Stories in Poker History.* Nevada: Huntington Press, 2021.

MARCUS, Gary F.; PINKER, Steven; ULLMAN, Michael; HOLLANDER, Michelle; ROSEN, T. John; XU, Fei; CLAHSEN, Harald. "Overregularization in Language Acquisition." *Monographs of the Society for Research in Child Development*, v. 57, n. 4, 1992.

MARKS, Isaac. *Fears, Phobias, and Rituals: Panic, Anxiety and Their Disorders.* Oxford: Oxford University, 1987.

MARROW, Alfred. *The Practical Theorist: The Life and Work of Kurt Lewin.* Nova York: Basic Books, 1969.

MASTERS, Rich; MAXWELL, Jon. "The Theory of Reinvestment." *International Review of Sport and Exercise Psychology*, v. 1, n. 2, pp. 160-183, 2008.

MATLEN, Bryan; KLAHR, David. "Sequential Effects of High and Low Instructional Guidance on Children's Acquisition of Experimentation Skills: Is It All in the Timing?" *Instructional Science*, v. 41, n. 3, pp. 621-34, 2013.

MATTHEWS, Karen A; HELMREICH, Robert L; BEANE, William; LUCKER, Gerald. "Pattern A, Achievement Striving, and Scientific Merit: Does Pattern a Help or Hinder?" *Journal of Personality and Social Psychology*, v, 39, n. 5, pp. 962-67, 1980.

MAVIN, Timothy J.; MURRAY, Patrick S. "The Development of Airline Pilot Skills Through Simulated Practice." *In*: BILLETT, Stephen (ed.). *Learning Through Practice: Models, Traditions, Orientations and Approaches*. Dordrecht: Springer, 2010.

MAYER, Richard. "Should There Be a Three-Strikes Rule Against Pure Discovery Learning?" *American Psychologist*, v. 59, n. 1, pp. 14-19, 2004.

McCLELLAND, James; RUMELHART, David E.; PDP Research Group. *Parallel Distributed Processing*. Massachusetts: Massachusetts Institute of Technology, 1986.

McKENNA, David. "Robert Smith-Barry: The Man Who Taught the World to Fly." *BBC News*, 23 fev. 2013. Disponível em: www.bbc.co.uk/news/uk--england-21321362. Acesso em: 2 mai. 2024.

McKENNA, David. "Robert Smith-Barry: The man who taught the world to fly." *BBC News*, 23 fev. 2013. Disponível em: www.bbc.co.uk/news/uk--england-21321362. Acesso em: 2 mai. 2024.

MEEHL, Paul. *Clinical versus Statistical Prediction: A Theoretical Analysis and Review of the Evidence*. Minneapolis: University of Minnesota, 1954.

MEIKLEJOHN, Alexander. "Is Mental Training a Myth?" *Educational Review*, v. 37, pp. 126-41, 1908.

MELBY-LERVAG, Monica; REDICK, Thomas S.; HULME, Charles. "Working Memory Training Does Not Improve Performance on Measures of Intelligence or Other Measures of 'Far Transfer': Evidence from a Meta-Analytic Review." *Perspectives on Psychological Science*, v. 11, n. 4, pp. 512-34, 2016.

MERCIER, Hugo; SPERBER, Dan. *The Enigma of Reason*. Massachusetts: Harvard University, 2017.

MERRIËNBOER, Jeroen J. G. van; CROOCK, Marcel B. M. de; JELSMA, Otto. "The Transfer Paradox: Effects of Contextual Interference on Retention and Transfer Performance of a Complex Cognitive Skill." *Perceptual and Motor Skills*, v. 84, n. 3, pp. 784-86, 1997.

MERTON, Robert. "Singletons and Multiples in Scientific Discovery: A Chapter in the Sociology of Science." *Proceedings of the American Philosophical Society*, v. 105, n. 5, pp. 470-86, 1961.

MILLER, George A. "The Magical Number Seven, Plus or Minus Two: Some Limits on Our Capacity for Processing Information." *Psychological Review*, v. 63, n. 2, pp. 81-97, 1956.

MINEKA, Susan; ZINBARG, Richard. "A Contemporary Learning Theory Perspective on the Etiology of Anxiety Disorders: It's Not What You Thought It Was." *American Psychologist*, v. 61, n. 1, pp. 10-26, 2006.

MORLEY, Robert Michael. "Earning Their Wings: British Pilot Training 1912--1918." (Master of Arts M.A. in History), Saskatoon: University of Saskatchewan, 2006.

MOSHMAN, David; GEIL, Molly. "Collaborative Reasoning: Evidence for Collective Rationality." *Thinking & Reasoning*, v. 4, n. 3, pp. 231-48, 1998.

MOWRER, O. Hobart. *Learning Theory and Behavior.* Nova York: John Wiley & Sons, 1960.

NAKATA, Tatsuya; SUZUKI, Yuichi. "Mixed Grammar Exercises Facilitates Longterm Retention: Effects of Blocking, Interleaving, and Increasing Practice." *Modern Language Journal*, v. 103, n. 3, pp. 629-47, 2019.

NAYLOR, James C.; BRIGGS, George E. "Effects of Task Complexity and Task Organization on the Relative Efficiency of Part and Whole Training Methods." *Journal of Experimental Psychology*, v. 65, n. 3, pp. 217-24, 1963.

NEGREANU, Daniel. "Daniel Negreanu Teaches Poker." MasterClass, out. 2020. Disponível em: www.masterclass.com/classes/daniel-negreanu-teaches-poker. Acesso em: 13 mai. 2024.

NEISSER, Ulric. *Cognition and Reality: Principles and Implications of Cognitive Psychology.* São Francisco: W. H. Freeman, 1976.

NEWELL, Allen; SIMON, Herbert. *Human Problem Solving.* Nova Jersey: Prentice--Hall, 1972.

NEWMAN, William R.; PRINCIPE, Lawrence M. *Alchemy Tried in Fire: Starkey, Boyle, and the Fate of Helmontian Chymistry.* Chicago: University of Chicago, 2002.

NEWPORT, Cal. *Trabalho focado: Como ter sucesso em um mundo distraído.* Rio de Janeiro: Alta Books, 2018.

NOACK, Hannes; LÖVDÉN, Martin; SCHMIEDEK, Florian; LINDENBERGER, Ulman. "Cognitive Plasticity in Adulthood and Old Age: Gauging the Generality of Cognitive Intervention Effects." *Restorative Neurology and Neuroscience*, v. 27, n. 5, pp. 435-53, 2009.

NORWAY All Time Money List. *The Hendon Mob*, 26 jun. 2023. Disponível em: https://pokerdb.thehendonmob.com/ranking/209/. Acesso em: 13 mai. 2024.

NSC Injury Facts. "Deaths by Transportation Mode." NSC, 2023. Disponível em: https://injuryfacts.nsc.org/home-and-community/safety-topics/deaths--by-transportation -mode/. Acesso em: 13 mai. 2024.

OBRESTAD, Annette. "My Story." 2018. Vídeo (18min38s). Publicado pelo canal Annette's Makeup Corner. Disponível em: www.youtube.com/watch?v=mk--0CmsIVFg. Acesso em: 13 mai. 2024.

OGBURN, William; THOMAS, Dorothy. "Are Inventions Inevitable? A Note on Social Evolution." *Political Science Quarterly*, v. 37, n. 1, pp. 83-98, 1922.

OWEN, Adrian M.; HAMPSHIRE, Adam; GRAHN, Jessica A.; STENTON, Robert; DAJANI, Said; BURNS, Alistair S.; HOWARD, Robert J.; BALLARD, Clive G. "Putting Brain Training to the Test." *Nature*, v. 465, n. 7299, pp. 775-78, 2010.

OWEN, Elizabeth; SWELLER, John. "What Do Students Learn While Solving Mathematics Problems?" *Journal of Educational Psychology*, v. 77, n. 3, pp. 272-84, 1985.

OWENS, Thomas. *Bebop: The Music and Its Players*. Oxford: Oxford University Press, 1996.

OXFORD Reference. "Zone of Proximal Development." Disponível em: www.oxfordreference.com/display/10.1093/oi/authority.20110803133528287;jsessionid=77DCED74A08B38309BD994609A081496. Acesso em: 7 mai. 2024.

PAN, Steven C.; TAJRAN, Jahan; LOVELETT, Jarrett; OSUNA, Jessica; RICKARD, Timothy C. "Does Interleaved Practice Enhance Foreign Language Learning? The Effects of Training Schedule on Spanish Verb Conjugation Skills." *Journal of Educational Psychology*, v. 111, n. 7, pp. 1172-188, 2019.

PANTER-DOWNES, Mollie. *London War Notes*. Nova York: Farrar, Straus & Giroux, 1971.

PATEL, Vimla; GROEN, Guy. "Developmental Accounts of the Transition from Medical Student to Doctor: Some Problems and Suggestions." *Medical Education*, v. 25, n. 6, pp. 527-35, 1991.

PAULING, Linus. "Crusading Scientist." 1977. Vídeo (0min53s). Entrevista por Robert Richter da WGBH-Boston. Disponível em: https://scarc.library.oregonstate.edu/coll/pauling/peace/video/1977v.1-responsibility.html. Acesso em: 13 mai. 2024.

PIAGET, Jean. Piaget's Theory. *In*: MUSSEN, Paul H. (ed.). *Carmichael's Manual of Child Psychology*. 3. ed. Nova York: Wiley, 1970. v. 1.

PINKER, Steven; MOREY, Arthur. *The Language Instinct: How the Mind Creates Language*. Nova York: William Morrow, 1994.

PLANCK, Max. *Autobiografia científica e outros ensaios*. Rio de Janeiro: Contraponto, 2020.

PLATÃO. *Fedro*. São Paulo: Penguin, 2016.

PLATÃO. *A república*. Rio de Janeiro: Nova Fronteira, 2018.

POGREBIN, Robin; REYBURN, Scott. "Leonardo da Vinci Painting Sells for $450.3 Million, Shattering Auction Highs." *The New York Times*, 15 nov. 2017. Disponível em: www.nytimes.com/2017/11/15/arts/design/leonardo-da-vinci--salvator-mundi-christies-auction.html. Acesso em: 30 abr. 2024.

POINCARÉ, Henri. *The Foundations of Science: Science and Hypothesis, the Value of Science, Science and Method*. Nova York: Science Press, 1913.

POKER Listings. "About Chris Moneymaker." 2011. Disponível em: https://web.archive.org/web/20110822203101/http://www.pokerlistings.com/poker--player_chris-moneymaker. Acesso em: 30 abr. 2024.

POKER Listings. "Best Poker Moments: Annette Obrestad Shares Secrets of Blind Online Poker Win." 2021. Vídeo (2min09s). Publicado pelo canal POKER Listings. Disponível em: www.youtube.com/watch?v=ROE0uB51E0w. Acesso em: 30 abr. 2024.

POLANYI, Michael. *A dimensão tácita*. Tradução de Eduardo Beira. Portugal: Inovatec, 2010.

POTOCKI, Zvonimir. "Annette Obrestad Poker Journey: The 18-Year-Old Poker Queen of Europe." *My Poker Coaching*, 6 nov. 2021. Disponível em: www.mypokercoaching.com/annette-obrestad/. Acesso em: 13 mai. 2024.

PRICE, Derek J. de Solla. *Little Science, Big Science*. Nova York: Columbia University, 1963.

PRINCIPE, Lawrence M. *The Secrets of Alchemy*. Chicago: University of Chicago, 2013.

QUETELET, Adolphe. *A Treatise on Man and the Development of His Faculties*. Edinburgh: W. and R. Chambers, 1842.

QUOTE INVESTIGATOR. "Can't Somebody Bring Me a One-Handed Economist?" *Quote Investigator*, 10 abr. 2019. Disponível em: https://quoteinvestigator.com/2019/04/10/one-handed/. Acesso em: 12 mai. 2024.

QUOTE INVESTIGATOR. "It Is Better to Know Nothing Than to Know What Ain't So?" *Quote Investigator*, 30 maio 2015. Disponível em: https://quoteinvestigator.com/2015/05/30/better-know/. Acesso em: 12 mai. 2024.

RACHMAN, Stanley J. *Fear and Courage*. São Francisco: W. H. Freeman, 1990.

RAMNERÖ, Jonas. "Exposure Therapy for Anxiety Disorders: Is There Room for Cognitive Interventions?" *In*: NEUDECK, Peter; WITTCHEN, Hans-Ulrich (ed.). *Exposure Therapy: Rethinking the Model, Refining the Method*. Nova York: Springer, 2012. pp. 275- 97.

RANTANEN, Esa M.; TALLEUR, Donald A. "Incremental Transfer and Cost Effectiveness of Ground-Based Flight Trainers in University Aviation Programs." *Proceedings of the Human Factors and Ergonomics Society Annual Meeting*, pp. 764-68, 2005.

RAWLINGS, Bruce S. "After a Decade of Tool Innovation, What Comes Next?" *Child Development Perspectives*, v. 16, n. 2, pp. 118-24, 2022.

REED, Stephen K.; DEMPSTER, Alexandra; ETTINGER, Michael. "Usefulness of Analogous Solutions for Solving Algebra Word Problems." *Journal of Experimental Psychology: Learning, Memory, and Cognition*, v. 11, n. 1, pp. 106-25, 1985.

REIJNOUDT, Jan; STERK, Niek. *Tragedie Op Tenerife*. Kampen: Kok, 2002.

RITCHIE, Stuart. *Intelligence: All That Matters*. Londres: Quercus, 2016.

RITCHIE, Stuart J.; BATES, Timothy C.; PLOMIN, Robert. "Does Learning to Read Improve Intelligence? A Longitudinal Multivariate Analysis of Identical Twins from Age 7 to 16." *Child Development*, v. 86, n. 1, pp. 23-36, 2015.

ROEDIGER, Henry L., III; BUTLER, Andrew C. "The Critical Role of Retrieval Practice in Long-Term Retention." *Trends in Cognitive Science*, v. 15, n. 1, pp. 20-27, 2011.

ROSCOE, Stanley. "Incremental Transfer Effectiveness." *Human Factors*, v. 13, n. 6, pp. 561-67, 1971.

ROSENSHINE, Barak; STEVENS, Robert. "Teaching Functions." *In*: WITTROCK, M. C. (ed.). *Handbook of Research on Teaching*. 3. ed. Nova York: Macmillan, 1986. pp. 376-91.

ROWLAND, Christopher. "The Effect of Testing versus Restudy on Retention: A Meta-Analytic Review of the Testing Effect." *Psychological Bulletin*, v. 140, n. 6, pp. 1432-63, 2014.

SAELEE, Joseph. "284 Lines." 2020a. Vídeo (11min19s). Publicado pelo canal JdMfX_. Disponível em: www.youtube.com/watch?v=L7SRuMG6AJc. Acesso em: 29 abr. 2024.

SAELEE, Joseph. "First Ever Level 34 in NES Tetris". 2020. Vídeo (3min19s). Publicado pelo canal JdMfX_. Disponível em: www.youtube.com/watch?v=rWMUYBinriw. Acesso em: 1 mai. 2024.

SAIGH, Philip A. "Pre and Post-invasion Anxiety in Lebanon." *Behavior Therapy*, v. 15, n. 2, pp. 185-90, 1984.

SALA, Giovanni; GOBET, Fernand. "Does far transfer exist? Negative evidence from chess, music, and working memory training." *Current Directions in Psychological Science*, v. 26, n. 6, pp. 515-20, 2017.

SCHONBRUN, Zach. "A New Generation Stacks Up Championships in an Old Game: Tetris." *The New York Times*, 28 dez. 2021. Disponível em: www.nytimes.com/2021/12/28/sports/tetris-game.html. Acesso em: 1 maio 2024.

SCHWARTZ, Daniel; MARTIN, Taylor. "Inventing to Prepare for Future Learning: The Hidden Efficiency of Encouraging Original Student Production in Statistics Instruction." *Cognition and Instruction*, v. 22, n. 2, pp. 129-84, 2004.

SELIGMAN, Martin. "Phobias and Preparedness." *Behavior Therapy*, v. 2, n. 3, pp. 307-20, 1971.

SHAW, George Bernard. *O dilema do médico*. Apresentado pela primeira vez em 1906.

SHEA, John; MORGAN, Robyn. "Contextual Interference Effects on the Acquisition, Retention, and Transfer of a Motor Skill." *Journal of Experimental Psychology: Human Learning and Memory*, v. 5, n. 2, pp. 179-87, 1979.

SIEGEL, Paul; WARREN, Richard. "Less Is Still More: Maintenance of the Very Brief Exposure Effect 1 Year Later." *Emotion*, v. 13, n. 2, pp. 338-44, 2013.

SIEGLER, Robert S. *Emerging Minds: The Process of Change in Children's Thinking*. Oxford: Oxford University Press, 1998.

SIMON, Herbert Alexander. *Comportamento administrativo*. Rio de Janeiro: FGV, 1970.

SIMON, Herbert. "How Managers Express Their Creativity." *Engineering Management International*, v. 4, pp. 71-76, 1986.

SIMON, Herbert. "What Is an 'Explanation' of Behavior?" *Psychological Science*, v. 3, n. 3, pp. 150-61, 1992.

SIMONTON, Dean. *Greatness: Who Makes History and Why*. Nova York: Guilford, 1994.

SINGH, Simon. *O último teorema de Fermat*. Rio de Janeiro: Record, 1998.

SINGH, Simon. "Fermat's Last Theorem." (2018). Vídeo (45min56s), publicado pela BBC. Disponível em: https://archive.org/details/BBC.Horizon.Fermats. Last.Theorem.DivX511.AC3_201807.

SINGLEY, Mark; ANDERSON, John. *The Transfer of Cognitive Skill*. Massachusetts: Harvard University, 1989.

SINHA, Tanmay; KAPUR, Manu. "When Problem Solving Followed by Instruction Works: Evidence for Productive Failure." *Review of Educational Research*, v. 91, n. 5, pp. 761-98, 2021.

SKINNER, Burrhus Frederic. "A Case History in Scientific Method." *American Psychologist*, v. 11, n. 5, pp. 221-33, 1956.

SOURIAU, Paul. *Théorie de l'Invention*. Paris: Hachette, 1881.

SPAETH, Edmund B. Jr. "What a Lawyer Needs to Learn." *In*: STERNBERG, Robert J.; HORVATH, Joseph A. (ed.). *Tacit Knowledge in Professional Practice: Researcher and Practitioner Perspectives*. Nova Jersey: Lawrence Erlbaum, 1999. pp. 38-57.

STANOVICH, Keith. "Matthew Effects in Reading: Some Consequences of Individual Differences in the Acquisition of Literacy." *International Literacy Association*, v. 21, n. 4, pp. 360-407, 1986.

STERNBERG, Robert J.; KAUFMAN, James C. (eds.). *The Cambridge Handbook of Creativity*. Cambridge: Cambridge University Press, 1999.

STOKES, A. B. "War Strains and Mental Health." *Journal of Nervous and Mental Disease*, v. 101, n. 3, pp. 215-19, 1945.

SWAIN, Merrill. "Communicative Competence: Some Roles for Comprehensible Input and Comprehensible Output in Its Development." *In*: GASS, Susan M.; Madden, Carolyn G. (ed.). *Input in Second Language Acquisition*. Nova York: Newbury House, 1985.

SWELLER, John. "Story of a Research Program." *Education Review*, v. 23, 2016.

SWELLER, John; LEVINE, Matt. "Effects of Goal Specificity on Means-Ends Analysis and Learning." *Journal of Experimental Psychology: Learning, Memory and Cognition*, v. 8, n. 5, pp. 463-74, 1982.

SWELLER, John; MAWER, Robert F.; HOWE, Walter. "Consequences of History-Cued and Means-End Strategies in Problem Solving." *American Journal of Psychology*, v. 95, n. 3, pp. 455-83, 1982.

SWELLER, John; MAWER, Robert F.; WARD, Mark R. "Development of Expertise in Mathematical Problem Solving." *Journal of Experimental Psychology: General*, v. 112, n. 4, pp. 639-61, 1983.

TETLOCK, Philip. *Expert Political Judgment: How Good Is It? How Can We Know?* Nova Jersey: Princeton University, 2006.

TETLOCK, Philip; GARDENER, Dan. *Superprevisões: A arte e a ciência de antecipar o futuro*. Rio de Janeiro: Objetiva, 2016.

THADEN-KOCH, Thomas C.; DUFRESNE, Robert; MESTRE, Jose. "Coordination of Knowledge in Judging Animated Motion." *Physical Review Special Topics: Physics Education Research*, v. 2, n. 2, 2006.

THORNDIKE, Edward. *Educational Psychology*. Nova York: Lemke & Buechner, 1903.

THORNDIKE, Edward. *The Principles of Teaching: Based on Psychology.* Nova York: A. G. Seiler, 1906.

THORNDIKE, Edward. "The Effect of Changed Data Upon Reasoning." *Journal of Experimental Psychology*, v. 5, n. 1, pp. 33-38, 1922.

THORNDIKE, Edward. "Mental Discipline in High School Studies." *Journal of Educational Psychology*, v. 15, n. 1, p. 1, 1924.

THORNDIKE, Edward. *Human Learning.* Nova York: Century, 1931.

TITMUSS, Richard. *Problems of Social Policy.* Londres: His Majesty's Stationery Office, 1950.

TRICOT, André; SWELLER, John. "Domain-Specific Knowledge and Why Teaching Generic Skills Does Not Work." *Educational Psychology Review*, v. 26, n. 2, pp. 265-83, 2014.

TVERSKY, Amos; KAHNEMAN, Daniel. "Judgments of and by Representativeness." *In*: KAHNEMAN, Daniel; TVERSKY, Amos; SLOVIC, Paul (ed.). *Judgment Under Uncertainty: Heuristics and Biases.* Cambridge: Cambridge University Press, 1982.

TWAIN, Mark. *Life as I Find It.* Editado por Charles Neider. Nova York: Harper & Row, 1977.

UNITED STATES DISTRICT COURT. District of California. "[Proposed] Stipulated Final Judgment and Order for Permanent Injunction and Other Equitable Relief." *FTC*, 8 jan. 2016. Disponível em: www.ftc.gov/system/files/documents/cases/160105lumoslabsstip.pdf. Acesso em: 7 mai. 2024.

US AIR FORCE. "Link Trainer." 13 mai. 2022. Disponível em: https://web.archive.org/web/20120124230852/http://www.nationalmuseum.af.mil/factsheets/factsheet_print.asp?fsID=3371. Acesso em: 1 mai. 2024.

US DEPARTMENT OF EDUCATION. "National Center for Education Statistics." Adult Literacy in the United States, jul. 2019. Disponível em: https://web.archive.org/web/20200730223012/https:/nces.ed.gov/datapoints/2019179.asp. Acesso em: 1 mai. 2024.

VAN BALKOM, Anton J. L. M.; VAN OPPEN, Patricia; VERMEULEN, Alexander W. A.; VAN DYCK, Richard; NAUTA, Mary C. E.; VORST, Harne C. M. "A Meta-Analysis on the Treatment of Obsessive-Compulsive Disorder: A Comparison of Antidepressants, Behavior, and Cognitive Therapy." *Clinical Psychology Review*, v. 14, n. 5, pp. 359-81, 1994.

VAN ETTEN, Michelle; TAYLOR, Steven. "Comparative Efficacy of Treatments for Posttraumatic Stress Disorder: A Meta-Analysis." *Clinical Psychology and Psychotherapy*, v. 5, n. 3, pp. 126-44, 1998.

VAN MERRIËNBOER, Jeroen J. G.; PAAS, Fred G. W. C. "Automation and Schema Acquisition in Learning Elementary Computer Programming: Implications for the Design of Practice." *Computers in Human Behavior*, v. 6, n. 3, pp. 273-89, 1990.

VANLENGEN, Craig A.; MADDUX, Cleborne D. "Does Instruction in Computer Programming Improve Problem-Solving Ability?" *CIS Educator* Forum, v. 2, n. 2, pp. 11-16, 1990.

VERNON, Philip. "Psychological Effects of Air-Raids." *Journal of Abnormal and Social Psychology*, v. 36, n. 4, p. 457, 1941.

VERVLIET, Bram; CRASKE, Michelle G.; HERMANS, Dirk. "Fear Extinction and Relapse: State of the Art." *Annual Review of Clinical Psychology*, v. 9, pp. 215-48, 2013.

VOSS, James F.; BLAIS, Jeffrey; MEANS, Mary L.; GREENE, Terry R.; AHWESH, Ellen. "Informal Reasoning and Subject Matter Knowledge in the Solving of Economics Problems by Naive and Novice Individuals." *Cognition and Instruction*, v. 3, n. 4, pp. 269-302, 1986.

WATRIN, Luc; HÜLÜR, Gizem; WILHELM, Oliver. "Training Working Memory for Two Years: No Evidence of Latent Transfer to Intelligence." *Journal of Experimental Psychology: Learning, Memory and Cognition*, v. 48, n. 5, pp. 717- 33, 2022.

WATSON, James. *A dupla hélice: Como descobri a estrutura do DNA*. Rio de Janeiro: Zahar, 2014.

WENGER, Etienne. *Communities of Practice: Learning, Meaning, and Identity*. Cambridge: Cambridge University Press, 1999.

WERTHEIMER, Max. *Productive Thinking*. Nova York: Harper, 1959.

WHITE, Lynn, Jr. *Medieval Technology and Social Change*. Oxford: Clarendon, 1962.

WHITEHEAD, Alfred North. *Os objetivos da educação e outros ensaios*. Campinas: Kírion, 2021.

WICKENS, Christopher D.; HUTCHINS, Shaun; CAROLAN, Thomas; CUMMING, John. "Effectiveness of Part-Task Training and Increasing-Difficulty Training Strategies: A Meta-Analysis Approach." *Human Factors: The Journal of the Human Factors and Ergonomics Society*, v. 55, n. 2, pp. 461-70, 2012.

WIEMAN, Carl; PERKINS, Katherine. "Transforming Physics Education." *Physics Today*, v. 58, n. 11, pp. 36-49, 2005.

WIGHTMAN, D. C.; LINTERN, G. "Part-task Training of Tracking in Manual Control." Naval Training Equipment Center, 1984.

WILLINGHAM, Daniel T.; HUGHES, Elizabeth M.; DOBOLYI, David G. "The Scientific Status of Learning Styles Theories." *Teaching of Psychology*, v. 42, n. 3, pp. 266-71, 2015.

WISE, John A.; HOPKIN, V. David; GARLAND, Daniel J. *Handbook of Aviation Human Factors*. 2. ed. Boca Raton, FL: CRC, 2009.

WOLITZKY-TAYLOR, Kate B.; HOROWITZ, Jonathan D.; POWERS, Mark B.; TELCH, Michael J. "Psychological Approaches in the Treatment of Specific Phobias: A Meta-Analysis." *Clinical Psychology Review*, v. 28, n. 6, pp. 1021-37, 2008.

WOLPE, Joseph. *Psychotherapy by Reciprocal Inhibition*. Califórnia: Stanford University, 1958.

WOODWORTH, Robert S.; THORNDIKE, Edward Lee. "The Influence of Improvement in One Mental Function Upon the Efficiency of Other Functions." *Psychological Review*, v. 8, n. 3, pp. 247-61, 1901.

WORLD Series of Poker. 2007 World Series of Poker Europe. *WSOP*, 17 set. 2007. Disponível em: https://web.archive.org/web/20080417044214/http://www.worldseriesofpoker.com/tourney/updates_pn.asp?tourneyID=3572&groupid=316. Acesso em: 2 mai. 2024.

WULF, Gabriele; SHEA, Charles. "Principles Derived from the Study of Simple Skills Do Not Generalize to Complex Skill Learning." *Psychonomic Bulletin & Review*, v. 9, n. 2, pp. 185-211, 2002.

WULF, Gabriele; LAUTERBACH, Barbara; TOOLE, Tonya. "The Learning Advantages of an External Focus of Attention in Golf." *Research Quarterly for Exercise and Sport*, v. 70, n. 2, pp. 120-26, 1999.

YONG, Ed. "The Real Wisdom of the Crowds." *National Geographic*, 31 jan. 2013. Disponível em: www.nationalgeographic.com/science/article/the-real-wisdom--of-the-crowds. Acesso em: 2 mai. 2024.

ZSAMBOK, Caroline; KLEIN, Gary. *Naturalistic Decision Making*. Nova Jersey: Erlbaum, 1997.

ZUCKERMAN, Harriet. *Scientific Elite: Nobel Laureates in the United States*. Nova Jersey: Transaction, 1977.

Este livro foi impresso pela Vozes, em 2024, para a HarperCollins Brasil. O papel do miolo é avena 70g/m², e o da capa é cartão 250g/m².